日本経済30年史

バブルからアベノミクスまで

山家悠紀夫
Yukio Yanbe

JN159247

Eurus Notus Zephyrus

岩波新書
1799

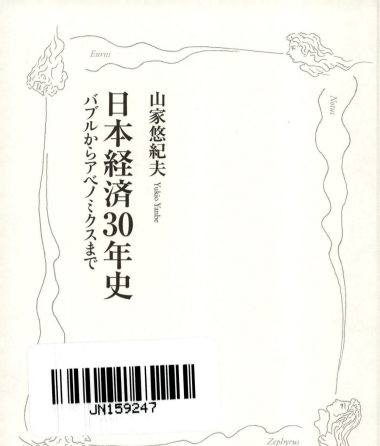

はじめに

一九九〇年、あるいは九〇年を挟んでの数年は、世界経済にとって、また日本経済にとっても、大きな節目の年であった。

まず、世界経済である。「ベルリンの壁」崩壊が八九年、「統一ドイツ」の発足が九〇年、ソ連邦の消滅が九一年である。一九九〇年前後から、ロシアとその周辺諸国が市場経済化に向けていっせいに出発を始めた。一方で、「天安門事件」(八九年)で頓座していた中国の「改革・開放政策」が再起動し始めたのも九二年ということで、九〇年前後は世界経済のグローバル化が急速に進み始めた時期であった。

そして、こうした流れの中で経済面でとくに注目すべきは、旧資本主義国にあって、「新自由主義経済政策」が広まったことである。

「小さな政府」と「規制緩和」を二本の柱とする新自由主義経済政策は、すでに八〇年代初めから、イギリスで(七九年、サッチャー政権の誕生)、また、米国で(八一年、レーガン政権の誕生)

開始され、ニュージーランド(八四年、ロンギ労働党政権の誕生)に飛び火したりもしていたが、ヨーロッパ諸国に広く採用されるに至るのは九〇年代に入ってからである。

その大きな背景としてあるのは、まちがいなくソ連邦をはじめとする社会主義経済圏の崩壊であろう。このことにより、ヨーロッパ各国政府が、自国の社会主義化を恐れることなく、自在に新自由主義経済政策(むき出しの「原始資本主義的経済政策」)を採用できるようになったのである。さらに言えば、「資本主義が社会主義についに勝利した」という思い込みが「新自由主義(原始資本主義的)経済政策」を各国政府にとらせた、と言えるかもしれない——本当のところは、社会主義に勝利した(勝ち敗けがこの世界にあるとしての話だが)のは、原始資本主義(むき出しの資本主義)ではなく、修正された資本主義、いわば福祉国家型の資本主義だったのだが……。ともかく、資本主義政府にあっては、勝利した暁には、もはや、「修正」や「福祉」といった衣裳は不用になった、ということであろうか。修正抜きの、福祉抜きの資本主義的政策が登場してきたのである。

ここで、フランスの社会学者ピエール・ブルデューの言葉を引いておこう。

今日、ヨーロッパ諸国民は彼らの歴史の転換点に立っています。それは、数世紀にわたる社会闘争、労働者の人間的尊厳を守るための知的・政治的たたかいの成果が真っ向から脅かされているからです。各地で同時的あるいは波状的に、ヨーロッパ全土で、いやその他の地域、韓国でまでも、盛り上がっている社会運動、真の意味での連携なしに、ドイツで、フランスで、ギリシアで、イタリアで継起している運動はすべて、分野によって、また国によって異なった形を取っていますが、しかしいずれも同じ狙いを持つ政策に対する反乱です。その狙いというのは、何と言われようと文明のもっとも高貴な成果の一つである社会的既得権益《アキ・ソシオー》を破壊することです。社会的既得権益は、「グローバリゼーション」(つまり経済的・社会的に遅れている国々の先進国に対する競争力)を口実に破壊するのでなく、普遍化すべき、全世界に拡大すべき、まさにグローバル化すべき成果です。保守主義だとか時代遅れだとか言う者がいますが、この社会的既得権益の擁護以上に自然で正統なことはありません。カントやヘーゲル、モーツァルトやベートーベンのような人類の文化的既得財産の擁護を保守的だとして断罪する者がいるでしょうか? 多くの人々がそのために苦しみ、たたかった社会的既得権益、つまり労働法や社会保障制度はそれと同じように高貴で貴重な成果です。しかもそれらは美術館や図書館、大学で生き延びているのではなく、人々の生活のなかに生きて働いており、人々の毎日の生活を律しているのです。(ピエール・ブルデュー『市場独裁主義批判』)

このブルデューの言葉からうかがえるように、九〇年(前後)以降の世界経済は、新自由主義経済政策が猛威をふるい始めた時代として、そしてそれに対抗する人々――知識人、労働者、経済的弱者――の抵抗運動もまた展開された時代として、それ以前と区別される時代ととらえることができる。


一方、日本はどうか。

日本にあっては、一九九〇年(ないし九一年)は何よりもバブルが破裂した年であった。一九九〇年、日本においてはまず株価のバブルが破裂した。前年、八九年一二月二九日に三万八九一五円の史上最高値を記録した日経平均株価は九〇年に入って下落に転じ、同年末には二万三〇〇〇円台にまで落ち込んだ。そして、翌年以降も落ち込みは止まらず、九五年には一万五〇〇〇円割れ、二〇〇一年には一万円を下回るに至った。以降今日まで、上げ下げはあっても、月末値が二万五〇〇〇円を超えるほどに戻すことはない。

一方、いま一つのバブルであった地価も株価の落ち込みにやや遅れ、九一年初頭をピークに下落に転じた。国土交通省の公示地価(基準地価の総平均)でこれを見ると、ピーク時(九一年初め)を一〇〇として、一〇年後(二〇〇一年三月末)には二七、二〇年後(一一年初め)には二五と下落し、二二年後(一三年初め)に至ってようやく下落が止まったものの、直近(一八年初めの水準)はなお三〇である。

バブルの破裂とともに景気も下降に転じた。景気のヤマは九一年二月。八六年一二月から五一カ月に及んだ「バブル景気」は終了し、九一年三月以降三二カ月という長期不況に日本経済は陥った。のちに「失われた一〇年」と呼ばれる日本経済低迷の時代の始まりである。「失われた一〇年」という表現は、さらに「失われた二〇年」という表現にとって代わられる。そして、やがて「失われた三〇年」と呼ばれかねない状況に、昨今の日本経済はある。

こうして見ると、一九九〇年前後は、戦後日本経済にあっても、大きく時代を画する年であった、と言える。

すなわち、敗戦の一九四五年から九〇年(前後)までは、日本経済の回復・上昇の時代であった、そして九〇年以降現在までは、日本経済の転落・衰退の時代へと変わった、と見ることができる。

もちろん、四五年から九〇年までの日本経済の回復・上昇の時代にあっても、画期となる年はいくつかあった。戦後復興が一応のところ成って、「もはや戦後ではない」と「経済白書」が宣言した五六年、円の対ドル相場が一ドル三六〇円時代に別れを告げ(七一年)、加えて第一次石油危機が発生し(七三年)、さらには公害問題が噴出するなどして、高度経済成長の基盤が大きく揺らいだ七〇年代前半などがその代表である。

しかし、そうしたいくつかの転換点を経由しながらも、九〇年までの日本経済は、ともかくも右肩上がりに推移してきた。戦後の廃墟から出発して、九〇年にはGDP世界第二位、一人当たりGDPでも世界八位(IMF統計)という経済大国にのし上がっていた。ハーヴァード大学教授で社会学者エズラ・ヴォーゲルによって「ジャパン・アズ・ナンバーワン」(七九年)と持ち上げられたりもしていたものである。

その流れが逆転するのが、繰り返しになるが九〇年である。株価、地価が下落し、一〇年近く遅れてではあるがGDPも減少し始めた(九八年以降)。GDPが中国に抜かれて世界第三位となったのが二〇一〇年。一人当たりGDPを見ると、円安によりドル換算額が小さくなったことの影響もあるが、二〇一七年は世界二五位へと転落している。

九〇年以降の日本経済は、総じて見れば凋落傾向にある、落ち目である、と見ざるをえない。

さて、本書である。

本書では、そうした「落ち目」となった九〇年以降の、およそ三〇年間の日本経済をふり返ってみたいと思う。「バブル破裂後の三〇年」であり、「消費税導入(八九年)後の三〇年」であり、「平成(一九八九〜二〇一九年)と呼ばれた三〇年」でもある。この三〇年はどんな時代であったか。

まず、時期の区分だが、この三〇年を以下の四つの時期に分けて見る、というのが本書の立場である。

①九〇年から九七年まで。バブル破裂後の七年間であり、バブル破裂により長期の景気下降に陥った時期とその後の景気回復期とである。景気下降が長期化し、それでも回復へと向かい始めていた時期であるが、人々の意識の面では「日本経済危機論」が台頭し、九〇年代後半以降の「構造改革の時期」(日本版新自由主義経済の時期)を準備した時期でもある。

②九七年から二〇〇九年まで。橋本龍太郎首相主導による「六つの改革」の実施とその挫折の時期、そして小泉純一郎内閣誕生以降、安倍晋三、福田康夫、麻生太郎各内閣と続いた「構造改革」の時期、いわば日本的新自由主義経済政策全面展開の時期である。

③〇九年から一二年まで。民主党政権の誕生から自壊まで。

④一三年から一九年まで。第二次安倍晋三内閣の発足から現在まで。「アベノミクス」の時期であり、再び新自由主義経済政策が全面展開された時期である。

本書の構成は以下のようにしている。

まず最初に、本書が対象とする期間(九〇年以降の三〇年間、それに八〇年代後半のバブル景気の時期を加えた三五年間)の日本経済の変動を概観する(第一章)。ここで、九〇年以降の三〇年間ばかりでなく、その前の時期(八〇年代後半のおよそ五年間=バブルの時期)をも含めて対象としたのは、九〇年以降の日本経済(とくに先に分類した①の時期)を見るにあたっては、先行するバブルの時期を見ておく必要があると考えたからである。

次に、Ⅱで、まずは、バブルの破裂に先立つ時期(八〇年代半ば以降九〇年まで)をふり返る。バブルの発生から膨張、破裂までの時期である(第二章)。次いで、九〇年以降の三〇年間を、先に示した時期区分に従って、第三章(九〇年から九七年まで)、第四章(九七年から二〇〇〇年まで、橋本「六つの改革」とその挫折まで)、第五章(〇一年から〇九年まで、小泉「構造改革」の時期)と見て、第六章で、第四章と第五章への補論として「『構造改革』とは何であったか」をふり返る。続けて第七章(〇九年から一二年まで)、第八章(一三年から一九年まで)と順に見ていく。

最後のⅢは、付章として、本書の取り扱う全期間を通して日本経済の重しとなって(施政者の)意識にあった財政赤字の問題を取り上げて論じてみることとする(第九章)。

目　次

Ⅱ　三〇年間の変化を追っていく

目　次

I　一九九〇年代以降の日本経済を概観する

第一章　三〇年間で日本経済や暮らしはどう変わったか

1　景気はどう動いてきたか

まず、本書が対象とする期間の景気の動きを概観しておこう。本書が主として対象とする期間は一九九〇年以降の三〇年間だが、話を分かりやすくするために、八〇年代後半（バブル景気の時期）から見ていくこととする。参考とするのは「景気動向指数（一致指数）」の動きである（図表1-1）。

景気動向指数は、景気の動きに敏感に反応して動く指数をいくつか集め、合成して一つの指数としたものである。先行指数、一致指数、遅行指数の三つが内閣府により作成されている。図表1-1で見るのはそのうちの一つ、一致指数の動きである。一致指数は、現在九つの指数（鉱工業生産、所定外労働時間、商業販売額、その他）を合成した一つの指数として毎月作成されて

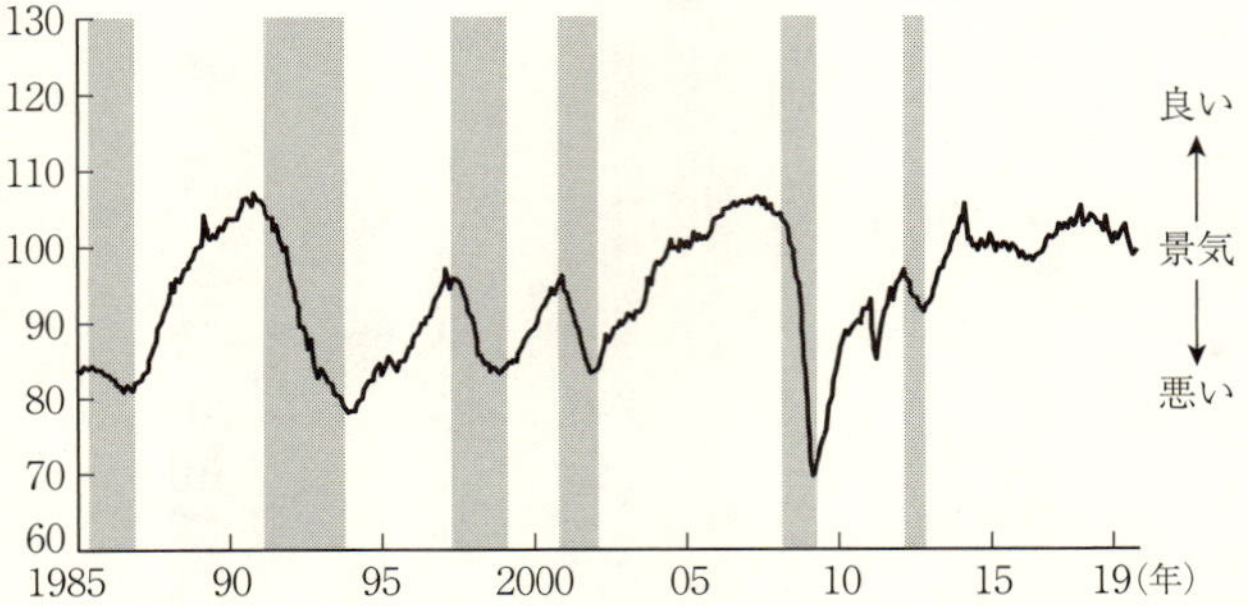

（注）1. 2015年＝100とする指数
2. シャドー部分は景気下降期
（資料）内閣府「景気動向指数」

図表1-1　1980年代後半以降の景気の動き —— 景気動向指数(一致指数)の推移

いる。景気が良くなれば数値は大きくなり、悪くなれば小さくなるので景気の動向や現状を知るのに使われる。

景気下降局面から始まった八〇年代後半

さて、図表1－1に見るように、一九八〇年代後半の日本経済は景気が下降する局面（八五年七月〜八六年一一月）から始まった。その景気下降をもたらす大きな原因となったのは、八五年九月のプラザ合意（米国の貿易赤字の拡大を是正すべく行われた米国・イギリス・フランス・西ドイツ・日本の五カ国協議での合意）と、その結果としての円の対ドル相場の大幅な上昇と、日本の輸出の伸びの鈍化であった。図表1－2に見るように、八〇年代半ば、一ドル二四〇円前後の円相場の下で日本の貿易収支の黒字は急速に、大幅に拡大していた。プラザ合意での為替調整はやむをえないもの、その結果として生じた景気下降（「円高不況」）もまたやむをえないものであった、と言えようか。

なお、景気が下降局面にあった八六年四月に、日本では「国際協調型経済への産業構造の転換」などを柱とする提言（「国際協調のための経済構造調整研究会報告書」、いわゆる「前川レポート」）が当時の中曽根康弘首相に提出されたりもしている。大きすぎる日本の対外黒字（強すぎる日本の国際競争力）の「是正」が国際的にも、国内でも真剣に論じられた時期であった。

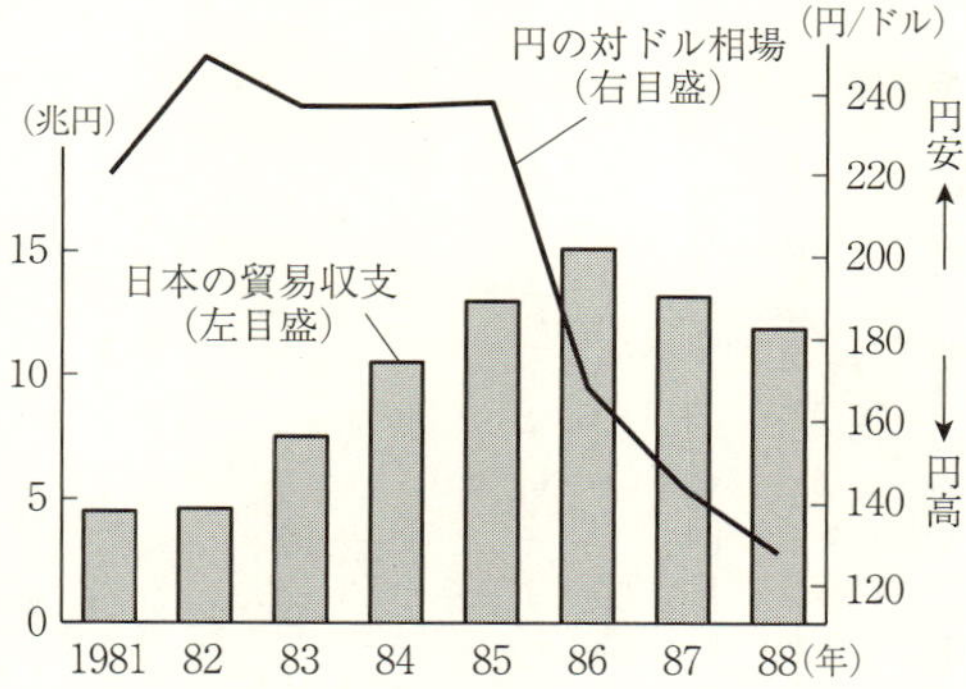

（資料）内閣府「経済財政白書（2018年版）」

図表1-2　プラザ合意（1985年）前後の円の対ドル相場，日本の貿易収支の動き

バブル景気始まる（一九八六年）

景気の話に戻ろう。日本が「円高不況」から脱するのは八六年一二月である。日本銀行による金融緩和政策の実施（八六年一月〜八七年二月）、政府による総合経済対策の実施（八六年九月）などがその背景に

ある。ちなみに、金融緩和政策について見れば、八六年一月(公定歩合五%→四・五%)を皮切りに、八七年二月まで(公定歩合を史上最低の二・五%にまで)、数度の金利引き下げなどが実施された。

こうして景気は上向き始め、以降九一年二月まで上昇が続く。いわゆる「バブル景気」である。その状況は第二章で改めて見る。

「バブルの破裂」で長期不況に(一九九一年)

一九九〇年代に入って、株価の暴落、地価の下落など「バブルの破裂」が発生し、つれて、景気も九一年三月から下降局面へと移行する(以下、図表1-1を参照)。

バブルの破裂をもたらしたのは金融政策と金融行政の変更である。第一に、日本銀行は八九年五月に公定歩合を〇・七五ポイント(二・五%→三・二五%)引き上げたのを皮切りに、九〇年八月に六%とするまでつごう五回、通算三・五ポイントの引き上げを実施した。第二に、大蔵省は九〇年三月に「不動産融資の総量規制」(銀行局長通達による金融機関に対する行政指導)を実施した。不動産向け融資の伸び率を総貸出の伸び率以下に抑えようという指導である。

こうして景気は九一年三月から下降局面へと入っていった(「バブルの反動不況」)。この下降局面は九三年一〇月まで、三二カ月間と長期に及んだ。戦後日本の景気循環をふり返ると、下降期間が三六カ月に及んだ(八〇年三月~八三年二月)という先例があるが、これは第二次石油危機の発生にともなう八〇年からの景気下降の終了間際に、米国の景気下降(八一年七月~八二年一二月)の影響を受けての景気下降がつながったため、いわば二つの景気下降が連続したため、と見られる。九一年三月からの景気下降期間の長さは、実質的には戦後最長となった、と見ることができる。

「バブルの反動不況」は、その期間が長かったことに加え、その落ち込み幅も大きかった。ともあれ、その落ち込みは九三年一〇月に底を打つ。日本銀行の金融政策が引き締め解除へと動いたこと(九一年七月以降、公定歩合引き下げへ。九三年九月まででつごう七回。六%↓一・七五%)、大蔵省による「不動産融資規制」も解除されたこと(九一年一二月)などが背景にある。

こうして一九九三年一一月以降、景気は回復局面へと移行したが、その期間は短かった。九七年六月から景気は下降し始める。

「改革」政策による不況の到来(一九九七年)、短い回復ののち景気は再び下降へ(二〇〇〇年)

一九九七年六月からの景気下降は、のちに(第四章で)詳しく見るが、当時の橋本内閣による

「財政構造改革」による消費税増税、公共事業の削減等による需要の減少に端を発し、それにアジアの通貨危機発生による輸出の落ち込み、さらにはこうした景気悪化にともなう金融危機の発生が続いたことによるものである。その落ち込みは、GDP実質成長率が、九八年、九九年と戦後初めて二年続けてマイナスになるなど厳しいものであった。

さて、そうした景気の落ち込みは、政府の財政出動などにより九九年一月には底を打ったが、その後の景気回復は二〇〇〇年一一月までと短期間で終了し、一二月から再び下降局面へと移っていく。背景にあるのは、米国におけるITバブルの破裂である。

二〇〇〇年一二月に始まったこの景気下降は〇二年一月まで続いたが、バブルの破裂（九〇年代初め）から、この間およそ一〇年、図表1−1の景気動向指数で見る通り、日本の経済活動の水準は、バブル最盛期の水準を一度も超えることなく推移している。またこの間三度あった景気のタニ時点での経済活動の水準が、「バブル景気」の始まりの頃（八七年初め）のそれと同程度かそれ以下にまで落ち込んでいる。「失われた一〇年」と語られるゆえんである。

長期の景気上昇（二〇〇二〜〇八年）

景気の動きに話を戻すと、二〇〇二年二月に再び回復へと向かい始めた景気は、〇八年二月まで七三カ月と、今度は長期の景気上昇が続く(「いざなぎ景気」の五七カ月を超え、戦後最長)。「いざなぎ」超えで、時に「いざなみ景気」と呼ばれたりもするこの景気上昇期は、上昇期間中のGDP成長率が年平均二%以下と低く(一〇%以上であったいざなぎ景気とは比較にならず)、単に、長期間景気が下降局面に陥らずに経過したにとどまるという、「実感なき景気拡大」であった。

リーマン・ショックによる景気下降(二〇〇九年)

そして、この長期に及んだ景気上昇局面を終わりにしたのは、〇七年頃からの米国でのサブプライム危機の発生であり、〇八年九月の、大手投資銀行であるリーマン・ブラザーズの経営破綻にともなう「一〇〇年に一度の世界経済危機」の発生(「リーマン・ショック」)であった。これにより、日本の景気は下降局面に入り(〇八年三月)、経済活動の水準は急降下した。

その大きな落ち込みからの回復が始まったのは〇九年四月からだが、回復に転じてからの景気動向指数の動きを見ると、目につく落ち込みが三回ある。東日本大震災の発生(同時に東京電力福島第一原発事故の発生)のあった一一年、ギリシア危機の発生(〇九年)に端を発する欧州経済の不安定化とそれにともなう円高の進行があった一二年、消費税率の引き上げにともなう落ち込みがあった一四年である。

前二者は民主党政権下(〇九年九月〜一二年一二月、当初は社会民主党と国民新党との連立政権)で発生したことで、うち前者は景気下降局面には至らなかったが、後者は、短期間(一二年四月〜一一月、八カ月)だが景気は下降局面に陥っている。

一四年四月の消費税増税にともなう景気動向指数の落ち込みは、第二次以降の安倍内閣(自民党、公明党の連立政権下)で生じたことで、落ち込んだままでの推移が直近まで長期間(五年ほど)続いているが、景気下降局面とは認定されていない。

アベノミクス登場(二〇一三年)

第二次安倍内閣の誕生は二〇一二年一二月二六日である。直前の景気の下降局面は一二年一一月に終わっている。第二次安倍内閣は景気が上昇局面に入ったところ(同時にリーマン・ショックによる大きな落ち込みからの回復も再び始まったところ)から始まるという、幸運な出発となった。

図表1-1に見る景気動向指数の動き、一三年以降のそれは、第二次以降の安倍内閣下、政策で言えばアベノミクス下のものだが、これについては第八章で詳しく見ることにする。

図表1-3　80年代後半以降の景気循環

景気のタニ	景気のヤマ	景気のタニ	上昇期間	下降期間	参　　考
	85. 6	86. 11		17カ月	
86. 11	91. 2	93. 10	51カ月	32カ月	上昇：バブル景気 下降：バブルの反動不況
93. 10	97. 5	99. 1	43カ月	20カ月	
99. 1	00. 11	02. 1	22カ月	14カ月	
02. 1	08. 2	09. 3	73カ月	13カ月	上昇：いざなみ(?)景気
09. 3	12. 3	12. 11	36カ月	8カ月	
02. 11	?				

（資料）内閣府「景気基準日付」

景気のヤマ、タニ、経済活動の水準

以上、見てきた景気の動きを、景気のヤマ(景気が良くなって、以降、それ以上には良くならなかった月)、景気のタニ(景気が落ち込んで、以降、それ以下には落ち込まなかった月)、景気の上昇局面(タニの翌月からヤマの月まで)、下降局面(ヤマの翌月からタニの月まで)を一表にまとめておく(図表1−3)。

なお、景気動向指数は、それによって経済活動の水準を見ることもできる。そうした目で図表1−1をもう一度見ると、一九八〇年代後半以降の日本の経済活動のピークは九〇年一〇月(二〇一五年を一〇〇とする指数は一〇六・九)であった。以降、その水準に近づくことはあったが(〇七年五月一〇六・六、一四年三月一〇五・五など)、一度もその水準を超えることはなかった(足元の水準、一九年七月は九九・七)。

九〇年が戦後日本経済の分水嶺の年であったことは、この指数の動きからも見てとれる。

2　日本経済はどう変化してきたか

次に、視点を変えて、今度は一九九〇年以降の三〇年間における日本経済の変化について見ていこう。まず、日本経済の規模(名目GDP＝国内総生産)と、年々の実質成長率(GDP実質成長率)がどう変化してきたかを見てみる。

九八年以降、増えなくなったGDP

まず、出発の年、一九九〇年の名目GDPは四五三兆円であった(二〇〇八SNA対応の国際基準による。兆円未満は切り捨て。以下同じ)。それが年々増加して九四年には五〇〇兆円を超え、九七年には五三四兆円に達する(図表1－4)。だが、増加傾向が続いたのは、九七年までである。九八年、九九年と、名目GDPは(実質GDPも)前年比減に転じ、以降、長らく九七年の水準を超えることがない。

名目GDPがようやく九七年の水準近くにまで戻したのは、二〇〇七年(五三一兆円)だが、

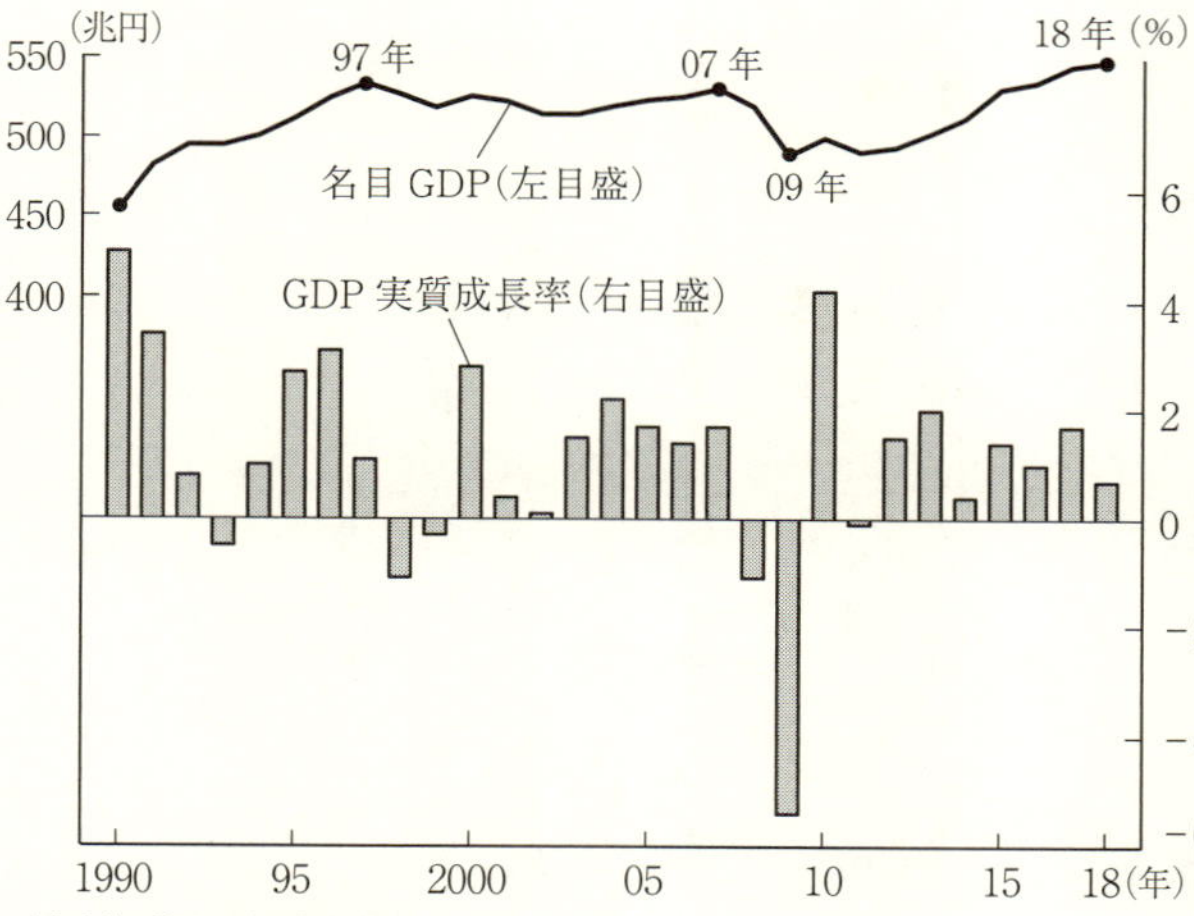

(資料)「国民経済計算」

図表1-4　名目GDPとGDP実質成長率の推移(1990〜2018年)

その翌年、翌々年はリーマン・ショックの影響を受け四八九兆円(〇九年)にまで水準を落とす。一二年以降は再び増加基調を取り戻したが、九七年の水準を上回るところまで回復したのは二〇一六年(五三五兆円)、およそ二〇年ぶりのことである。足元(一八年)の水準はなお五四八兆円、九七年比二・六%増加(年平均〇・一%の増加)にとどまっている。

九七年は九〇年比で八一兆円、一七・八%(年平均二・四%の増加)であった。九〇年から九七年までと、九八年から二〇一八年までとは明らかに流れが変わっている。名目GDPの動きからみると、分水嶺の年は、景気動向指数の動きからみた九〇年ではなく九七年、ということになる。

戦後日本経済には分水嶺とみられる年が二つある、九〇年と九七年、ということで話を先に進めよう。

実質成長率、一時は回復したが

あと一つ、GDP実質成長率の推移についても見ておこう（以下、図表1－4参照）。

バブル破裂の年、一九九〇年の実質成長率は四・九％となお高かった。それが、九一年には三・四％に下がり、九二年には〇・八％、九三年はマイナス〇・五％とマイナス成長にまで落ち込んでいる（棒グラフ参照）。この時期が先に見た「バブルの反動不況」（九一年三月～九三年一〇月）である。

しかし、棒グラフに見る通り、実質成長率の落ち込みは九三年で終わり、九四年一・〇％、九五年二・七％、九六年三・一％と、九四年以降、成長率は徐々に高まっている。景気の回復が始まっていたのである。

二年続けてのマイナス成長（一九九八～九九年）

しかし、その回復は短期に終わり、一九九七年の実質成長率は一・一%と小幅なものにとどまり、九八年、九九年は二年続けてのマイナスに陥る。この章の前半で軽く触れた当時の橋本内閣による「財政構造改革」などの影響を受けての落ち込みである(詳しくは第四章参照)。

二つ目の「分水嶺」の年、九七年を過ぎての日本経済の実質成長率は、九六年に記録した三・一%を、ただ一つの例外の年(二〇一〇年。成長率四・二%、リーマン・ショックによる〇九年のマイナス五・四%の落ち込みの反動ということで成長率が高くなった)を除き、超えることがなく現在に至っている。

3　企業業績はどう変化してきたか

次に、企業業績の三〇年間の変化について、売上高、経常利益等の数字を見ていく。

企業売上高は三〇年間で八%増にとどまる

まず、法人企業の年間売上高である(図表1－5)。

バブルが破裂した一九九〇年度の全産業の年間売上高は一四二八兆円であった(財務省「法人

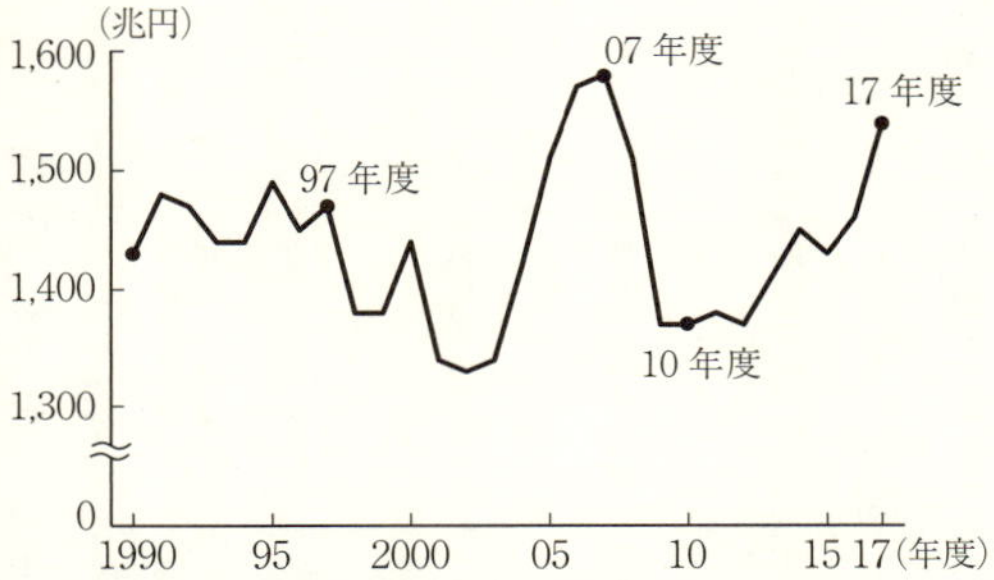

（資料）財務省「法人企業統計年報」

図表 1-5　企業売上高の推移（1990〜2017 年度）

企業統計年報」金融・保険業を除く）。以降、年々の動きは増える年もあり、減る年もあり、変わらない年もありと、さまざまだが、総じて見れば、九七年度までは横ばい傾向となっている（九七年度一四六七兆円で、九〇年度比二・七％増）。

それが大きく落ち込んだのは、日本経済がマイナス成長に陥った九八年度である（一三八一兆円）。以降、低水準での推移が続き、〇五年度に至ってようやく九七年度の水準を上回った（一五〇八兆円）。その後、〇七年度（一五八〇兆円）をピークに、リーマン・ショックにより再び大きく落ち込み、最近年度（一七年度、一五四四兆円）はまだ、リーマン・ショック前の水準に戻していない。

こうした企業売上高の伸び悩みは、当然のことながら日本の名目GDPの伸び悩みと軌を一にしている。とりわけ、いま一つの分水嶺である九七年以降の伸びがそうである（図表1－6）。

企業収益は急拡大

一方、一九九〇年代以降の企業収益の動きを見ると（図表1－7）、全企業の年間経常利益は、九〇年度の三八・一兆円をピークに、バブル破裂の影響もあり、九三年度（二〇・五兆円）まで大きく減少した。その後、景気回復とともに九七年度（二七・八兆円）まで持ち直したが、マイナス成長であった九八年度に再び減少した（二一・二兆円）。

ただし、以降は増加傾向にあり、とりわけリーマン・ショックによる落ち込み（二〇〇九年度、三二・一兆円）の後は、年々著しく増加するようになっている。

一七年度の全企業の年間経常利益は八三・六兆円（史上最高益）であり、九〇年度比二・二倍、マイナス成長で落ち込んだ九八年度の三・九倍、リーマン・ショック後のボトム（〇九年度）の二・六倍となっている。

先に見た売上高の伸び悩みに比べて、どの年との比較で見ても経常利益の増えようは、異常とも思えるほど大きい（図表1－8）。

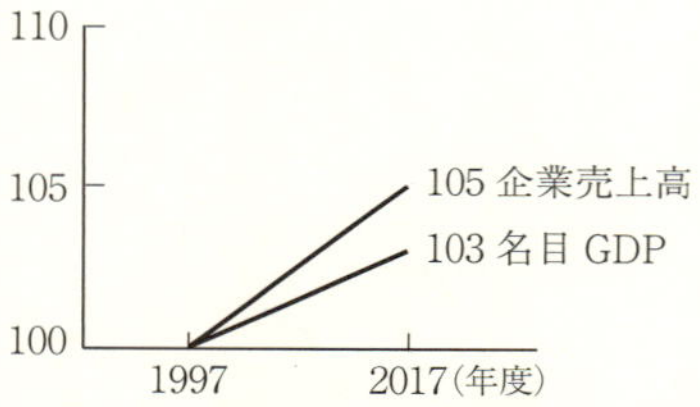

（注）1997 年度＝100 とする指数
（資料）内閣府「国民経済計算」，財務省「法人企業統計年報」

図表 1-6　名目 GDP と企業売上高

売上高がさほど増えないなかで経常利益が増えている、つま

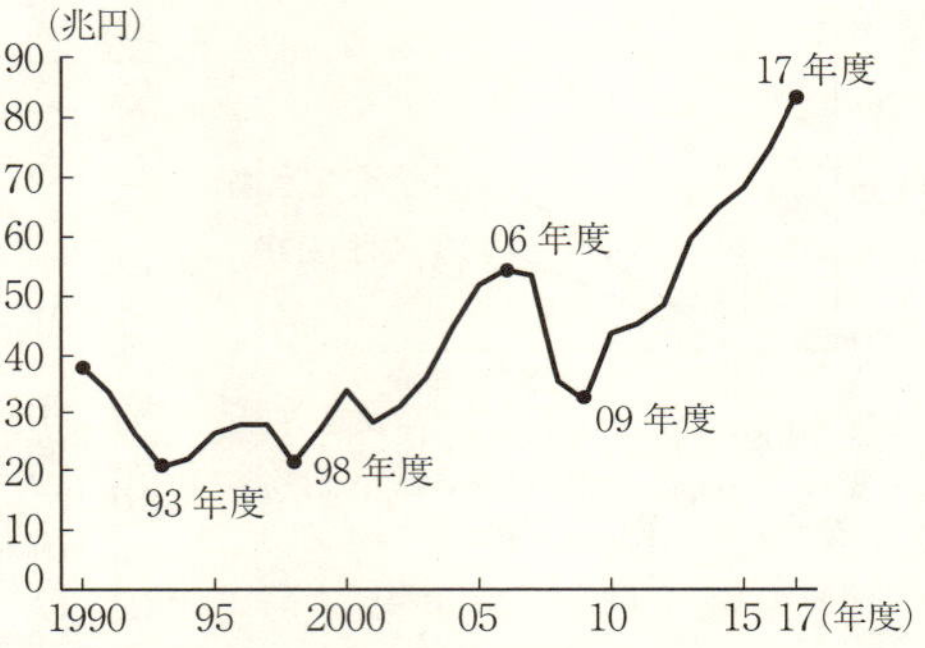

図表1-7　企業の経常利益の推移(1990〜2017年度)

り売上高・経常利益率が上昇している。なぜだろうか。

付加価値率の上昇、労働分配率の低下

売上高・経常利益率を決める大きな要因が二つある。

一つは付加価値率（付加価値÷売上高）である。付加価値とは大雑把に言えば売上高と仕入れコストの差、つまり、企業の粗利益であり、付加価値率とは売上一単位当たりの粗利益率である。

売上高・経常利益率を決めるもう一つは、労働分配率（人件費÷付加価値）である。付加価値（≒粗利益）は人件費、金融費用（利子）、家賃、地代等に充当され、残余が企業収益となるが、分配されるもののうち、最大の比重を占めるのは人件費への配分額であり、その比率（労働分配率）が企業収益に大きく影響してくる。

そこで、付加価値率と労働分配率のこの三〇年間の推移を見てみると、付加価値率については、景気変動を反映しての波はあるが（景気下降局面では下落、上昇局面では上昇）、それでも、九

図表 1-8　売上高の伸びをはるかに上回る経常利益の伸び

	90 年度＝100	98 年度＝100	09 年度＝100
2017 年度の売上高	108	112	113
〃　経常利益	219	394	260

（資料）財務省「法人企業統計年報」

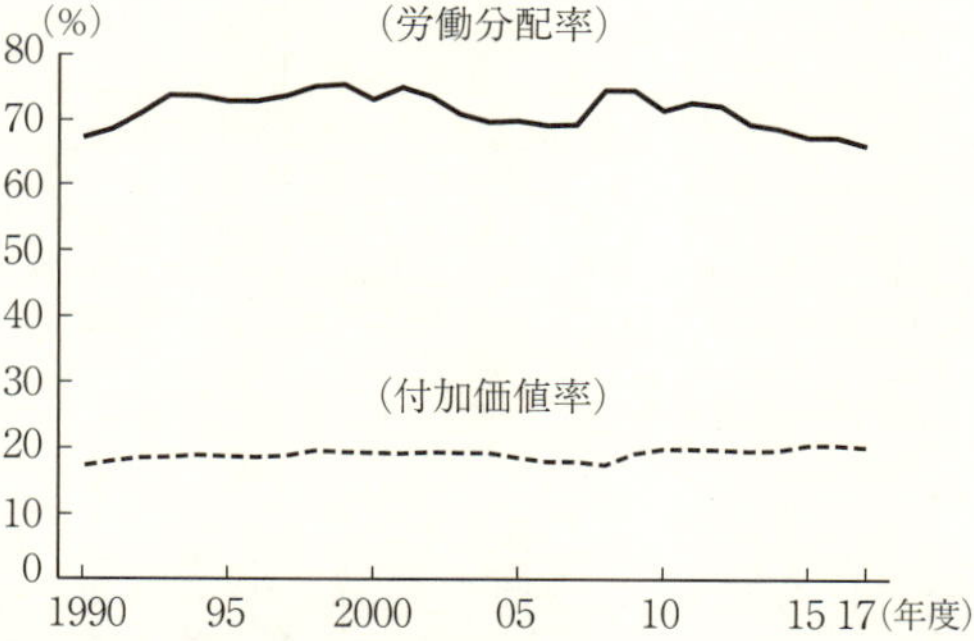

（資料）財務省「法人企業統計年報」

図表 1-9　1990 年以降の付加価値率と労働分配率の推移

○年代初めの一八％台から近年の二○％台へと緩やかな上昇傾向が見てとれる（図表1－9）。

一方、労働分配率は、付加価値率以上に景気変動の影響を大きく受けているが（景気下降局面では上昇、上昇局面では下落）、それでも、三○年間を通して見ると、九○年代の七○％台から近年の六○％台へと下落傾向にある。とくに、近年――リーマン・ショックからの回復過程――においてはそうである。

付加価値率の上昇、つまり企業の売買差益の増加傾向と、労働分配率の低下、つまり人件費の圧縮が、売上高がさほど増えない下で企業の経常利益が増加していることの背景に

図表 1-10　この 30 年間における企業収益の大幅増加の背景 ── 1 つの試算

（単位：兆円，％）

	売上高	経常利益	（経常利益/売上高）	付加価値	（付加価値/売上高）	人件費	（人件費/付加価値）
1997 年度（1990 年代）	1,467	27.8	(1.90)	276	(18.8)	203	(73.6)
2016 年度（2010 年代）	1,456	75.0	(5.15)	299	(20.5)	202	(67.6)

（注）2016 年度について，かりに付加価値率が 97 年度と同じ（18.8%）とすると，付加価値は 274 兆円となり実現値の 299 兆円に比べ 25 兆円減となる．さらに人件費比率（労働分配率）を 97 年度と同じ（73.6%）とすると，人件費は 220 兆円となり，実現値の 202 兆円に比べ 18 兆円増．これだけで 2016 年度の経常利益は 43 兆円減少し，推計値は 32 兆円と 97 年度に近い数字となる．
（資料）財務省「法人企業統計年報」

あると見ていいようである。

図表1－10で、年間売上高がほぼ等しい九七年度と一六年度を比較してみると（九七年度がこの三〇年間の初期を、一六年度が後期を代表するものとして見ると）、その様子がある程度うかがえる。

この三〇年間に、企業経営面では図表1－10の注で示したような大きな変化が生じた、ということである。

4　暮らしはどう変化してきたか

最後に、この三〇年間の暮らしの変化についても見ておこう。もとより、暮らしの変化は多面にわたるので、とりあえずここでは、①給与の推移と、②格差の推移を、この三〇年間の大きな変化を代表するものとして捉えて、見ておくことにする。

九七年をピークに給与は減少

給与についてはいくつかの統計があるが、その一つ、国税庁「民間給与実態統計調査」の「一年を通じて勤務した給与所得者の一人当たりの平均給与」（図表1-11）で見ることにしたい。

一九九〇年の平均給与は四二五万円であった。それが九一年四四七万円、九二年四五五万円と、九七年の四六七万円まで、年々少しずつだが趨勢としては上がっていた。その流れが変わったのが九八年である。九八年は四六五万円、前年比二万円減となり、以降二〇〇八年の四三〇万円まで、一、二の例外の年はあるが減少傾向が続く。そして、リーマン・ショックの翌年〇九年は四〇六万円へと急落する（図表1-11）。

〇九年の一人当たりの平均給与四〇六万円は、減少傾向の始まる前年、九七年の四六七万円比で一三％減、〇九年の消費者物価指数の水準は九七年とほぼ同じであったから、実質給与も一三％減ったということ、給与所得者はそれだけ貧しくなった、ということである。

一〇年以降は、平均給与はわずかながら回復傾向にあるが、直近年（一七年）は四三二万円と、九七年の額をなお三五万円（七・五％）下回った状況にある。九七年から二〇年経った現在においてもなお、給与所得者の一人当たりの平均給与は九七年が戦後最高の年となっているのである。

正社員は減少、非正社員が激増

一九九八年来のこうした給与所得者の一人当たりの平均給与の減少については、大きな要因として、正社員数が減少し、かわって給与水準の低い非正社員数の増加（その比率の大幅な上昇）があると思われる（図表1－12）。

直近（一八年）の数字を九七年と比べると、正社員の数は三四七六万人と三三六万人減、非正社員数は二一二〇万人と九六八万人増となっており、その比率は二三％から三八％へと上昇しているのである（図表1－12）。

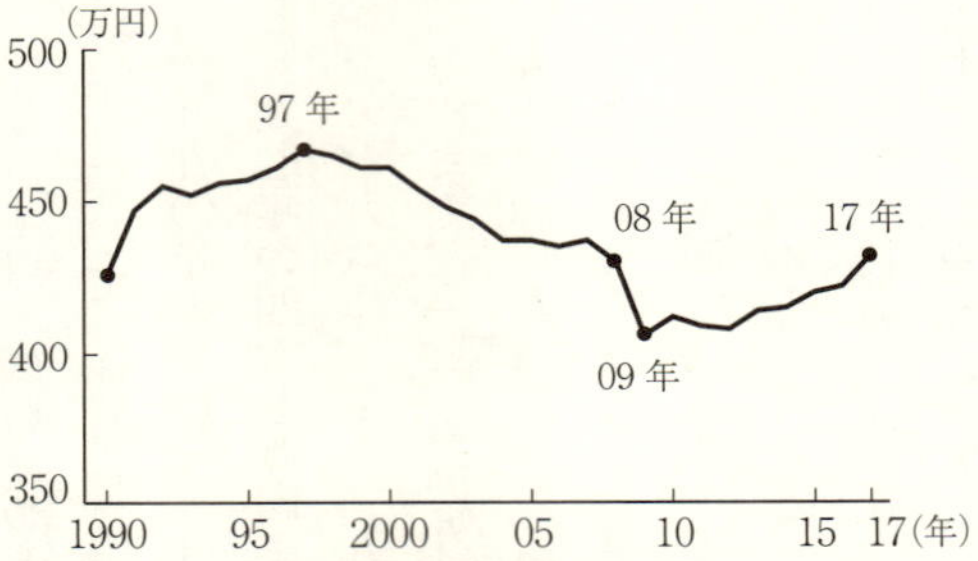

（資料）国税庁「民間給与実態統計調査」

図表1-11　1年を通じて勤務した給与所得者の1人当たりの平均給与の推移

先に、企業業績の項で、企業収益の著しい増加の背景に労働分配率の低下があることを見たが、それを労働の側から見ると、低賃金労働者の著しい増加がある、ということである。九七年をいま一つの大きな分水嶺とする、ここ二〇年来の日本経済の大きな変化の一つである。

格差は拡大傾向

あと一つ、経済格差についても見ておこう。

経済格差は、一般にジニ係数によって測られる。イタリアの統計学者ジニによって考案された係数で、その算出方法を図表1－13で説明しよう。

複数の世帯からなる一つの社会のジニ係数の求め方である。①世帯を所得の少ない順に並べ、横軸に世帯数を累積した比率をとる(〇～一〇〇%)。②累積世帯の比率に対応する累積所得額の比率を縦軸に取り、その点を結んでいく。③所得分配が全く平等の場合、その線は対角線となるはずである(例えば、累積世帯数の比率が五〇%の場合、累積所得額の比率も五〇%となる)。④逆に、所得分配が全く不平等の場合(一%の世帯が所得のすべてを占有している場合)、その線は三角形の底辺線と横目盛一〇〇のところから

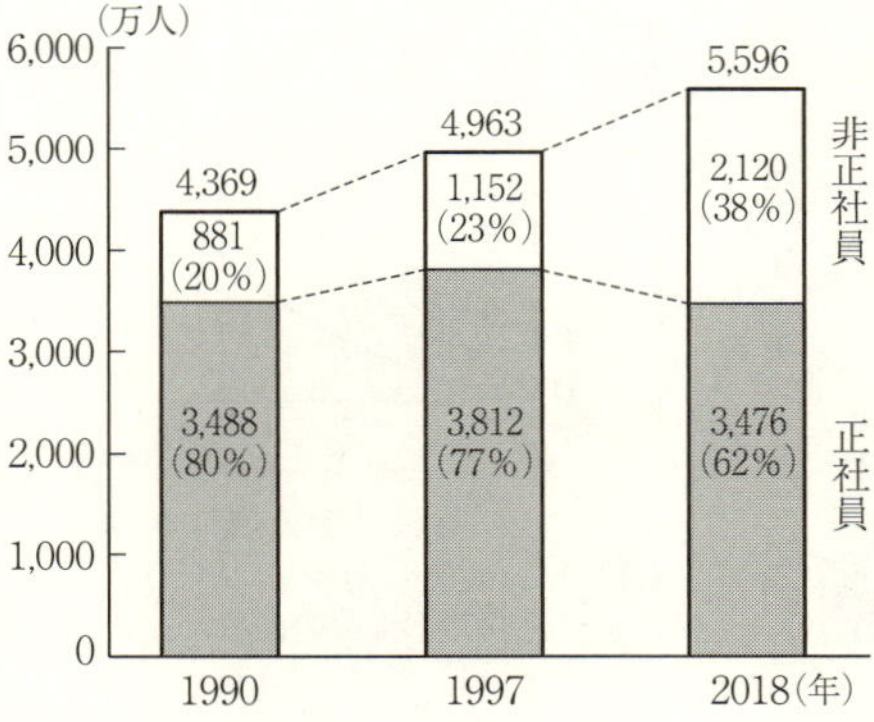

(資料) 総務省「労働力調査」

図表 1-12　正社員，非正社員構成の変化

立ち上がり、縦目盛一〇〇に至る垂線となる。⑤一般には、左下〇の点と右上一〇〇の点を結ぶ曲線となる。⑥こうしてできた三日月形部分（図の斜線部分）の面積の、三角形の面積に対する比がジニ係数である。⑦つまり、ジニ係数は0（所得分配が全く平等の場合）から1（完全に不平等の場合）の間の値をとる。係数が小さいほど平等、1に近いほど不平等と読むことができる、というわけである。

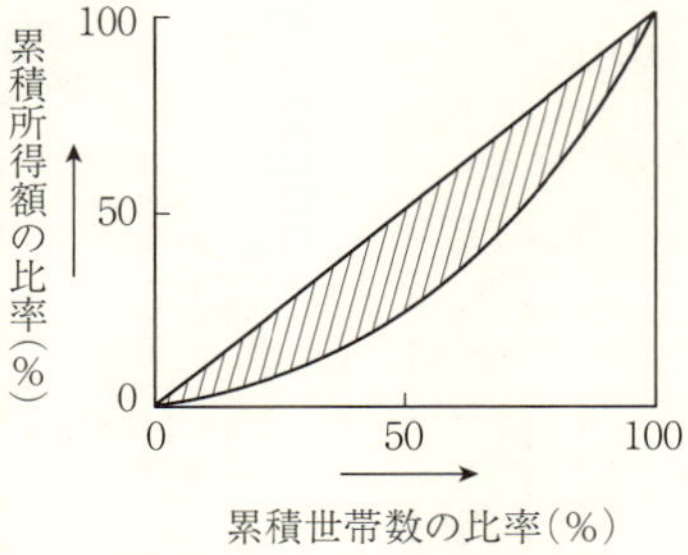

（注）ジニ係数

$$0 \leqq \frac{\text{三日月形部分の面積}}{\text{三角形部分の面積}} \leqq 1$$

図表 1-13　ジニ係数の算出方法

さて、日本社会の現実のジニ係数は、厚生労働省が三年ごとに行う「所得再分配調査」によって計測されている。その推移は図表1－14に見る通りである。

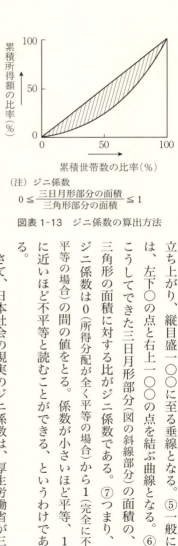

このように、当初所得のジニ係数は、一九九〇年の〇・四三から二〇一七年の〇・五六まで、明らかに拡大している。社会的には不平等が拡大している、ということである。

各人の当初所得から、税・社会保険料負担を差し引き、社会保障による給付（年金、生活保護等）を加えたのが再分配所得であるが、この再分配所得についてのジニ係数は、九〇年の〇・三六から一七年の〇・三七へと、わずかながら拡大している（より細かく見ると、九〇年代後半から二〇〇〇年代にかけて拡大したが、二〇一〇年代に入ると拡大には歯止めがかかっているようにも見える）。

なお、先進国との比較で〇八年の状況を見ると、日本のジニ係数はOECD平均よりもやや大きく、「やや不平等の度が高い」「主要国で日本よりジニ係数が大きい国（不平等度の高い国）はアメリカ、イギリス、オーストラリアであり、カナダ、ドイツ、フランス、オランダ、スウェーデン、デンマーク等は小さい（不平等度が低い）」（厚生労働省「厚生労働白書（二〇一二年版）」）というのが政府の分析である。

もはや「平等社会日本」とは言えなくなっている、この三〇年でそう変わった、ということであろう。

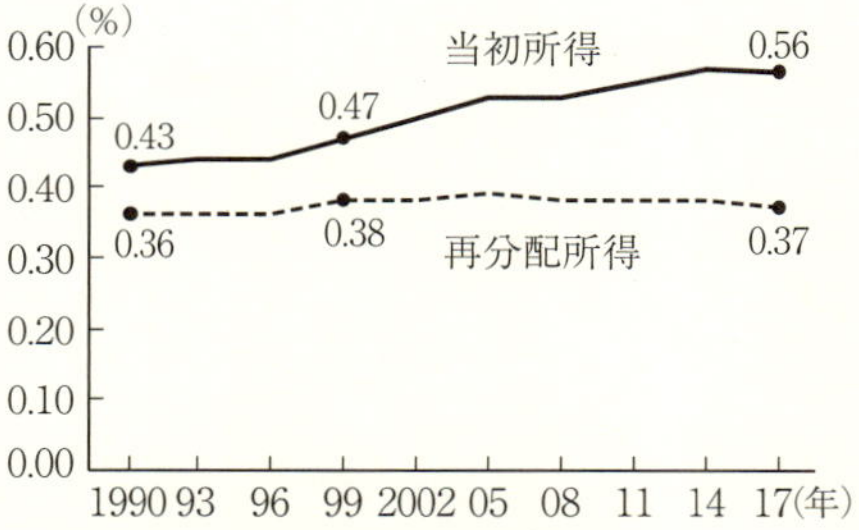

（資料）厚生労働省「所得再分配調査」

図表 1-14　ジニ係数の推移

II

三〇年間の変化を追っていく

第二章　バブルの発生から、膨張、破裂まで（一九八五〜九〇年）

日本の一九八〇年代後半はバブルの時代であった。

バブルとは「泡のことである」「実態のない投機による熱況を指し、泡のように消えることからいう」「一九八〇年代末の日本も、土地と株式でバブルが起こり、九〇年代その崩壊によって長期不況が発生した」と説明されている（伊東光晴編『岩波現代経済学事典』二〇〇四年）。

1　株価、地価の上昇とバブル化

上昇する株価、地価

最初に、この時期の株価、地価の動きを見ていこう。

まず、株価の動きである。

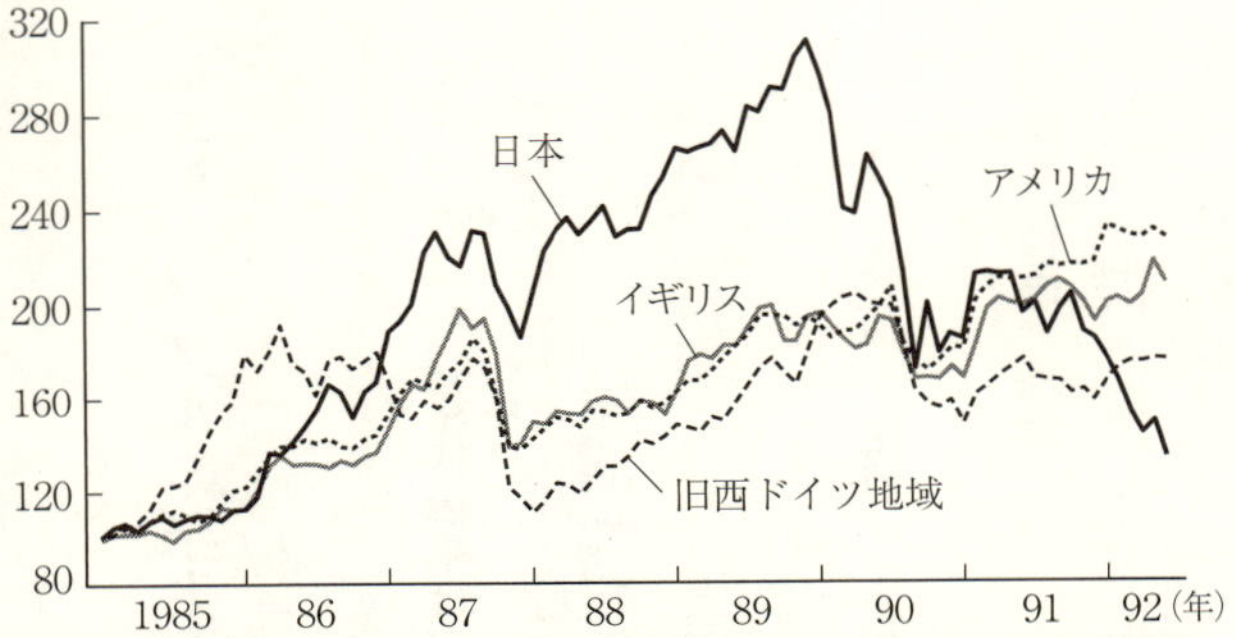

（備考）株価指数は日本は月末値，その他の国は月中平均値を 1985 年 1 月＝100 として換算した値
（出所）経済企画庁「年次経済報告（1992 年版）」

図表 2-1　株価指数の推移

東証株価指数の動きを見ると、株価は一九八六年の初めから上昇傾向となり、途中、八七年後半に、ニューヨーク市場での株価の大幅下落（八七年一〇月一九日、ブラックマンデー）の影響を受けての下落はあったものの、八七年末頃から再び上昇、八九年末まで上がり続けた。この上昇傾向は、米国、イギリス、旧西ドイツといった他の先進諸国も同じであったが、日本の上昇傾向は際立って強かった。図表2－1に見る通りである。

次に、地価の動きを見ると、地価の動きは地域、用途等によって異なっているが、八〇年代後半にあっては、まず東京圏の、それも商業地の地価が上昇し、その上昇が東京圏の住宅地の地価上昇を引き起こし、次いで大阪圏の商業地、住宅地に波及し、さらに名古屋圏、そして地方都市へと及んでいったと

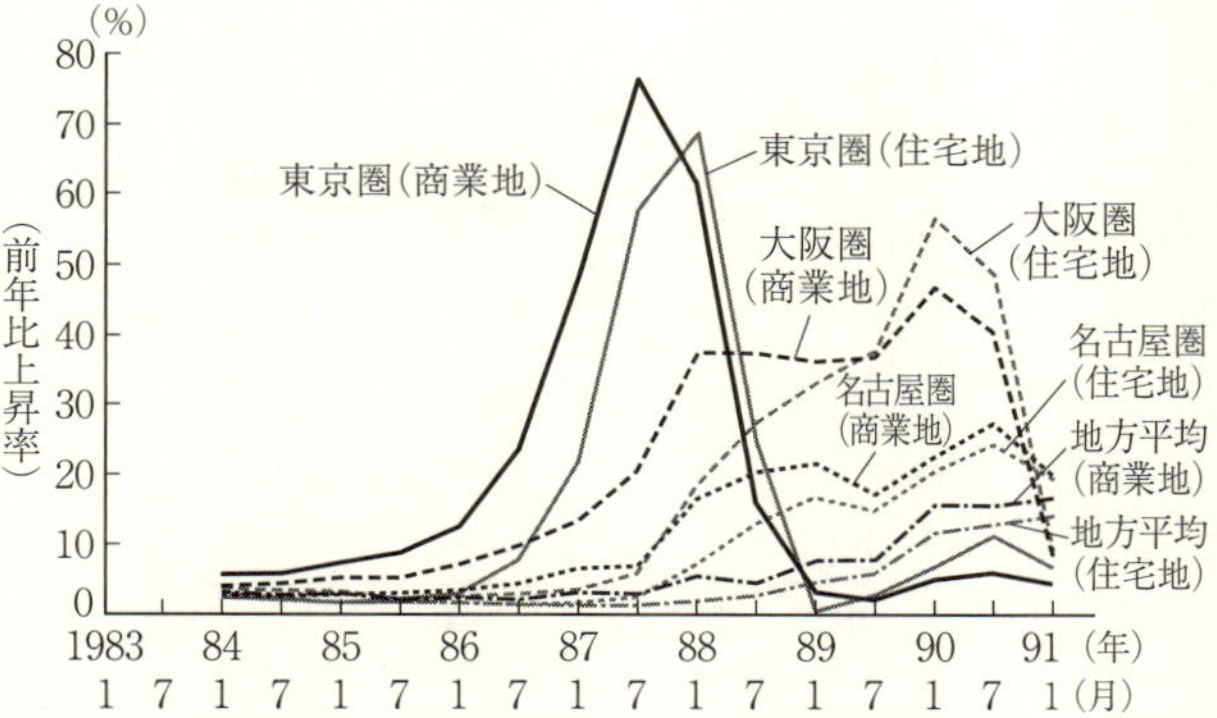

（備考）地方平均の値は，地方圏の都市計画区域内のポイントの平均値である

（出所）経済企画庁「年次経済報告（1991年版）」

図表2-2　地価上昇の波及過程（東京圏から大阪圏，名古屋圏，地方へ）

いう経緯がある（図表2－2）。

株価の上昇は八九年末まで、地価の上昇は九〇年初めまで続くが、それぞれのピークであった時期の水準を八五年のそれと比較してみると、株価、地価ともにおよそ三倍となっている。この間のGDPの実質増加が一・二～一・三倍となっていることと比較すると、その上昇幅の大きさが分かろうというものである（図表2－3）。

これは、バブルなのか

こうした株価、地価の上昇を政策当局（政府、日銀）はどう捉えていたか。

一九八九年の政府の「年次経済報告」（別称「経済白書」）。閣議報告は八九年八月八日で、まだバブル破裂前である）が、「日本経済のストック化」という一章を設け、「株価変動とその要因」および「地価高騰とその要因」について分析している。「ひょっとするとこれはバブル？」という疑念が政府内にも起こっていたからなのかもしれない。

ただ、その結論は、株価については「おおむね企業の資産価値を評価した水準になっていると考えられる」、地価の高騰については「近年、我が国経済の国際化の進展に伴い、東京圏に経済機能等の集中が進んでいる。特に、東京は国際金融センターの一つとして急成長しており、都心のオフィス需給は逼迫してきていた。これに関連して、東京の土地の生産性（限界価値生産性）やその期待値の上昇があると考えられる」などというものであり、バブルとの見方には否定的であった。

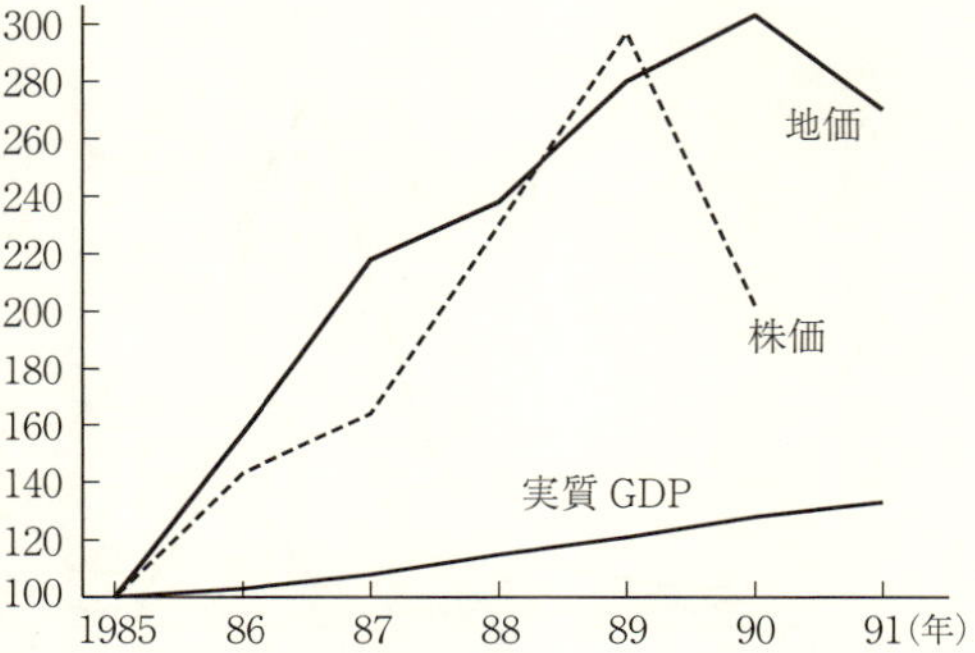

（注）1. 株価は各年末の日経平均
2. 地価は各年初の公示地価
3. 実質 GDP は各年
4. いずれも 1985 年＝100 とする指数

（資料）国土庁「公示地価」，内閣府「国民経済計算」ほか

図表 2-3　株価，地価，実質 GDP の推移

政府の「年次経済報告」が、八〇年代後半の株価、地価の上昇をバブルと見なしてその分析を行うのは、株価も地価も下落へと転じた後の、九二年七月二八日に閣議報告された、九二年版においてである。

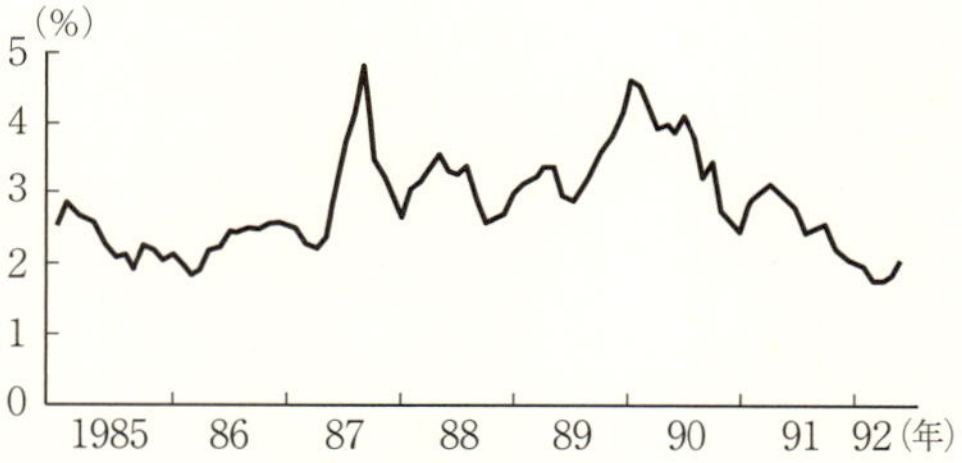

(備考) 1. $PER = \dfrac{\text{株価}}{\text{1株当たり利益}} = \dfrac{1}{\text{1株当たり利益率}}$

金利修正PER＝PER×金利．金利は国債最長期物流通利回り

2. 株価は月末値

(出所) 経済企画庁「年次経済報告(1992年版)」

図表2-4　金利修正PERの推移

すなわち、そこでは、株価については、「金利修正株価収益率」(株価収益率:PER＝一株当たりの利益＝に長期金利をかけた数値)を算出して、その推移を見ることによって、八七年半ば(ブラックマンデー前)と八九年後半の株価水準が時のファンダメンタルズ(企業収益等の水準)と大きく乖離していた(すなわち、バブルであった)と推定しているのである(図表2－4)。

また、地価については、理論地価(図表2－5の備考を参照)を算出し、それと現実の地価とを比較することによって、八八年以降の現実の地価が理論地価を上回るようになっている、すなわち地価

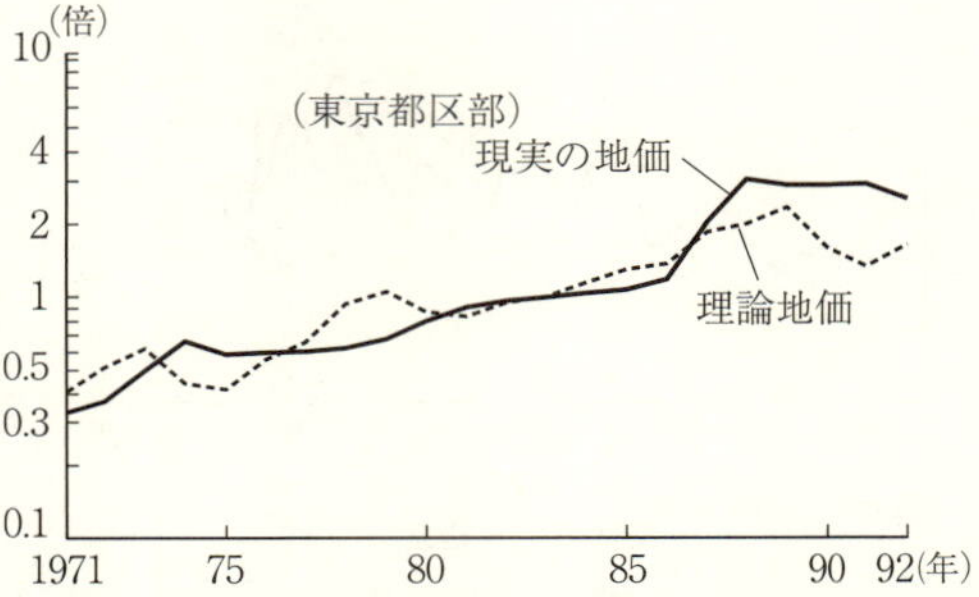

（備考）理論地価とは，消費者物価指数の家賃を今回の地価上昇直前の 83 年を 1 として指数化したものを，83 年を 1 として指数化した長期金利（利付き電々債利回り）で除したもの．

現実の地価も 83 年を 1 として指数化しており，したがって，理論地価と現実の地価が 83 年で一致するよう仮定したことになる．なお，理論地価は，前年平均の家賃と前年の第 4 四半期の利付き電々債の平均利回りを用いている．

（出所）経済企画庁「年次経済報告（1992 年版）」

図表 2-5　住宅地の理論地価と現実の地価の推移

バブルが発生している、と推定している（図表2－5）。なおこの図では東京都区部の分しか引用していないが、「年次経済報告」には名古屋圏、大阪圏についても同様の図を掲載し、同じ結論が得られたとしている。

日本銀行の懸念

一九八〇年代末頃の日本経済がバブル化しているのではないかという懸念は、当時の日本銀行のスタッフ（の一部）にも抱かれていたようである。その「調査月報」九〇年四月号に掲載された「わが国における近年の地価上昇の背景と影響について」という論文にそれがうかがえる。

その論文は「比較的近年における海外諸国の経験をみても、英国・米国等では、地価の急落が引き金となって金融機関の経営悪化が発生している事例があり、こうした海外の経験に共通する教訓として、①地価が短期間に急上昇すれば、その後反転する可能性がある、②その場合には個別金融機関の経営不安定化にとどまらず、場合によっては金融システム全体の動揺にもつながりかねない、③不動産関連貸出の焦付きは中小金融機関やノンバンクにおいて発生しやすい、という三点を指摘できるように思われる」と指摘している。

これらの指摘事項は、まさに、数年後に現実化したことである。ただし、当時においては、こうした懸念が漠然とではあるがかなり広範囲に存在していたとしても、「金融機関への規制・監督や金融政策等の手段を使ってただちに何らかの措置を講じるべきだという主張は〔日本銀行の中でも〕少数派であった」という（白川方明《まさあき》『中央銀行』）。

2　何がバブルを発生させ、膨張させたか

その後の事態の推移を追う前に、ここで、「何がバブルを発生させ、膨張させたか」を考えておこう。

この点に関しては、バブル破裂以降、多くの論考がなされてきたが、最も参考になるのが前

日本銀行総裁白川方明氏の著書『中央銀行』である。

その著で、白川氏は、①バブルを発生させた初期要因と、②発生したバブルを加速させる要因とに分けて考察しており、①の要因として、「期待の著しい積極化」と「信用の著しい増加」の二つを、②の要因として「長期にわたる金融緩和の持続」「金融と経済活動との間で作り出される景気増幅的な作用」「地価の上昇を加速させやすい税制」の三つを挙げている。

いずれも重要な指摘だと思うが、詳細は同書に譲るとして、以下ではそのうちの三つ、「期待の著しい積極化」「長期化した金融緩和政策（とその背景）」「信用の著しい増加（とその背景）」について取り上げよう。

期待の著しい積極化

まず、「期待の著しい積極化」についてである。

株価や地価の著しい上昇があっても、それを異常なこと（バブルである）と受け止めず、（日本経済の実力からして）当然のことであると受け止め、株価、地価はさらに上昇する可能性があると期待する、そうした雰囲気が八〇年代後半の日本社会にはあった、それがバブルを発生させ、膨張させる大きな一因となった――白川氏の言う「期待の著しい積極化」とは、要約して言えばそういうことと理解できる。

そうした「期待の著しい積極化」をもたらしたものとして白川氏が数え上げているものは、①日本経済のマクロ的なパフォーマンスの良さ（成長率は先進国中もっとも高く、しかも物価上昇率は低かった）であり、②企業・産業レベルで見ての国際競争力の強さ（自動車、半導体など）、その結果としての経常収支の大幅な黒字であり、③国際金融市場における邦銀の存在感の高まり（資産の増加額、残高シェアともに八八年は圧倒的に世界一位であった）などである。

「今では信じ難いことであるが」というのは、一八年に刊行された『中央銀行』の中での著者の言葉であるが、まさに、そうした状況の下に当時の日本経済はあった、ということである。

そして、そうした状況は、当時の政策当局や周辺の人々の感覚にも反映されていたように思われる。

その代表的な例を挙げるとすれば、「前川レポート」である。

米国からの経常収支の不均衡（米国の大幅赤字、日本の大幅黒字）是正の強い要求を受けて、当時の中曽根内閣が発足させた「国際協調のための経済構造調整研究会」が、一九八六年四月に内閣総理大臣に提出した報告書（研究会の座長であった前川春雄元日本銀行総裁の名をとって、通称「前川レポート」）である。

この報告書は、「内需拡大」「国際的に調和のとれた産業構造への転換」「市場アクセスの改善」「製品輸入の促進」等々、米国の要求をそのまま（不均衡の原因が主として米国側の制度や行動にあることを全く指摘せず、貿易不均衡を二国間で捉えるなど経済学的な誤りにもふれず）受け入れる内容の報告書であったが、それはそれとして（米国の要請にだけではなく）時代の要請に応えるものとして、政府に受け入れられ、（経済学者からの批判はあったが）マスコミなど一般世間も受け入れたのであった。

この「前川レポート」の背後にある考え方、そして時代認識は「（日本は）今や国際社会において重要な地位を占める」、だから「我が国の経済的地位にふさわしい責務を果たし、世界経済との調和ある共存を図る」必要がある、「企業においても国際的責任を自覚した行動が望まれる」というものであった（「　」内は報告書からの引用）。「自信満々の日本」という印象が、この報告書からは受け取れる。

あと一つの例として、当時の人々に広く読まれていた書である『ジャパンアズナンバーワン』を挙げておこう。原書が七九年に刊行され、その年のうちに日本でも翻訳出版された、米国の社会学者エズラ・ヴォーゲル（ハーヴァード大学教授）の手になる同書は、その表題の通り、めざましい発展を遂げていた当時の日本を高く評価したもので、書の副題に「アメリカへの教訓」とある。

日本人の勤勉さ、学習意欲の高さ、官僚の優秀さ、企業経営のすばらしさ等々を高く評価し、日本国内でも数十万部が売れたという。

ちなみに、日本の企業経営について、同書は、終身雇用制、年功序列型賃金、企業内福利厚生の充実、目先の利益でなく長期的な利益を上げようとする経営姿勢、等々を、日本経済の成功をもたらしたものとして評価している(皮肉なことだが、これらはことごとく、九〇年代日本においては「構造改革」の下で否定され、今日ではほとんど姿を消している——この点に関しては第四章以下で触れよう)。

ともあれ、大半の「日本人」にとっては心地よく読める本で、八〇年代の多くの人々の「期待の著しい積極化」に寄与した(ということは、バブルの発生、膨張の一因ともなった)とみられる。

長期化した金融緩和

次に「長期化した金融緩和政策」についてである。

第二次石油危機(イラン政変にともなう原油価格の高騰)を受けての物価上昇を抑えるべく、日本銀行の基準貸付金利(公定歩合)は一九八〇年三月には九%にまで引き上げられていた。それが、事態の鎮静化とともに段階的に引き下げられ、五％とされたのが八三年一〇月であった。

その後、二年四カ月ぶりに公定歩合が四・五％へと引き下げられたのが八六年一月、プラザ合意（八五年九月）をはさんで急速に進行した円高と、それにともなう景気下降（八五年七月〜）に対処するためであった。それから、公定歩合は四回引き下げられ、八七年二月には当時の史上最低水準である二・五％にまでなった。

ここで問題とするのは、以降、この二・五％という史上最低の公定歩合の水準が長く続けられたことである。八九年五月に三・二五％に引き上げられるまで二年と四カ月（図表2－6）。この長期に及んだ金融緩和が、その下での銀行貸出の大幅増加を招き、民間の流通資金量を年に一〇％を超す勢いで激増させバブルを招いたことはたしかである（図表2－7）。

そこで、一つの疑問が出てくる。なぜ、日本銀行による金融緩和（二・五％という史上最低の公定歩合の水準）は長期にわたって続けられたのか、もっと早く、例えば民間保有資金量の伸びが著しく高まった八七年半ばから八八年にかけて政策転換すべきではなかったのか、という疑問である。

その理由としては、三つの事情が考えられる。

一つは、八七年一〇月に発生した米国での株価暴落（ブラックマンデー）の影響である。この危機にあって、米国のＦＲＢ（連邦準備制度理事会）は政策金利を引き下げ、市場に大量の資金を供給して対処したが（結果として比較的短期間で危機を収束させた）、そうした状況下で、日本銀行は、自国のバブルを未然に防止するために政策金利を引き上げることができなかった、という

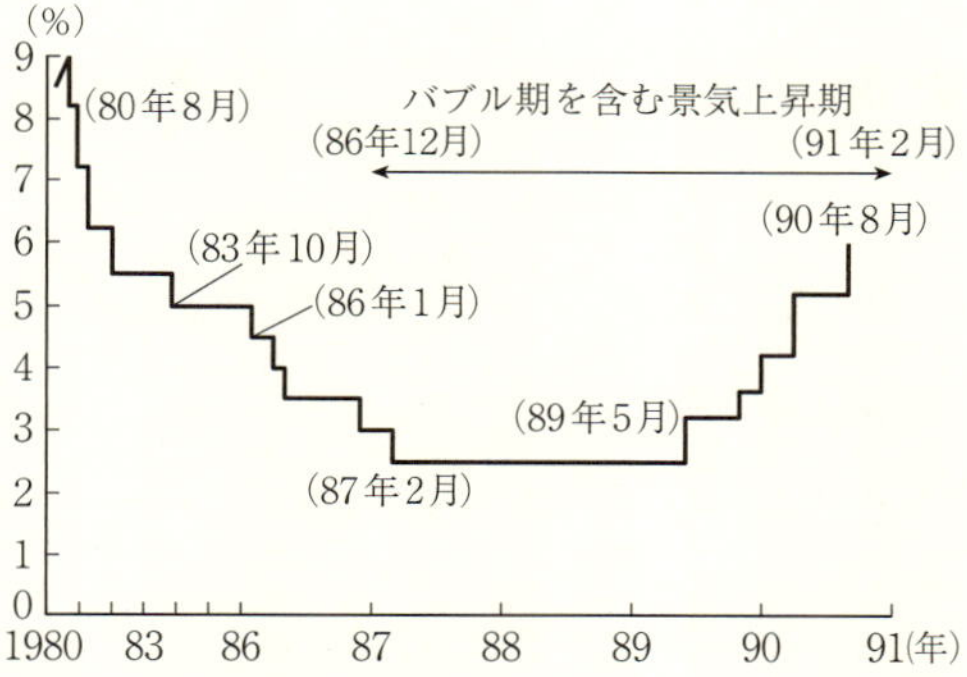

（資料）日本銀行ホームページ

図表 2-6　バブル景気前後の金融政策（公定歩合の推移）

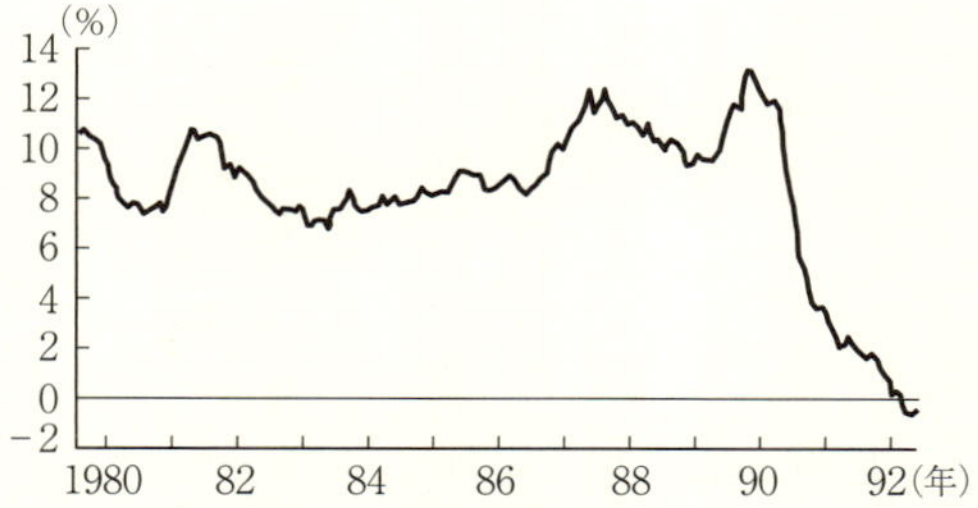

（注）民間保有資金量（M_2＝現金＋銀行預金）（月平均残高の前年比伸び率）
（資料）日本銀行ホームページ

図表 2-7　バブル期（1987〜90年）に異常に高い伸びを示した民間資金量

ことである（日本の金利引き上げは円高・ドル安を招き、米国経済に対する市場の不信を増幅してしまうおそれがあった）。

二つは、それでは、ブラックマンデーによる不安な状態が一応の収束をみた八八年の後半以降はどうかということである。しかし、そこには八九年四月に予定されていた消費税の導入という問題が控えていた。

一般消費税（付加価値税）の導入は、七〇年代以降の自民党政権が政策課題としてきたことであり、しかし、その導入の試みは二度にわたり挫折していた。一度目は七九年（大平正芳内閣）。野党はもとより、小売業界や消費者団体などからの強い反対を受け、閣議決定までしていた一般消費税の導入の断念を、大平首相が選挙戦のさなかに表明するということがあった。二度目は八七年（中曽根内閣）。売上税法案を国会に提出したが、同年春の参議院補欠選挙や統一地方選挙で自民党が退潮となる動きの中で、一度も審議されないまま廃案となった。

八七年一一月に誕生した竹下登内閣が八八年一二月の国会で消費税法案を強行採決で成立させ、八九年四月からの導入と決めるまでにはそうした経緯があった。

いわば、自民党政権（と大蔵省）の悲願であったといえる消費税の導入、その実施が実現するまでは日本経済は平穏でなければならない、バブルの破裂等の混乱を引き起こしかねない金融政策の変更などは避けた方が無難である――当時の日本銀行（首脳陣、あるいはスタッフ）がそう考えたということは十分にあり得ることであったろう。

現実に、日本銀行が、「公定歩合を三・二五％に引き上げる」と政策決定したのは、消費税導入の一カ月後、八九年五月のことであった。

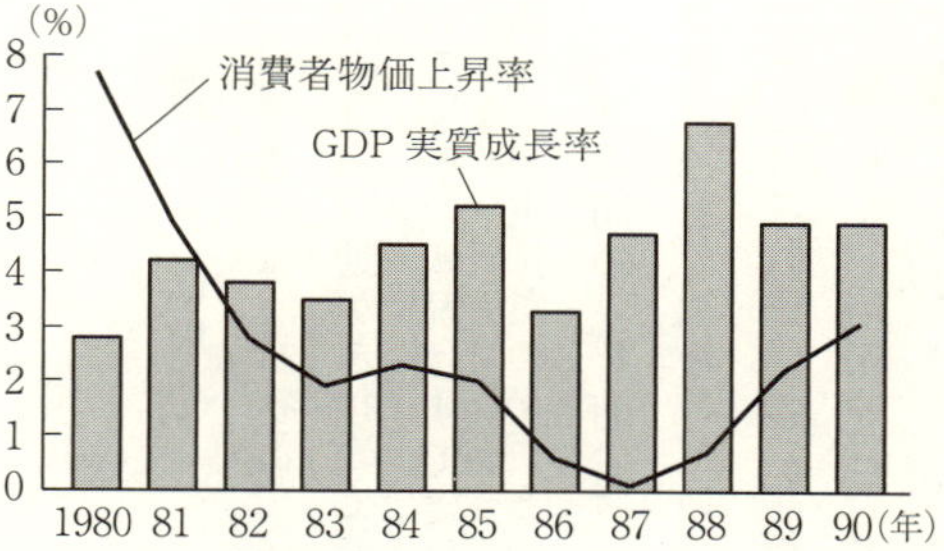

（資料）内閣府「国民経済計算」，総理府「消費者物価指数」

図表 2-8　1980 年代の GDP 実質成長率，物価上昇率の推移

三つは、日本銀行がその政策を決定するにあたってもっとも重視していた物価が、この間きわめて安定して推移していたことがある。

図表２―８のＧＤＰ実質成長率に見られる通り、バブル期の八〇年代後半、資産価格上昇の影響を受けて経済の比較的高い成長が続く中、消費者物価の上昇率は八六年〇・六％、八七年〇・一％、八八年〇・七％ときわめて低いものにとどまっていた。円高の進行で原燃料など輸入品の価格が下落していたことが背景にある。

物価の安定が十分に保たれているという状況からすると金融政策を変更する理由は全くなかった、ということ

である。

信用の著しい増加

見てきたような状況で金融緩和政策が長期化していたのだが、その下で生じたことは金融機関の貸出行動がきわめて積極化し、結果として民間の保有する資金量が著しく増加したことである。その状況はすでに見たが（図表2－7）、問題はなぜこの時期に、このような銀行行動の積極化が生じたのか、ということである。

バブル期の一昔前（七〇年代以前）の銀行は「石橋を敲《たた》いても渡らぬ」などと揶揄《やゆ》されたほどに堅いことで知られていた。融資にあたっては慎重のうえにも慎重な検討を重ねていたもので、それにはそれだけの「銀行経営の鉄則」とでもいうべきものがあった。一例を引いておこう。一九二七年、昭和金融恐慌時、当時の大手銀行の頭取が、合併して新たに行員となった人々に向けて発したメッセージである。

今諸君の前に私が銀行の講釈をするのは釈迦に説法の如き嫌《きらい》はありますが、多くの銀行は只《ただ》預金を集めて之《これ》を貸出せば宜《よろ》しいと思う様でありますから此事《このこと》を御話しする次第であります。

私の見る所では銀行の営業は自己の資本金及《および》積立金を基礎として公衆の資金を預り之を確実に運用して預金者にも相当の利益（即《すなわち》利息）を与え自己も其《その》差益を収めて株主の為《た》めに利益を図るを目的とするものでありますから、苟《いやしく》も銀行者たるものは株主及預金者の為めに善良なる管理者の心得を以《もっ》て貸出其他《そのた》資金の運用に就《つい》て周到なる注意を用い誠実に其事務を取扱《とりあつか》わなければならぬのであります。

されば其貸出を為すに当りましては常に真面目な商工業の資金を供給することを念とし苟くも投機思惑に用ゆる資金でありましたならば絶対に之を避けねばなりません、仮《も》しや商工業の資金でありましても其回収の見込が確実のものでなければならぬのであります、又其担保は相当の価格のあるものでありましても之が不動産であるとか又は不動産の投資資金に用ゆる為めでありましたならば貸出は出来ぬのであります。

（中略）

是等《これら》の事は分り切りたることにて此際殊更《このさいことさら》に御話しする必要はない様でありますが人は分り切った事を守らない為めに間違を生じ易いものでありますから諸君が○○銀行の行員になるる最初に於て私の老婆心を申述《もうしの》ぶる次第であります、失礼の段は御諒恕《ごりょうじゅ》あらんこ

とを希望致します。(旧第一銀行の内部資料より)

このメッセージが発せられた昭和金融恐慌当時やその後はもとより、戦後も長らく、ここで述べられていることは、「銀行の常識」として銀行経営者はもとより、多くの銀行員にも共有されていたことであった。

それなのになぜ？ということだが、その背後には、「八〇年代に入って以降の銀行の経営環境の厳しさがあった」と理解される。

すなわち、まず、①毎年一〇％前後の成長という高度成長の時代が終わり、低成長(それでも、八〇年代の日本は五％前後の成長という、他の先進諸国に比べるとなお高成長経済ではあったが)の時代へと変わって、企業の設備投資などの資金需要の伸びが衰えた、加えて、②企業の自己資本蓄積が進み外部資金への依存度が低下した、さらには、③債券市場の発達が進み、増資、債券発行等による企業の資金調達も活発化した、などのことがあって、銀行への借入資金需要は衰えた、ということがあったのである。

こうした変化の当然の結果として、銀行間の貸出競争は激しくなっていたのだが、そうした中で、比較的有利な立場にあったのは親密取引先を多く抱える大手(旧財閥系)の銀行であった。

また、地域企業に強い取引基盤を持つ地方銀行も、それなりに有利な立場にあった。取引先からの融資要請は、まずはこれらの銀行に寄せられたからである。

逆に、そうでない金融機関の経営は厳しくなった。例えば、親密取引銀行(メインバンク)が受けきれない部分の長期資金需要を満たしていた長期信用銀行、経済力の弱い地域に立地する地方銀行(あるいは第二地方銀行)、大都市圏に立地する中小金融機関(第二地銀、信用金庫、信用組合等)である。また、七〇年代に、個人向け住宅金融を充実させようという趣旨で、大蔵省主導でつくられた住宅金融専門会社(住専)も、親銀行が資金に余裕ができ自ら住宅ローンを取り扱い始め、拡大させたことによって厳しい状況に陥っていた。

株価バブル、地価バブルは、こうした状況下で発生したのである。業容が拡大せず、突破口を模索していた多くの金融機関、とりわけ限界的立場にあった金融機関にとって、バブルの発生とその下での金融緩和政策の持続は〝千載一遇の好機〟と映ったのである。

こうして激しい貸出競争が起こり、民間資金量の著しい増加が起こり、それがまた、バブルを膨張させることとなった。

3　金融政策、金融行政の転換――バブルの破裂へ

バブルを破裂させたのは、株価バブルについては、日本銀行による金融政策の転換――公定歩合の引き上げである。また、地価バブルについては、大蔵省による金融行政の転換――不動産融資規制の発動である。

金融政策の転換、株価バブルの破裂

日本銀行は、消費税が導入された翌月、一九八九年五月に公定歩合を三・二五％に引き上げたのを皮切りに、一〇月には三・七五％に、一二月には四・二五％にと矢継ぎ早に引き上げを実施した。さらに、年をまたいだ翌九〇年三月には五・二五％に、八月には六・〇〇％へと引き上げを続けた（図表2－6）。一年余りの間につごう五回、あわせて三・五ポイントの公定歩合の引き上げである。同時に、預金金利も引き上げられたから（こちらは金利調整審議会の審議を経ての、大蔵大臣告示）、金融機関の資金調達コストは大幅に上昇、それを反映して貸出金利も上昇することになった。

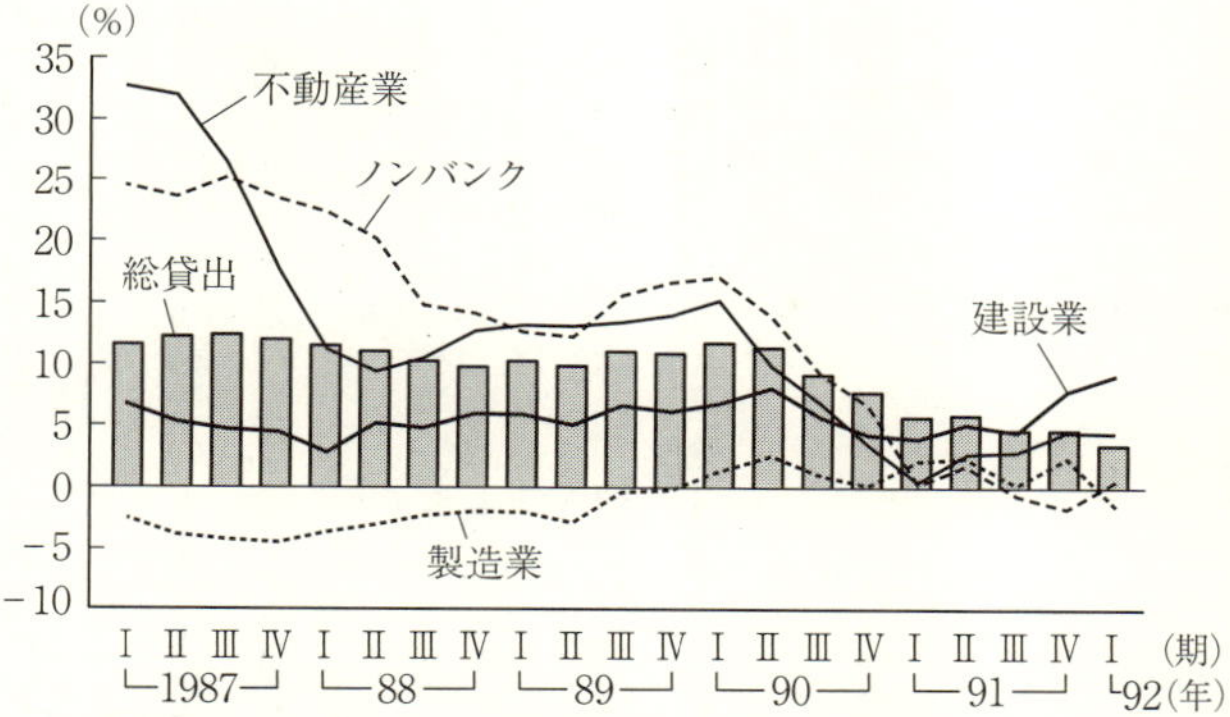

（備考）1. 貸出残高は，全国銀行銀行勘定＋全国銀行信託勘定
2. 各貸出残高は，第二地方銀行協会加盟行分を遡及して含む．ただし，ノンバンク向け貸出については，90 年 1〜3 月まで第二地方銀行協会加盟行分を含まない
3. ノンバンク向け貸出残高は，その他の金融業＋物品賃貸業で算出

（出所）経済企画庁「年次経済報告（1992 年版）」

図表 2-9　業種別貸出残高の前年比伸び率の推移

こうした金融政策の転換の下で、株価は、八九年末をピークに、九〇年に入ってから大きく下落するようになったのである（図表２－１）。

不動産融資規制の発動、地価バブル破裂

一方、地価バブルの方は、金融政策の転換があってもなお続いた。国土交通省による公示地価（各年初の価格、全国平均）で見ると、一九八九年初めから九〇年初めにかけてはなお上昇、九一年に至って下落に転じている。

この下落（すなわち、地価バブルの破裂）をもたらしたのは、九〇年三月に大蔵省

銀行局長から全国の金融機関に対して出された「土地関連融資の抑制について」という通達であった。「不動産向け融資の伸び率を総貸出の伸び率以下に抑える」「不動産業、建設業、ノンバンクに対する融資の実態報告を求める」という「行政指導」である。地価バブルの背景には不動産業、ノンバンク（銀行以外の金融機関。消費者金融会社、クレジット会社、住専等）などへの融資が増加していることがあったから（図表2-9）、それらへの融資が規制されたのであり、このことの影響は大きかった。

この行政指導は九一年一二月に解除されるが、それで十分であった。一度破裂したバブルは容易には膨らまない。以降、地価の下落は二〇一〇年代初めまで続く。

時代はバブルの反動不況が発生した九〇年代へと移っていく。

第三章　バブル破裂後の七年間（一九九〇〜九七年）

一九九〇年代の初めから半ばにかけては、内外ともに激動の時代であった。九〇年、旧ソ連・東欧圏では東西両ドイツの統一があり、バルト三国は独立を宣言した。中東ではイラクがクウェートに進攻し、翌九一年、米国を主力とする多国籍軍がイラクを空爆した。この年の一二月には、ゴルバチョフ大統領が辞任し、ソ連邦が消滅した。

日本では九三年七月の総選挙で新生党、日本新党、新党さきがけなどの新党が躍進、自民党が過半数割れし、社会党も半減して「五五年体制」が崩壊。八月に細川護熙《もりひろ》・非自民八党派連立内閣が誕生した。九五年一月には阪神・淡路大震災、三月には地下鉄サリン事件が発生と、天災、人災が続いた。経済の動きを見ると、株価バブルが破裂（九〇年）、地価バブルも破裂（九一年）、それらの影響を受けて景気は下降局面入り（九一年三月〜）した。経済面でも激変が生じた時期であった。

1　長期に及んだ景気下降期間

一九九〇年初めに株価バブルが破裂し、株価が大きく下落しても（日経平均で見ると、八九年末の三万八〇〇〇円台が九〇年末には二万三〇〇〇円台に、四〇％近く下落）、九〇年を通じての経済活動の水準はなお高く（図表1－1参照）、九〇年のGDP実質成長率も四・九％を記録している（図表1－4）。

景気が下降局面へと移行するのは、九一年三月である（図表1－1、1－3）。ただし、下降に転じてからの落ち込みは急で（図表1－1）、またその期間も長かった（九三年一〇月まで、三二カ月。図表1－3）。下降期間三二カ月というのは、先にも触れたように戦後日本経済にあって実質的には最長である。

大型景気対策の実施——公定歩合は史上最低水準に

もちろん、政府はこの間、手をこまねいて景気の成り行きを傍観していたわけではない。宮沢喜一内閣（九一年一一月～九三年八月）、細川内閣（九三年八月～九四年四月）、羽田孜《はたつとむ》内閣（九四年

図表 3-1　バブル破裂不況下での経済対策の概要

	事業規模	具体的施策
緊急経済対策 1992年3月31日		1. 公共投資の施行促進(上半期契約率の引き上げ) 2. 住宅建設の促進(住宅金融公庫融資の拡大など) 3. 民間設備投資の拡大(電力・ガス等の設備投資の追加など)
総合経済対策 1992年8月28日	10兆7,000億円	1. 公共投資の拡大 2. 公共事業用地先行取得 3. 住宅建設促進(公庫融資の拡大) 4. 中小企業対策 5. 金融システムの安定性確保 6. 証券市場の活性化等
新総合景気対策 1993年4月13日	13兆2,280億円	1. 公共投資の施行促進 2. 公共投資の拡大 3. 公共事業用地の先行取得 4. 住宅建設の促進(公庫融資等の拡大，住宅減税)
緊急経済対策 1993年9月16日	約6兆円	1. 規制緩和の推進(94項目の公的規制の緩和) 2. 円高差益の還元(公共料金の差益還元) 3. 社会資本整備の推進
総合経済対策 1994年2月8日	15兆2,500億円	1. 減税の実施等(所得税・住民税の減税5兆4,700億円) 2. 公共投資の拡大 3. 住宅建設の促進 4. 土地の有効利用の促進
緊急円高・経済対策 1995年4月14日	約7兆円	1. 内需振興策(95年度補正予算の編成，公共事業等の積極的施行) 2. 規制緩和の前倒し，輸入促進策等 3. 円高差益還元と公共料金の引き下げ等 4. 経済構造改革の推進
経済対策 1995年9月20日	14兆2,200億円	1. 公共投資の拡大 2. 公共事業用地の先行取得 3. 阪神・淡路大震災復興対策費等 4. ウルグアイラウンド農業合意関連対策 5. 規制緩和の一層の推進

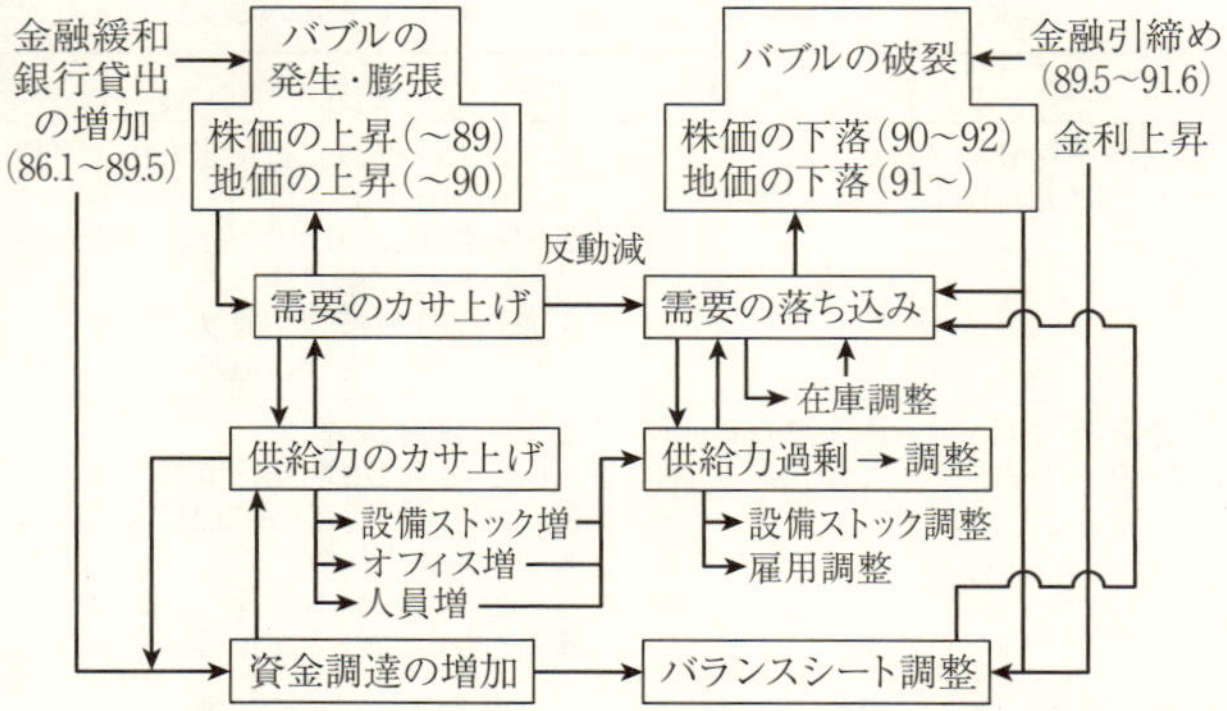

図表3-2　バブルの発生・膨張と破裂――景気への影響

四月〜六月）、村山富市内閣（九四年六月〜九六年一月）と、激変する政局の下、内閣は次々と変わったが、各内閣の手であわせて七回の大型景気対策が打たれている（図表3－1）。なかにはすでに景気が回復局面に入ってからのもの（図表3－1の下の三つ）もあり、その事業規模については、社会心理面への影響を考えて誇大化されているものが多いとみられるが、経済を下降局面から引き上げることに相当の努力が払われていたことは間違いない。

　こうした、政府による、主として財政面からの景気対策に加えて、金融政策の面でも何度か対策が打ち出された。日本銀行は公定歩合を、九一年七月に六％から五・五％に引き下げたのを皮切りに、以降八回にわたって引き下げ、九五年九月以降は〇・五％と、史上最低かつ当時では諸外国にも例をみない水準にまで引き下げている。

にもかかわらず、景気下降期間はきわめて長期化した。

なぜだろうかと考えるために、まずは、バブル期に、そしてバブルの破裂後に起こったことを整理してみよう(図表3－2)。

バブル期に起こったこと

まずバブル期に起こったことについてである。

①長期に及んだ金融緩和、その下での銀行貸出の増加があった。そして、②株価、地価のバブルが発生し、膨張した。バブルの発生・膨張の期間を八六～八九年と見て、この四年間の株価、地価の増価額を計算してみると、株価については五六七兆円、地価については一一六二兆円という値を得る(図表3－3)。当時の国内総生産(GDP)は年間およそ四〇〇兆円であったから、株価と地価をあわせると毎年、GDPと同規模の資産価格の上昇があった、ということである。③もちろん、この数字は計算上の増価額にしかすぎないが、ともあれ、これだけの資産価格の上昇があれば、その一部ないし相当部分は需要の増加となって民間消費支出、住宅建設などをカサ上げしたと思われる。④そうした需要の増加に対応するためには、供給側(主とし

図表 3-3　資産価格の年間変動幅の推移

①バブル期(1985〜90 年)　　(単位：兆円)

	85	86	87	88	89	90	発生・膨張期(86〜89 年)累計
株価	34	121	75	177	194	△307	567
地価	73	251	452	165	294	226	1,162

②バブル破裂後(1991〜99 年)

	91	92	93	94	95	96	97	98	99
株価	△13	△141	28	73	△2	△42	△41	△69	193
地価	△194	△216	△95	△63	△88	△39	△44	△63	△91

	反動不況期(91〜93 年)累計
株価	△126
地価	△505

(資料) 内閣府「国民経済計算」. ただし, ①は旧 SNA(国民経済計算体系), ②は新 SNA による. △印は下落

て企業)では供給力のカサ上げが必要だった。設備能力の引き上げ、オフィスの拡充、人手の確保などが行われた。それはそれで新たな需要増加の要因であった。⑤供給力のカサ上げのためには、新たな資金調達が必要になるが、金融緩和が長期化し、銀行の積極的融資姿勢が保たれている下では、十分に(しかも低金利での)調達が可能であり、⑥それがさらに株価、地価の上昇へと結びついていった——これがバブル期に生じたことである。バブル景気の最盛期である八八年のGDP実質成長率が六・八%と、第一次石油危機発生以降最高となったのも理解できるというものである。

バブルの反動不況期に起こったこと

次に、バブルの破裂以降についてである。今度はバブル期とは全く逆のことが起きる。図表3－3に見る通りであり、①株価、地価の大幅下落（九一～九三年の三年間でその減価額はあわせて六三一兆円、毎年のGDPの半分ほどと試算される）、②その影響もあって需要が大幅に減少、③日本経済は在庫調整、設備のストック調整、雇用調整が必要な状況へと追い込まれたのである。

あわせて、④銀行借入れに頼って株式、土地等を購入した企業は、バランスシートが著しく悪化した。購入した資産の価格は大きく下落したが、借入額――返済必要額とその利息額――は変わらず、返済負担がきわめて重くなったのである。バランスシート不況、複合不況とも呼ばれる不況があわせて発生したわけで、⑤全体としての景気の落ち込みは一段と大きくなり、落ち込み期間も長期化することとなった。これがバブルの破裂とともに起こったことである。

円高の進行、輸入の激増

三二カ月に及んだ、戦後史上、実質的に最長期のバブルの反動不況が終わったのは九三年一〇月である。翌一一月から景気は回復に向かったが、従来の回復期に比べその回復は遅々たるものであった。GDPの実質成長率で見ると、九三年はマイナス〇・五%、九四年は一・〇%。景気の上昇・下降という視点ではなく、経済活動の水準（好況・不況）という視点でみると、九四年まではまだ不況の年、ということになる。

バブルの反動不況がきわめて長引いたという当時の世間一般の認識は、こうした、景気回復期の回復力が弱かった、という事実も反映してのものである。

ただし、その回復力の弱さにもそれなりの原因があった。円高の急進展とそれを背景とした輸入の急増がそれである。

円の対ドル相場は、バブル初期には急速に円高が進んだが、八七年以降九〇年までは、ほぼ一ドル一三〇～一四五円近辺で推移していた（図表3-4）。それがバブル破裂以降、すなわち九一年以降、円高方向へと進み始め、九三年以降はそのピッチを上げて、九〇年に一ドル一四四円であったものが九五年には九〇円台へと突入した。

バブルの反動不況が進行中であり、日本の経済力が落ちているなかでの日本の通貨、円の価値の上昇は、一見すると奇妙な現象だが、それなりの理由があった。景気の下降とともに日本の輸入が大幅に減少して、貿易収支の黒字が拡大したのである。九〇年の一〇兆円が九二年には一五・七兆円に、九三年は一五・四兆円と大幅な黒字が続いた。市場は日本の景気よりも貿易

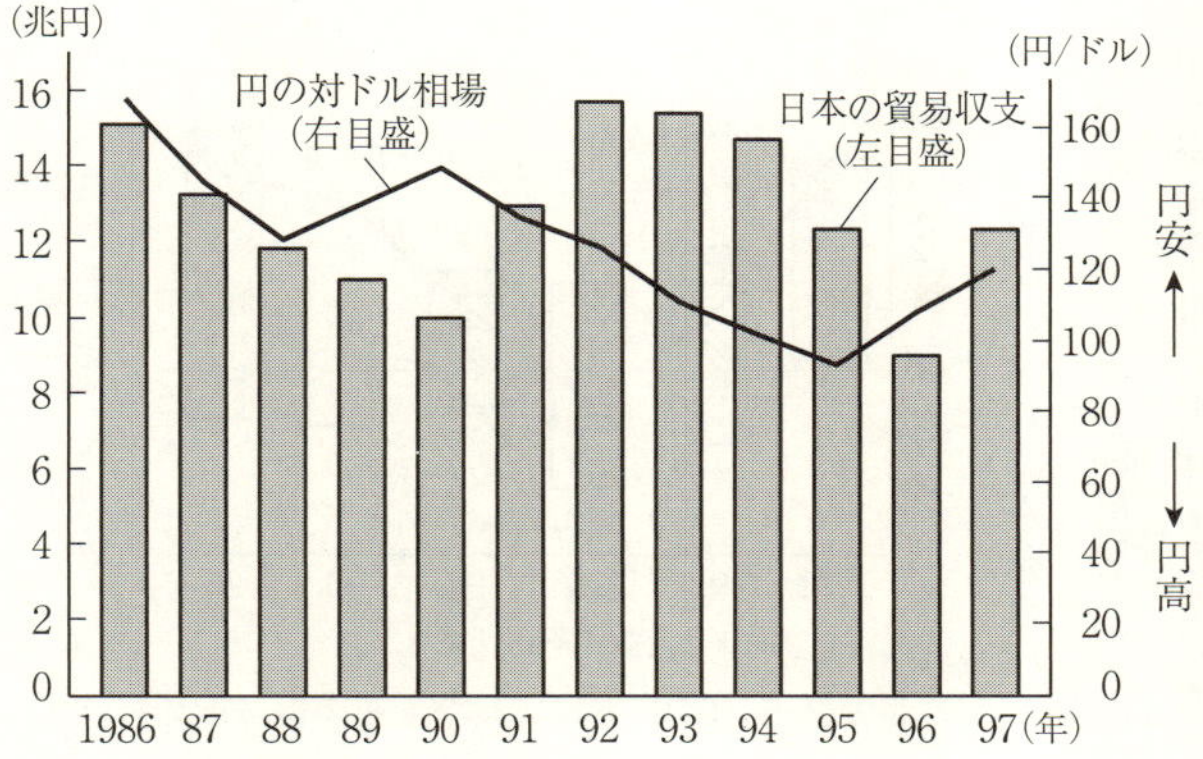

(注) 円の対ドル相場は年平均
(資料) 内閣府「年次経済報告(2018年版)」

図表3-4 円の対ドル相場と日本の貿易収支の推移

収支の黒字に注目した、ということである。

そして、こうして進んだ円高の下で、輸出は九三年を除いてさほど大きな影響を受けなかったが、輸入が大きく伸び(実質の前年比でみて、九四年八%、九五年一三%、九六年一一%)、GDP実質成長率の伸びを引き下げた(図表3-5)。

なお、ここでバブル破裂後のGDP実質成長率の推移と、各需要項目の成長への寄与度とをまとめた図表3-5を見ると、この間の日本経済の推移がよく見て取れる。すでに記したことであるが、改めて確認しておこう。

①バブル破裂後、日本の景気は九一年三月から下降局面に入った。ただし、九一年のGDP実質成長率は三・四%となお高い。国内民間需要が成長への寄与度二%強と景気を支えて

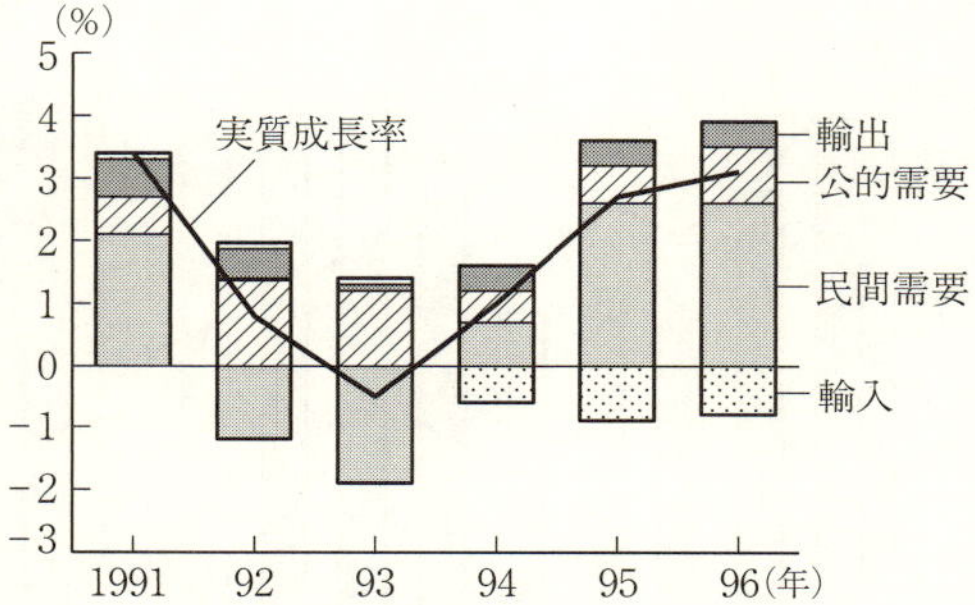

(資料) 内閣府「国民経済計算」

図表 3-5　GDP 実質成長率とその寄与度の推移①

いた。

②それが九二年に入ると、民間需要の成長寄与度はマイナスに転じる。民間需要のうち民間消費支出、住宅建設が落ち込んだためである。こうした民間需要の落ち込みの下で景気を支えているのは公共投資など政府部門の需要増加である(景気対策の効果)。それでもこの年のGDP実質成長率は〇・八%へと低くなっている。

③九三年に入ると、民間需要の落ち込みはさらに大きくなる(寄与度、マイナス一・八%)。九二年はなお前年比プラスであった企業の設備投資、在庫投資も九三年はマイナスとなっている。民間需要の落ち込みを補っているのは、この年も政府部門の需要である。ただし、民間需要の落ち込みをカバーしきれず、この年のGDP実質成長率は〇・五%のマイナスである(第一次石油危機後の七四年以来の、戦後日本経済にあって二度目のマイナス成長)。

④ただし、景気動向指数で見ると、景気は九三年一〇月に底を打ち、一一月からは回復に向

かい始めている（図表１－１、１－３参照）。

⑤九四年は景気回復の年である。民間需要の寄与はわずかだがプラスに転じ（民間消費支出、住宅建設は前年比プラス、企業の設備投資はなおマイナス。在庫投資は寄与度ゼロ＝過剰在庫の調整終了）。政府部門の需要は引き続きプラスである。ただし、円高を反映してであろう、輸入の増加がＧＤＰ統計上はマイナス寄与となり、景気回復の足を引っ張っている。九四年のＧＤＰ実質成長率は一・〇％、景気回復初年としては低い成長率で、経済活動の水準という視点で見ると、景気はなお低迷状態を脱しきれていない。

⑥九五年、年初に阪神・淡路大震災という衝撃はあったが、それを景気回復初期の回復力の強さで乗り越えて、民間需要のプラス寄与が前年よりは大きくなっている（民間消費支出の回復が続き、設備投資、在庫投資など企業部門の需要も増加）。政府部門の需要も増加。ただし、引き続いての円高で輸入の高い伸びが続き、ＧＤＰ実質成長率の伸びを抑えている。この年の成長率は二・七％。

⑦九六年。前年と同じ状況が継続している。ＧＤＰ実質成長率は三・一％となっている。

2　九三年一一月以降、それでも景気は回復に向かっていた

前節で、バブルが破裂し、景気が下降し始めてからの経済の年ごとの歩みを見てきた。改めてここで確認しておきたいことは、一九九四年以降、景気の流れは確実に変わっていた、景気はともかくも回復へと動き始めていた、ということである（少なくとも九六年までは）。

九一年から九三年までの景気の落ち込みはきわめて大きかった。しかも、景気下降期間はきわめて長かった。ともにその通りである。加えて、回復局面に入ってからの回復の歩みも緩やかであった。それもその通りである。ただし、それにはそれなりの理由があったことも見てきた。空前のバブル景気の後である。落ち込みが大きく、かつその期間が長期にわたったのも、かなりの程度納得できるというものではないか。

加えて、回復過程における急速かつ大幅な円高の進行（戦後初めての一ドル一〇〇円割れ）ということがあった。回復局面に入ってからの回復速度の遅さも、かなりの程度納得できるというものである。

加えてあと一つ。順調ならば九七年は九六年以上にＧＤＰ実質成長率が高まる、景気回復が

さらに本格化することが期待できる年であった、ということがある。

九七年はさらなる回復が期待できる年であった

すなわち、一九九七年には以下の景気回復の加速要因があった。

その第一は、円高の進行が九五年の一ドル一〇〇円割れを一つのきっかけとして止まり、九六年は円安方向へと戻していたことである(図表3-4)。この流れでさらに円安が続けば(事実、続いて、対ドル円相場は九六年が一〇八円、九七年が一二〇円)、九七年の輸出の伸びは高まり、輸入の伸びは抑えられて、GDP実質成長率を高める力として働いたはずである。

第二は、民間需要についての伸びも、九七年は九六年に比べ高まる可能性があった。その一つは民間消費支出であり、消費の元手になる所得について、勤労者世帯の収入、可処分所得を見ると、いずれも九七年の伸びは九六年の伸びを上回っていたのである(図表3-6)。こうした所得面の動きから推すと、九七年の民間消費支出の伸びは、九六年のそれを上回る可能性が高かった(事実、結果としても名目消費の伸びは九六年よりも高くなっている)。このことも、九七年のGDP実質成長率を高める力として働いたはずである。

そして、消費面を見ても、バブル期に膨れ上がっていた大型小売店の販売額や新車登録台数

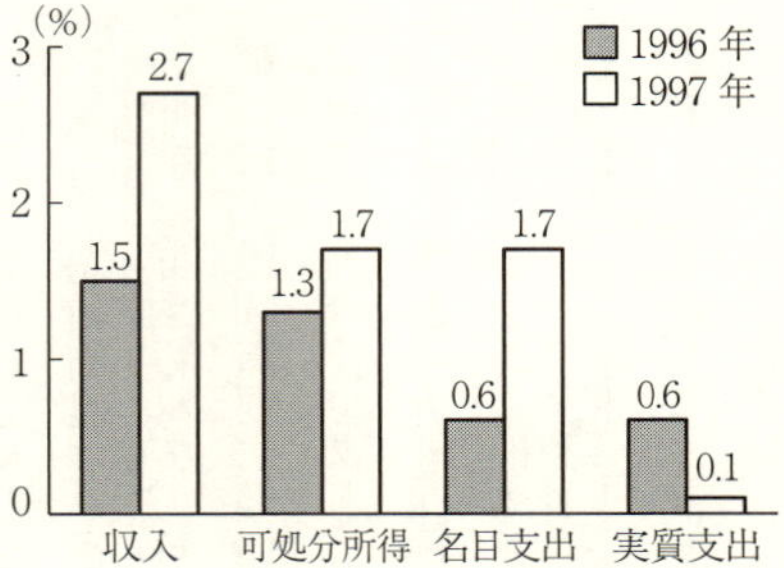

（注）いずれも勤労者世帯平均の前年比伸び率

（出所）山家悠紀夫『「構造改革」という幻想』

図表3-6　消費がさらに拡大する可能性もあった1997年

の動きが、九四年、九五年頃に従来の傾向線上に戻り、九五年、九六年と従来の増加傾向で増加するようになっていた（図表3－7）。この線の延長線上に九七年の大型小売店販売額、新車登録台数の数字がくることはごく自然のことと思われる状況にあったのである。

あと一つ、企業の在庫投資、設備投資である。過剰在庫の調整は九四年中には終わったとみられ、在庫投資は九五年、九六年が前年よりわずかながら増加となっていた。過剰設備の調整についても、九二年から九四年まで実質設備投資が前年比マイナスとなるなどといった調整期間を経て、九五年、九六年と前年比プラスに転じていた。九七年の輸出、民間消費支出などの需要の伸びが堅調ならば、九七年の企業投資の伸びは九六年を上回る、と期待できたのである。

等々の理由で、九三年一一月に始まった日本経済の景気回復は九七年も続く（ばかりか、いよいよ本格化する）はずであった。

ところが、現実は、「なるはずであった」ことがならなかった。景気の流れは九七年六月に一転、下降局面へと突入する。

なぜなのか、何が起こったのかについては次の第四章で見ることにする。

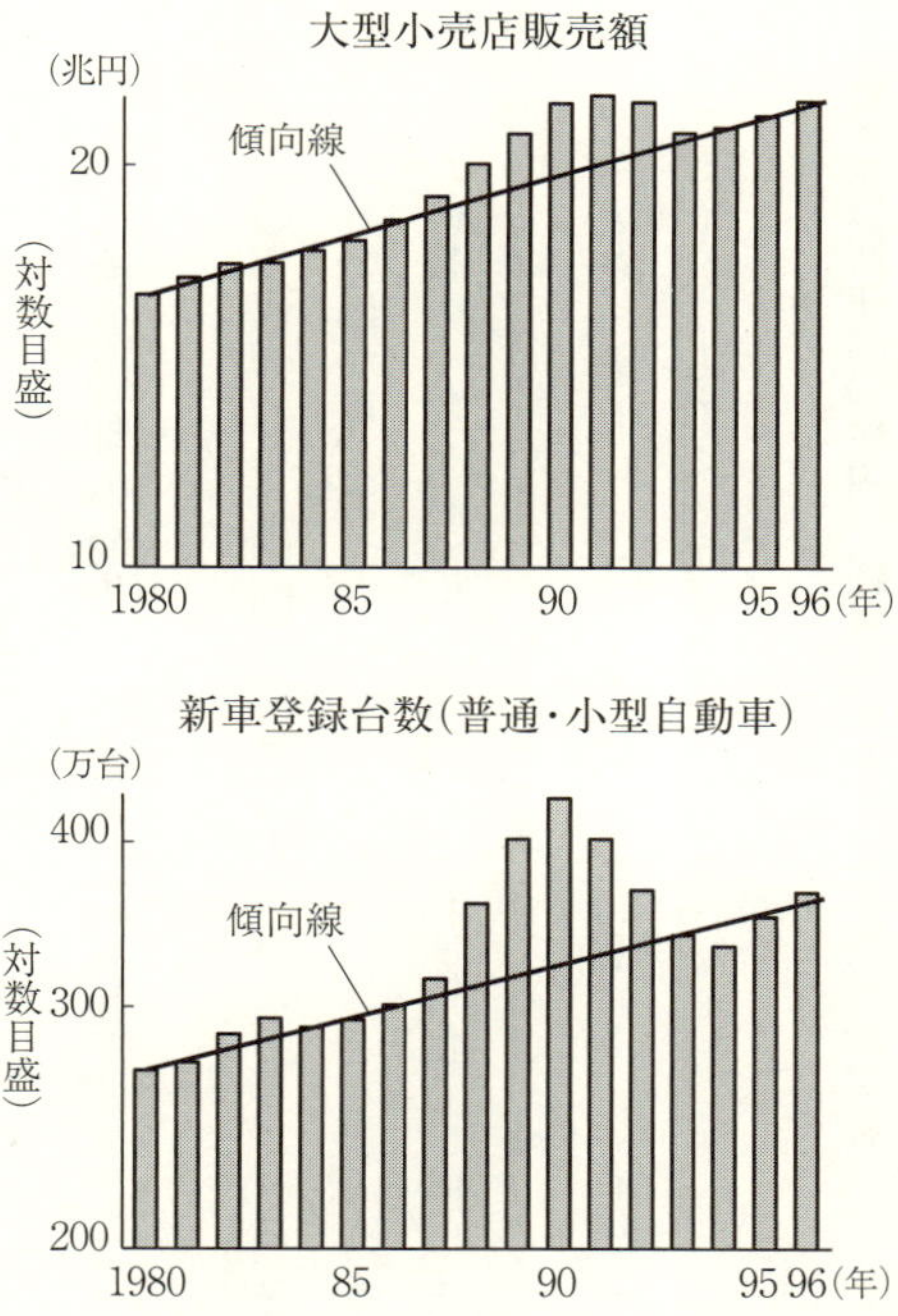

(注)大型小売店販売額は1995年価格(消費者物価で実質化したもの)
(出所)山家悠紀夫『偽りの危機 本物の危機』

図表3-7 バブル期の需要の増加とその後の減少

3　金融破綻の発生、高まる危機意識

一九九〇年代初めから中頃にかけての日本にあって、バブルの反動不況からの回復へという景気の動きのほかに、あと二つ、見逃せない大きな動きがあった。一つは、九〇年代に入ってのバブル破裂の下で金融機関の融資が不良債権化し、回収不能となって、とくに中小金融機関等において経営破綻が発生したことである。あと一つは、日本経済の先行きについての危機意識の発生とその著しい高まり(異常なほどの高まり、いわば「危機意識のバブル化」とでも名づけるべき状況)が発生したことである。

不良債権総額四〇兆円、経営破綻をきたす金融機関も

バブルの破裂、とくにそれにともなう地価の大幅下落という状況の下で、バブル期に積極的に不動産関連融資を拡大させていた多くの金融機関は、多額の不良債権(回収期待がもてなくなった融資、及び回収期待がもちにくくなった融資など)を抱えることになった。

一九九二年四月に、大蔵省が公表した不良債権の総額は八兆円程度、うち担保や保証のない

額は三兆円程度ということであった（九二年三月末に六カ月以上利払いが停止されている延滞債権の元本。対象は都市銀行、長期信用銀行、信託銀行の二一行）。

それが、対象金融機関を、主要二一行だけでなく、地方銀行その他、農協、信用金庫に至るまですべての預金受け入れ機関に拡大し、不良債権の定義を拡張（破綻債権、延滞債権のみでなく、金利減免債権なども含める）しての不良債権の総額は、九五年九月末で三八兆円と、公表し直された。

そして、九〇年代半ばには、経営破綻をきたす金融機関もいくつか出てくるようになった。九四年の東京協和信組、安全信組、九五年のコスモ信組（都内最大手の信組）、木津信組、兵庫銀行などである。

このうち、九四年の東京協和・安全両信組については、受け皿銀行として設立した東京共同銀行（大蔵省と日本銀行が協議し、日本銀行と民間金融機関が出資して設立）が資産や負債等を引き継ぐ、不良債権は売却するなどという形で処理する、九五年のコスモ信組についても東京共同銀行に引き継がせる、木津信組については、債務超過額が巨額であったため、東京共同銀行では対処できず、これを改組して整理回収銀行（現・整理回収機構）とし、そこに引き継がせる。また兵庫銀行については、地元や金融界の協力を得て、新たに受け皿銀行としてみどり銀行を設立して業務を引き継がせる、などということで、それぞれ決定までに紆余曲折はあったが、ともに決着をみた。この過程で、コスモ信組の経営破綻に際しては、預金者が窓口に殺到するなどという騒ぎも一時的には起こったりした。

こうしたことに続いて、九五年から九六年にかけては「住専問題」が発生することになる。

「住専問題」の発生とその処理

住宅金融専門会社（住専）は、一九七〇年代、住宅資金需要が旺盛になっていることを背景に、大蔵省主導のもと各金融機関が出資して設立した住宅金融専門のノンバンクである（図表3-8）。母体である金融機関等から融資を受け、個人に住宅ローンを提供することを主たる役割とする。七〇年代はまだ企業の資金需要が旺盛な時代であり、小口でかつ長期という個人向け住宅ローンに取り組むゆとりは、当時の銀行等にはほとんどなかった。そうした時代にあって、住専はそれなりの役割を果たしていた。

それが八〇年代に入って、経済成長の鈍化とともに、また証券市場の発達により企業が株式や債券を発行するなど直接資金を調達する道が拡大してきたこともあって、銀行の企業向け融資の拡大ペースが鈍るということが起こった。それにともない、銀行は、相対的に高い金利収

図表 3-8　住専(住宅金融専門会社)7 社の概要

社　　名	設立年月	主な大株主
日本住宅金融(株)	71 年 6 月	さくら銀行，三和銀行，三井信託銀行，東洋信託銀行，北海道拓殖銀行，あさひ銀行など
(株)住宅ローンサービス	71 年 9 月	第一勧業銀行，富士銀行，三菱銀行，あさひ銀行，東海銀行，日本長期信用銀行など
(株)住総	71 年 10 月	信託銀行 7 行
総合住金(株)	72 年 7 月	東京相和銀行，愛知銀行，名古屋銀行，近畿銀行，日本長期信用銀行，日本興業銀行，日本債券信用銀行など
日本ハウジングローン(株)	76 年 6 月	日本興業銀行，日本債券信用銀行，大和証券，日興証券，山一証券など
第一住宅金融(株)	76 年 6 月	野村土地建物，日本ランディック，野村証券，日本長期信用銀行など
地銀生保住宅ローン(株)	76 年 6 月	日本生命，第一生命，住友生命，朝日生命，明治生命，静岡銀行，北陸銀行など

入がえられる個人向け住宅ローン市場に目を向け、ローン拡大に力を注ぐようになった。結果として、住専の、個人向け住宅ローン市場は次第に縮小していく。

そうした中で、住専各社は、不動産業界などへと融資を拡大していく。八〇年代後半は、地価バブルの時代である。その時代に拡大した不動産融資が、バブルの破裂、地価の大幅下落とともに不良債権化した。九〇年代に入って、住専各社が当面していたのは、そうした問題であった。

この間、とくに問題であったのは、九〇年三月の金融機関に対する「不動産融資規制」(行政指導)であった(第二章3参照)。

地価バブルを破裂させることに力のあったこの「行政指導」は、①金融機関に、②不動産業向け融資(不動産業、建設業、ノンバンクに対する融資)を規制するものであったが、①の金融機関の中には、農林系金融機関が入っていない、②のノンバンクの中には住専が入っていない、という問題があった(なぜだか、その理由はいまだにはっきりしていない)。

結果として、この「行政指導」の発動以降、①農林系金融機関から、②住専へと、大量の資金が流れ込み、それが住専から不動産業界へと貸し出される、ということが生じた。時はすでに地価バブルの末期(地価は相当の高値となっていた)である。そして、間を置かずしての地価バブルの破裂である。この時期の住専の不動産融資のほとんどが不良債権となったことは疑いようのないことである。

住専七社の損失合計は六・四兆円と推計されたが、問題となったのは、その損失をどこに負担させるかである。考え方としては、住専に出資している母体行に負担させる、貸し手(母体行を含めた貸し手)に負担させるの二案があったが、最終的には「修正母体行主義」という形で、母体行と一般行（貸し手）、それに農林系金融機関に負担させる、ということになった。具体的には、母体行三・五兆円、一般行一・七兆円、農林系金融機関五三〇〇億円（負担能力の限界とされた額）、農林系の負担能力を超える六八五〇億円については公的資金を投入する、という案が閣議決定された。九五年一二月のことである。なお、住専七社は実質的に倒産・消滅させる、「住宅金融債権管理機構」を新設し住専七社の債権処理に当たらせることも、あわせて閣議決定された。この処理方法について審議した九六年の「住専国会」では、公的資金の投入をめぐり反対論も強かったが、最終的にはこの案で決着をみた。

「住専処理」をめぐって公的資金を投入した、そのことへの批判が強かったことが、九七年の「金融危機」に際しての政府の対応の遅れを招くことにつながった（九七年の金融危機については次章で説明することとする）。

財政についての危機意識の高まり

第二の日本経済への危機意識の高まりは、大きく二つに分類される。一つは日本の財政についての危機意識の高まりであり、あと一つは日本経済の構造についての危機意識の高まりである。

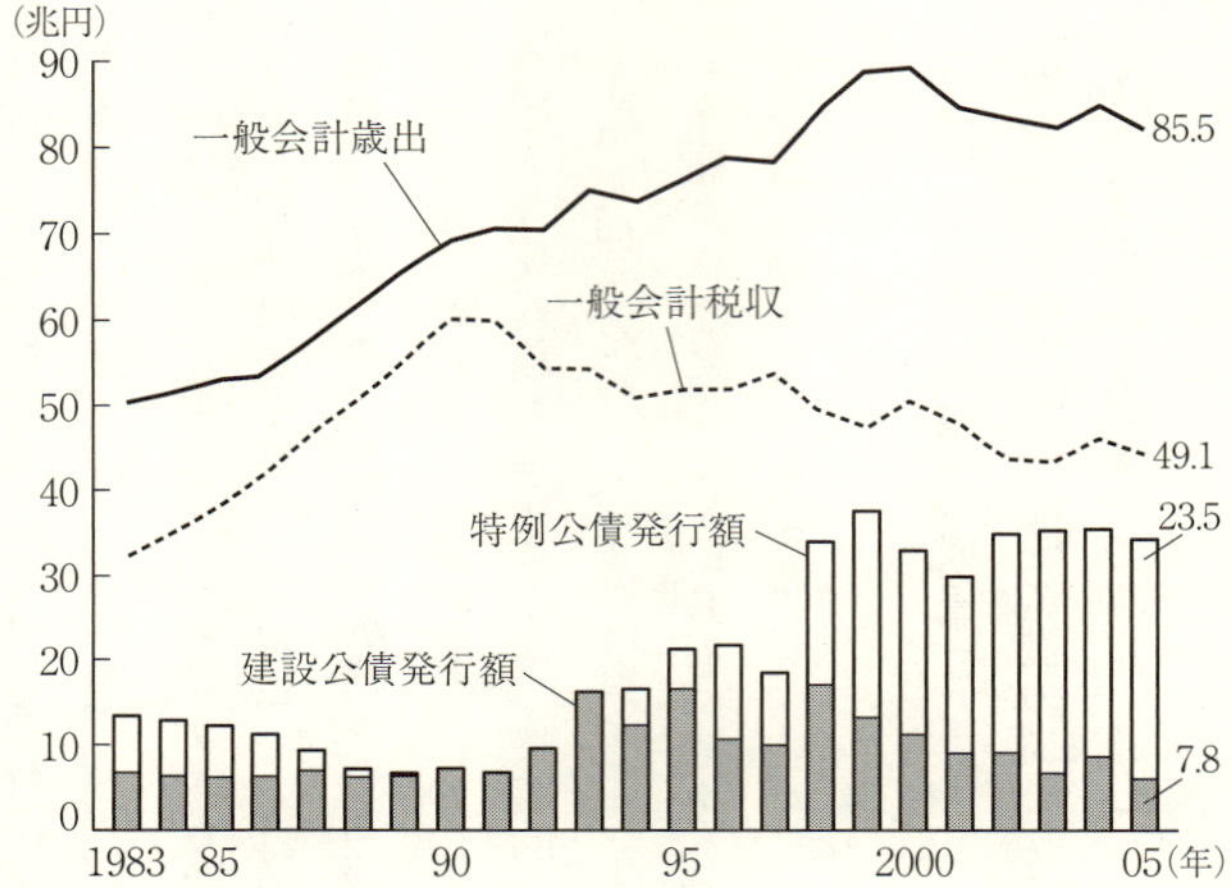

(資料) 財務省「日本の赤字を考える(2005年)」

図表 3-9　国の一般会計における歳入歳出の状況

バブル期にあっては、財政赤字についての関心はかなり薄らいでいた。米国からの強い要請を受けての公共投資の拡大があって、政府支出はかなりの勢いで増加していたが、それを補うだけの税収の増加があって財政赤字はむしろ縮小していたからである（図表3－9）。バブル破裂直後ともいうべき九一年版（九一年八月閣議提出）の経済企画庁「年次経済報告」（「経済白書」）は「九〇年度中の財政の動向を見ると、特例公債（財政赤字を補うために特例法を制定し、それにより発行される国債）依存から脱却するなど、財政再建は着実に進んでいる」と記述している。

「経済白書」の財政についての記述は、以降九五年版まで、公共投資の景気浮揚効果に関することが中心であって、九六年版（九六年七月閣議提出）で初めて、年々の財政赤字の拡大、結果として国債発行残高の増加、その対ＧＤＰ比率の上昇などに言及している。ただし、その結びの文章は、「政府債務が累増した場合、長期的には経済にマイナスの影響を及ぼす可能性もあり、今後は財政構造改革と経済構造改革を推進しないと、将来様々な憂慮すべき事態に陥らないとも限らないことを銘記すべきである」というもので、比較的穏やかであった。

財政赤字の拡大について、かなり冷静な態度を示していた経済企画庁に比べ、相当に強い危機意識を示していたのは財政の担当官庁である大蔵省であった。バブル破裂以降の、①税収の大幅な落ち込み、②不況対策としての公共事業の拡大等による歳出の著しい増加、③結果としての年々の財政赤字の拡大、公債発行額の増加（図表３－９）を前にして無理もないところであったかもしれない。

九五年一一月には、武村正義大蔵大臣（村山内閣）による「財政危機宣言」、九六年二月には大蔵大臣の諮問機関である財政制度審議会に「財政構造改革特別部会」（委員長　石弘光一橋大学教授）を設置、九六年七月には財政制度審議会特別委員会の「中間報告」の公表、と対応を進めている。その傍らで、大蔵大臣を辞した武村名義での論文「このままでは国が滅ぶ――私の財政再建論」（『中央公論』九六年六月号）、また、先の委員会の「中間報告」を一般向けにやさしく

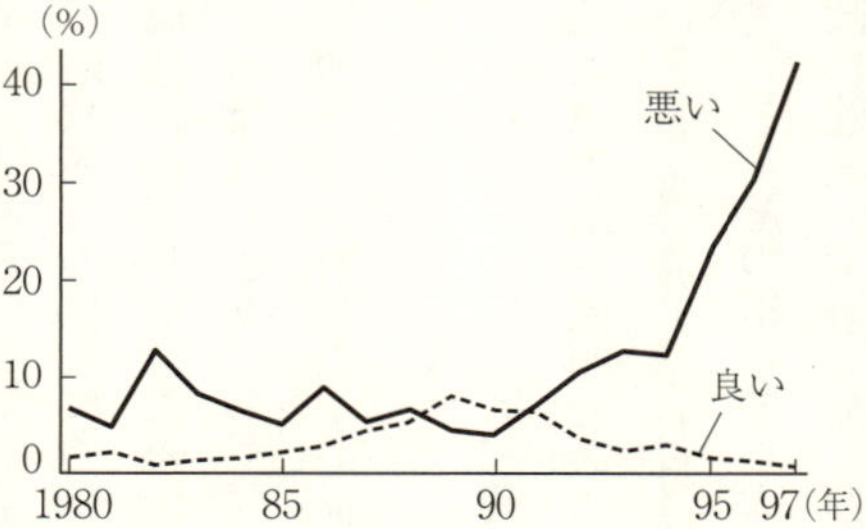

(備考) 1. 良い：日本が良い方向に向かっていると回答し，良い点に国の財政をあげた人(複数回答)の全体に占める割合
2. 悪い：日本が悪い方向に向かっていると回答し，悪い点に国の財政をあげた人(複数回答)の全体に占める割合

(資料) 経済企画庁「年次経済報告(1998年版)」

図表3-10　国の財政に対する国民の意識

記述した冊子「財政構造改革を考える――明るい未来を子どもたちに」の刊行(九六年七月)、ということもあった。

こうして財政危機意識は、次第に多くの人々の心にも浸透していくことになったのである(図表3-10)。

日本の経済構造についての危機意識の高まり

グローバリゼーションの進展やその他の激しい環境変化に日本経済がついていけなくなっている、危機である、先行きは暗い、構造改革が必要であるという言説が登場し、次第に力を増していったのは、バブル破裂後の景気下降が進行し、日本経済の低迷が長期化するなかにおいてである。

まずは、日本経済の構造そのものに問題がある、いくら景気対策を打っても効かない、構造を変えない限り日本経済は低迷状態から脱出できない、とする「構造危機説」が登場した。ついで、円高が進み製品輸入が増えていくなか、このままでは日本経済(製造業)は空洞化する、とする「空洞化危機説」が登場し、ほとんど同時に、高騰した円相場をもとに換算すると日本経済は他国に比べ高コスト(電力価格、サービス価格等が割高)である、これでは国際競争に負けてしまう、という「高コスト危機説」(いわゆる内外価格差説)も登場した。

こうした日本経済危機説は、政府によって、また民間エコノミストらによって、さらに新聞・雑誌などによってしきりに論じられるようになった。いずれもほぼ同じ論調であったから、ここでは政府のそれを概観しておこう。

まずは、政府の長期経済計画である。

一九五五年策定の「経済自立五カ年計画」(計画期間五六〜六〇年度)を皮切りに、「新長期経済計画」(同五八〜六二年度)、「国民所得倍増計画」(同六一〜七〇年度)、といった具合に、政府は数年ごとに計画期間がほぼ五年の長期経済計画を策定して日本経済の進むべき(と政府が考える)方向を示してきた。

バブル破裂後について見ると、九二年策定の「生活大国五か年計画」(同九二〜九六年度、宮沢内閣)だが、その標題からもうかがえるように、この計画は「生活者・消費者を重視する視点に立って、経済社会の在り方を総点検」することが必要であるとするもので、その少し後に政府が使い始めた「構造改革」という言葉とは意味内容が全く異なり、「危機意識」があまり感じられないものであった。

それが一変するのは、次の、九五年の「構造改革のための経済社会計画」(同九五〜二〇〇〇年度、村山内閣)においてである。そこでは、政策運営の基本方向として、「我が国の内外に生じている大きな潮流の変化は……我が国に変革を迫っている。しかしながら、現在の我が国の経済社会構造は、これらの潮流変化に対応したものになっておらず、むしろ新たな発展の足かせとなっている面もある」として、「構造改革なくしては……我が国の中長期的発展を切り拓いていくことはできない」と論じているのである。具体策としては、「自己責任の下、自由な個人・企業の創造力が十分に発揮できるようにすることが重要である」として、「市場メカニズムが十分働くよう、規制緩和や競争阻害的な商慣行の是正」等を提唱している。新自由主義経済政策の奨めである。

あと一つ、当時の政府論調の例をひいておこう。

経済企画庁の「年次経済報告(一九九六年版)」である。その冒頭に置かれている「総論」の「おわりに」に記載されている文章を抜粋しておく。

戦後五〇年を終えた日本経済は、現在歴史的な構造調整期にある。……はっきりしていることは、これまでの経済構造、経済システム、経済政策の体系にギアー・チェンジをしなければならないということである。これまでの経済社会の構造やシステムにしがみついていては、日本経済に前途はない。……

自己責任原則を徹底し、市場経済を律する透明なルールとインセンティブ・メカニズムをつくり上げなければならない。リスクを恐れていては日本経済の前途に道はない。リスクとともに生きる覚悟が日本経済のダイナミズム復活の道である。

繁雑になるので引用しないが、この「年次経済報告」では、『ジャパンアズナンバーワン』で賞讃された日本経済の良さ、戦後の発展を支えた強さ――アメリカが教訓とすべきとされたその特質――のことごとくが、「それにすがっていては日本経済の未来はない」と切り捨てられているのである。

以上、見てきたような、日本の財政についての、そして日本経済についての、厳しい危機意識のもと、政府がどのような政策を展開したか、そしてそれがどのような効果(ないし結果)をもたらしたかについては、次章以降で見ていくことにする。

第四章　橋本「構造改革」政策の実施とその破綻（一九九七～二〇〇〇年）

一九九七年は異様な雰囲気での幕開けとなった。一九九七年一月一日、日本経済新聞の冒頭を飾ったのは、「次の世代へ　二〇二〇年からの警鐘」と題する連載企画の第一回記事であった。

見出しを眺めてみよう。「進まぬ改革　老い早く」「世界で孤立、個人は孤独」――これが大見出しである。記事中の見出しには「繁栄が一転　企業は衰退」「一九世紀末の英国に酷似」「東京には死相漂う」と暗い言葉が続く。同じ一面にはほかにも関連記事があって、これにも「二〇二〇年はこうなる――経済は暗転、活力乏しく」「日経二〇二〇年委員会発足　破局回避へ学者ら提言」と厳しい見出しが並ぶ。

冒頭の記事の本文の書き出しはこうである。「若者や家族連れが楽しそうに海外旅行に飛び立ち、また新たな年が明けた。平安を祈る初もうで風景はいつも通りだが、その足元で日本は静かに破局への道をたどり始めている。経済の低迷が続き、産業革命以来の転換期に入った世界についていけない。戦後を支えてきたシステムは機能しなくなった。改革しなければ、国の老いが進み、少子化で人口も減る二〇二〇年に次の世代は、消えゆく日本をみる。未来からそんな『警鐘』が鳴っている」

こうした朝刊が届けられた同じ頃、書店の店頭には、表紙に「世紀末・日本経済」と大書され、「不良債権地獄」「融解する日本の経済社会」「日本を取り巻く世界の危機」と刷り込まれた『週刊エコノミスト』（迎春合併号）が並べられていた。

日本を代表する経済紙誌が、日本経済の危機を声高に唱えるところから一九九七年の日本経済が始まった。

そして一月三日、豊田章一郎経団連会長が「わが国は今や重大な岐路にある。……現状を放置すれば、日本経済は破局へと向かい、二一世紀において世界の繁栄から取り残されてしまう」との年頭談話を発表した。少しあいて一月九日、今度は経済同友会が、「日本経済は地盤沈下しつつあり、放置すれば破局を迎える」との危機感を表明する（「二一世紀への行動計画」）。経済紙誌に見られた危機意識は財界にも共有されていたのであった。

1　橋本内閣の「六つの改革」

時の内閣は、一九九六年一一月に発足した第二次橋本龍太郎内閣であった。細川内閣、羽田内閣と続いた非自民各党による連立内閣の時代は九四年六月に終わり、自民党、社会党、新党さきがけの三党が連立しての村山内閣が発足、九六年一月には村山首相が退陣して、同じく三党連立による橋本内閣に交代、そして、九六年一〇月の総選挙で社会民主党(九六年一月に日本社会党から党名変更)、さきがけが惨敗して内閣を離れて閣外協力に転じ、第二次橋本内閣が発足と、この間、内閣は目まぐるしく交代していた。第二次橋本内閣は、久方ぶりに登場した自民党単独内閣であった。

その橋本首相が、九七年一月、国会の施政方針演説で打ち上げたのが「六つの改革」である。「財政構造改革」「教育改革」「社会保障構造改革」「経済構造改革」「金融システム改革」「行政改革」の六つの「改革」であり、前年一一月の第二次橋本内閣発足時に「五つの改革」として発表していたものに「教育改革」をつけ加えたものである。

「世界が一体化し、人、物、資金、情報が自由に移動する時代にあって、現在の仕組みが、かえってわが国の活力ある発展を妨げていることは明らかであり、世界の潮流を先取りする経済社会システムを一日も早く創造しなければなりません。社会に深く根を下ろした仕組みを変えることは、大きな困難を伴います。しかも、これらのシステムは、相互に密接に関連し合っております。私が、行政、財政、社会保障、経済、金融システムに教育を加えた六つの改革を一体的に断行しなければならないと申し上げているのは、まさにこのためであります」というのが、九七年一月の施政方針演説での橋本首相の弁であった。

「六つの改革」のうち、経済に直接かかわるものについて具体的に見よう。

①財政構造改革では、二〇〇三年度までに、国及び地方の財政赤字対GDP比を三％以下とし、公的債務残高の対GDP比が上昇しない財政体質を実現することなどを目標に、歳出全般について聖域なく見直しを行うこと、②社会保障構造改革では、医療、年金、福祉等を通じて給付と負担の均衡がとれ、かつ、経済活動と両立しうる、サービスの選択・民間活力の発揮といった考え方に立った、効率的で安定した社会保障制度の確立を図ること、③経済構造改革では、新規産業の創出に資するよう、資金、人材、技術等の面で環境整備を行うこと、抜本的な規制緩和等によって、物流、エネルギー、情報通信、金融についての高コスト構造の是正を図るほか、企業や労働をめぐる諸制度の改革などにより、わが国の事業環境を国際的に魅力ある

ものとする改革に取り組むこと、④金融システム改革では、わが国の金融市場がニューヨーク、ロンドン並みの国際市場となって再生することを目指し、金融行政の転換、市場自体の構造改革を図ること、金融市場については、Free（市場原理が働く自由な市場に）、Fair（透明で信頼できる市場に）、Global（国際的で時代を先取りする市場に）の三原則により改革を進めること、などとある。

2　「改革」がもたらした景気下降

こうした「六つの改革」の下で日本経済がどうなったか。

まずは、景気の動きを見よう（図表1－1、1－3）。

一九九三年一一月から上昇（回復）へと向かい始めていた景気は、まだ十分に回復しきらないうちに、九七年五月をピークに下降に転じる。GDP実質成長率の動きでみると、九六年には三・一％にまで高まっていたのが、九七年は一・一％に落ち込んでいる（図表4－1）。先に、九七年は九六年を上回る成長が期待できる状況にあることを見てきた（第三章2）。ところが、そうはならず、逆に九七年の実質成長率は九六年を下回ることとなったのである。なぜだろうか。

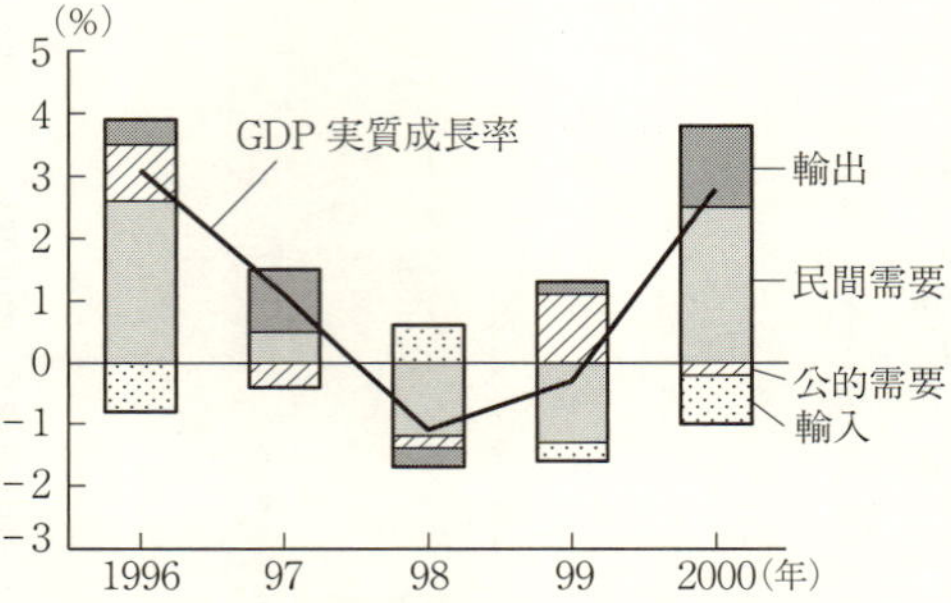

(資料) 内閣府「国民経済計算」

図表 4-1　GDP 実質成長率と寄与度の推移②

何が起こったのか。経済成長への寄与度について、需要項目ごとに、九六年と九七年の数字を比較してみよう(図表4-1)。

まず、目につくのは、民間需要の寄与度の低下である(九六年の二・六%が九七年には〇・五%に二・一ポイントの低下)。その内訳を見ると、民間消費支出と住宅建設の寄与度の低下が大きい(あわせて、九七年は九六年比一・六ポイントの低下)。これは、「財政構造改革」の一環として、①所得面では前年まで実施されていた所得税・地方住民税の特別減税の廃止による所得減と、②九七年四月からの消費税率引き上げ(三%→五%)との影響を受けてのものである。

加えて、公的需要も九六年のプラス寄与(〇・九%)から九七年はマイナス寄与(マイナス〇・四%)へと大きく低下している。これも「財政構造改革」による歳出抑制、とりわけ公共投資削減の影響である。

九七年六月に始まる景気下降は、「財政構造改革」という「『改革』がもたらした景気下降」

と言わざるをえない。

アジア通貨危機の発生

橋本内閣にとって不運だったのは、こうした景気下降が始まった折も折、一九九七年七月にアジア通貨危機が発生し、アジア諸国向け輸出の減少という形で日本経済もその影響を受けたことである。

九〇年代前半、タイ、マレーシア、インドネシア、韓国といったアジア諸国は、国内にオフショア市場を開設するなどして、外国資本を受け入れて経済成長を加速させていた。その外国資本が、投資対象国の一国のささいな経済の変調（具体的にはタイの貿易収支の赤字化）をきっかけにタイはもとより、その他各国から流出し始めたのである。経済の変調が、当該一国（タイ）のみにとどまらず、他のアジアの諸国も同様の状況にあると見られたためである。

こうして、一国からの外国資本の流出が他の国々にも飛び火し、結果として、アジアの国々の通貨は（外国資本の受け入れを規制していた中国などを例外として）大きく下落することになった。その後にくるのは激しいインフレの発生と経済（そして政治も）の混乱状態である。遂には、タイ、インドネシア、韓国の三カ国はＩＭＦ（国際通貨基金）の支援を受け、経済再建を図ることとなり、これらの国々ではＩＭＦ主導による新自由主義経済政策が実施されることとなった。

アジア通貨危機の発生前に、すでに景気下降局面へと入っていた日本経済は、九七年の後半から九八年にかけては、輸出の伸びの低下（九八年は前年比マイナス）という形で大きな影響を受けることになった。

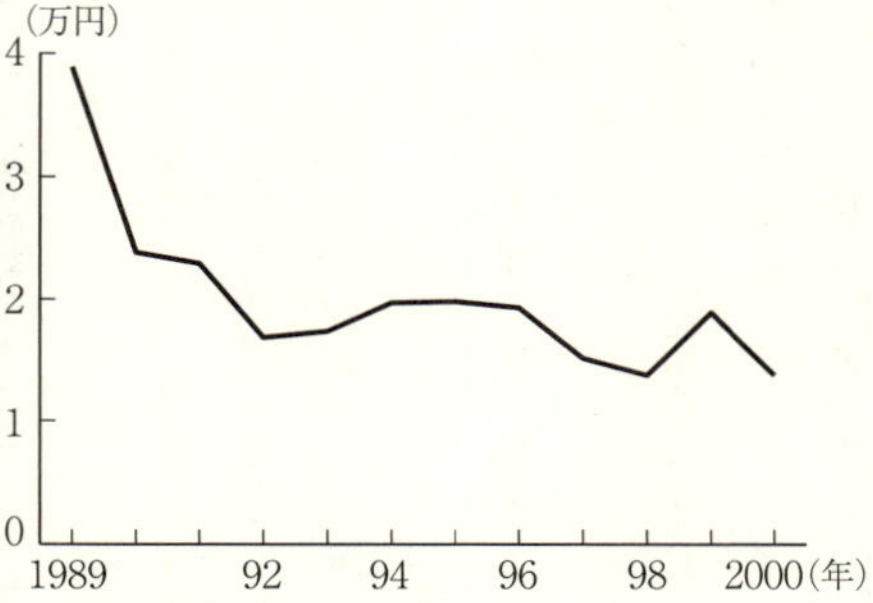

（注）各年末の終値

図表 4-2　日経平均株価の推移（1989〜2000 年）

株価が下落、そして「金融危機」へ

こうした状況下で、さらに新しい試練が日本経済を襲う。株価の、再びの（さらなる）下落がそれである。

日経平均指数で株価の動きを見ると、一九八九年末の三万九〇〇〇円近くから、九二年末の一万七〇〇〇円近くへと、大きく落ち込んでいた株価は、その後の景気回復を受けて、九四年末には二万円近くにまで回復していた。以降、九六年末の一万九〇〇〇円台まで、三年間は小康状態にあった。それが、九七年に入ってからの景気下降である。九七年末には一万五〇〇〇円台、さらに九八年末には一万三〇〇〇円台と、再び大きく下落することになった（図表4－2）。

そして、①景気の下降と、②株価の再度の下落という状況下で、「金融危機」が発生し、同時に、多くの金融機関による「貸し渋り」さらには「貸し剝がし」などと呼ばれる現象が生じることとなり、それがさらに景気を下降させることになる。

3　金融危機の発生、「貸し渋り」「貸し剝がし」

金融危機の発生

一九九七年は年初から株価の下落が続いたが、そこで目についたのが銀行株の下落だった。同時に債券市場で金融債の利回り上昇（価格の下落）が続く。不良債権問題の深刻化と、あわせて「護送船団行政」から訣別する、「自己責任原則を徹底させ、市場の判断に委ねる」という「金融システム改革」（金融ビッグバン行政）の下で、大手金融機関の倒産もありうるとの懸念が市場に広がったことの反映である。

こうした不安の極めつけが、準大手証券会社の三洋証券が、コール市場で資金が調達できず経営破綻をきたしたことであった（九七年一一月）。続いて、都市銀行で、長年北海道経済をリードし支えてきた北海道拓殖銀行が経営破綻し（北洋銀行に営業譲渡）、四大証券の一つ、山一證券が自主廃業するに至りと、金融界には激震が走る。

経営破綻が噂された紀陽銀行、足利銀行、安田信託銀行などには預金の引き出しを求める人々の、そして、日本長期信用銀行には金融債の解約を求める人々の行列ができた。

「貸し渋り」「貸し剝がし」などと呼ばれる現象が起きたのは、こうした状況の下でである。その背景は二つあり、その一つは、経営が不安視された多くの金融機関で、預金が引き出され、加えて短期金融市場での資金調達もままならなくなって貸出に回す資金が枯渇した（もしくは資金が枯渇するおそれが強まった）からである。あと一つは、九三年四月から実施されていた自己資本比率規制（ＢＩＳ規制）の下でいくつかの金融機関が貸出が増やせない（もしくは削減しなければならない）状況に立ち至ったからである。

後者について若干説明を加えておく。自己資本比率規制とは、銀行の総リスク資産額（銀行資産のそれぞれにリスク度を掛けて合算した資産額。例えば、民間向け貸出はリスク度一〇〇％、国債はリスク度〇％などとして計算する）に対する自己資本（資本金その他、内部留保等）の比率を一定以上（国際業務を営む銀行については八％以上、国内業務のみの銀行については四％以上）にしなければならない、という規制である。スイスのバーゼルに所在する国際決済銀行（ＢＩＳ。当初は第一次世界大戦後、敗戦国ドイツから賠償金を取り立て管理する銀行であったが、その役目を終えて、当時は各国中央銀行間の協力の場とされていた)で決められた規則で、その趣旨は、日本の銀行が野放図に貸出を増やしているので、その行動を抑制することにある(と見られる)規制であった。規制導入当時、自己資本の総リスク資産額に対する比率は、欧米の銀行は八%程度であったが、日本の銀行は四〜六%にとどまっていた。この規制を実施すると日本の銀行の融資の拡大を抑えられる、というわけである。

そのままでは、日本の銀行は、資産を圧縮するか自己資本を増やすかしなければならなくなる。そこで日本は、日本の銀行が保有している株式の含み益(時価と簿価との差)も自己資本と見なすべきだと主張し、含み益の四五%を自己資本に算入できることにしたという経緯がある。

その規制の下で、バブル破裂後生じたことは、第一に株価の下落(つまり、含み益の減少)であり、それにともなう自己資本の減少である。第二に、不良債権の増加による損失の発生であり、これもまた自己資本の減少要因である。自己資本比率八%ということは、言い換えるならば、自己資本の一二・五倍しか総資産を保有してはいけない、すなわち自己資本が一減少すれば、その一二・五倍の総資産の圧縮を図らなければならない、ということになる。日本の多くの銀行はこの規制の下、貸すに貸せない、場合によっては貸出金を圧縮しなければならない状況に

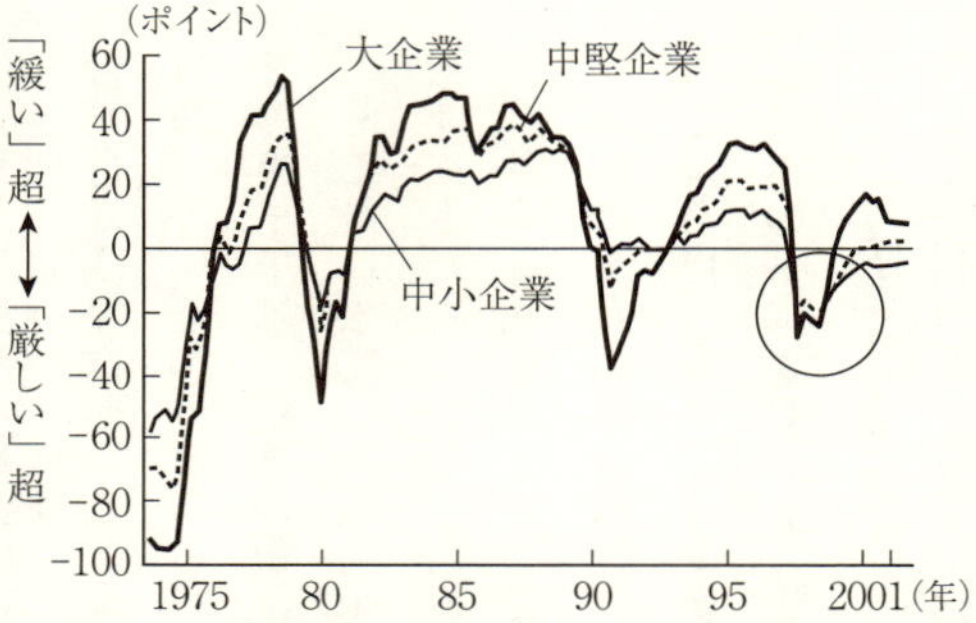

(注) 1. 判断DIは，貸出態度が「緩い」と見る経営者の比率と「厳しい」と見る経営者の比率の差
2. 貸出態度DIが「厳しい」超になったことは75年，80年，90年と過去にもあるが，これらはいずれも日本銀行の金融引締め政策が実施されていた時期である．98年には引締め政策がとられていないにもかかわらず「厳しい」超となった．史上初のことである．

(出所) 山家悠紀夫『「構造改革」という幻想』

図表4-3　金融機関の貸出態度に関する企業経営者の判断DIの推移

なっていたのである。また、この規制の下で、自己資本比率が不足している銀行に対しては、監督当局が、経営改善計画の提出命令、業務制限命令、業務停止命令等を出せるという「早期是正措置」が九八年四月から実施、と決められていた、ということもある。「貸し渋り」「貸し剥がし」はこうしたBIS規制がもたらした結果であった。

　こうして「貸し渋り」「貸し剥がし」と呼ばれる現象が九七年秋以降発生し、九八年いっぱい、さらには九九年前半まで続くことになった。この時期、金融機関の貸出態度がきわめて厳しくなっていたことは、日本銀行「企業短期経済観測調査」の「貸出態度判断DＩ」の推移に見る通りである(図表4-3、4-4)。

図表 4-4　1997 年秋以降の貸出態度判断 DI の推移

調査時 年		1997				1998				1999			
調査時	月	3	6	9	12	3	6	9	12	3	6	9	12
大企業		32	30	28	13	△26	△18	△21	△22	△16	△1	6	10
中小企業		12	11	9	△1	△19	△19	△20	△22	△15	△12	△9	△7

（注），（資料）図表 4-3 に同じ

戦後初、二年続けてのマイナス成長

こうした「金融危機」の発生によって、一九九八年、九九年と景気はさらに下降を続けることとなった。九八年の実質成長率はマイナス一・一％、九九年のそれはマイナス〇・三％である（図表４－１）。二年続けてのマイナス成長は戦後初めてのことであり、大銀行が経営破綻（北海道拓殖銀行に続いて、九八年には、日本長期信用銀行、日本債券信用銀行。ともに国有化され、のちに民間に売却され新生銀行、あおぞら銀行として今日に至っている）をきたしたのも戦後初めてのことである。九七年から九九年にかけての景気の落ち込みは戦後最大級のものであった（と言ってよかろう）。ちなみに、この大不況のもと、九八年には民間の給与水準が前年を下回るということが起きている（厚生労働省「毎月勤労統計調査」、現金給与総額、三〇人以上事業所）。

この不況は、先に見た通り「財政構造改革」という「改革」がもたらした不況であったが、同時に「金融システム改革」の下で「金融危機」

が発生したことにともなうものであり、「改革」が深化させた不況とも捉えることができる。

4　「改革路線」の修正による景気回復

こうした状況下で、「改革」志向の橋本内閣としても、「改革」の実行よりも景気の立て直しに力を注がざるをえなくなった。

必要なことは二つ。一つは、日本経済を金融危機から脱出させることであり、あと一つは、財政政策、金融政策を総動員して景気の下降に歯止めをかけることであった。

ただし、それには大きな困難があった。この課題はともに、橋本内閣が掲げる中心政策、「金融システム改革」「財政構造改革」という六つの改革のうちの二つの精神に反する政策をとらねばならないということであり、「改革」の修正、もしくは中断が必要であったからである。

すなわち、第一に、日本経済を金融危機から脱出させるについては、金融機関の経営の安定を図ること、もしくは、もはや救い難い状況にある金融機関については、円滑に破綻処理することが必要であり、そのためには公的資金の活用が欠かせないが、それは「金融システム改革」の趣旨に反することであった。橋本内閣は、一方で、「自由で公正な金融システムを目指して」、自由化・規制緩和を柱とする「金融システム改革法」の制定を目指していた（一九九八年六月に成立させた）。そうした流れの下で当時の社会の雰囲気は「経営の悪化した金融機関は清算処理すればいいという議論がマスコミや政治家だけでなく、経済学者の間でも『正論』のように語られることが多かった」（白川方明『中央銀行』）、ということがあった。

第二に、財政出動についていては、一九九七年度のみでなく、九八年度以降の財政政策のあり方についても定めた「財政構造改革法案」を政府が国会に提出しており、審議中（九七年一一月に成立させた）という制約があった。橋本内閣が景気浮揚を目指す「総合経済対策」を打ち出すのは、九八年度予算（「財政構造改革法」をふまえての緊縮型予算）の成立を待っての、九八年四月二四日のことであった。その政策を盛り込んだ九八年度補正予算（六月成立）は、その二カ月前に成立した当初予算とは正反対の積極型、というチグハグぶりであった。

九七年後半以降、二〇〇〇年に至る政府による金融危機からの脱出策、および景気を浮揚させるための経済対策等の数々は図表4－5の通りだが、これら対策が本格的に実施されたのは、九八年七月の参議院選挙で自民党が大敗し、橋本内閣が退陣して小渕恵三内閣に代わった九八年七月以降のことである。

金融危機に対しては、九八年一〇月に、「金融機能再生法」「金融機能早期健全化法」を制定

主な経済政策

——→←——99 年度——→

緊急雇用・産業競争力強化対策

6 月発表，7 月予算成立
10 月産業再生法施行
• 緊急雇用対策 0.5 兆円

経済新生対策

11 月発表，12 月予算成立
総額：18 兆円
• 中小企業金融対策　7.4 兆円
• 住宅取得促進　2.0 兆円
• 雇用対策　1.0 兆円
真水：15.8 兆円
• 公共投資　6.8 兆円

99 年度予算

98 年 12 月政府案決定，
99 年 3 月成立
• 0.5% 成長を目指して一般歳出を前年度比 5.4% 増と 20 年ぶりの高い伸び

2000 年度予算

99 年 12 月政府案決定，
2000 年 3 月成立
• 一般歳出は前年度比 2.6% 増など積極型予算

• ペイオフ解禁の延期決定（12 月）

• 信用保証協会の特別保証枠を 10 兆円追加し，期限を 1 年延長（10 月）

産業競争力会議

【設置：3 月】→【わが国競争力強化に向けた第 1 次提言：5 月】——→

図表 4-5　1997 年末から 2000 年にかけての

←97 年度→←98 年度―

98 年 7 月　橋本内閣 → 小渕内閣

特別減税

97 年 12 月発表，
98 年 2 月予算成立
- 所得税など 2 兆円の特別減税

98 年度予算

97 年 12 月政府案決定，
98 年 4 月成立
- 一般歳出は財革法に基づき 11 年ぶりに前年比マイナスとなる緊縮型

総合経済対策

4 月発表，6 月補正予算成立
総額：16.6 兆円
真水：13.4 兆円
- 公共投資　7.7 兆円
- 所得税・住民税減税　4 兆円
- 法人税減税など　0.6 兆円

緊急経済対策

11 月発表，12 月予算成立
総額：23.9 兆円
- 信用収縮対策　5.9 兆円
- 住宅投資促進策　1.2 兆円
- アジア支援策　1 兆円

真水：15.8 兆円
- 公共投資　8.1 兆円
- 恒久的減税　6 兆円超
- 地域振興券　0.7 兆円
- 雇用対策　1 兆円

- ・短期金融市場の金利誘導目標の引き下げ
  0.5% → 0.25%（9 月）
- ・ゼロ金利政策の採用（98 年 3 月）

金融システム安定化策

- 総額 30 兆円の公的資金投入を決定（12 月）
  金融機能安定化緊急措置法成立（2 月）

- 金融システム改革法成立（6 月）
  日本版ビッグバンの制度面での改革の仕上げ
- 金融再生法，早期健全化法成立（10 月）
  60 兆円の公的資金投入枠を設置
- 中小企業等貸し渋り対策大綱（8 月）
  信用保証協会の特別保証枠 20 兆円の設定など

財政構造改革法

【成立：11 月】→【修正：5 月】→【凍結：12 月】
財政健全化の目標年次の 2 年繰り延べ

経済戦略会議

【設置：8 月】→【緊急提言：10 月】→【最終答申：2 月】
短期経済対策

（出所）山家悠紀夫『「構造改革」という幻想』

して、六〇兆円の投入資金を用意し、また、別に、九八年八月に、中小企業に対する信用協会の特別保証枠を設定するなどした。これらにより、企業の「金融機関の貸出態度判断ＤＩ」も、九八年末をピークに次第に「厳しさ」が薄らいでいく（図表４－３、４－４）。

また、「財政構造改革法」については、すでに、橋本内閣の下で、目標年次を二年繰り延べるなどという「修正」が行われていたが（九八年五月）、小渕内閣に代わって「施行停止」とした（九八年一二月。以降、停止のまま。事実上は廃止といえよう）。財政政策は自由度を回復したのである。

こうして、自ら「経済再生」内閣と名乗った小渕内閣の下、景気は徐々に回復へと向かっていく。景気のタニは九九年一月。九九年の実質成長率はなおマイナスであったが、二〇〇〇年は二・八％のプラス成長、民間消費支出と設備投資など民間需要と輸出の寄与が大きかった（図表４－１）。

「改革」がもたらし、「改革」が深化させた不況は、「改革」政策を修正（「中断」）することによって乗りきることができたのである。

5　「理想はアメリカ」、再び「構造改革」路線へ

「改革」政策を実施して失敗した――景気を悪くしてしまった――、この失敗を糧として以降「改革」論議は低調になるか、少なくともその実施には慎重であるべきとの声が強くなるか、と思われたが、現実はそうではなかった。「改革」の失敗を目の前にしても、財界はもとより政府や学者、マスコミ等は「改革が必要」との主張を曲げなかった。

小渕首相がその内閣発足直後の一九九八年八月に設置した首相直属の諮問機関「経済戦略会議」(議長　樋口廣太郎アサヒビール会長)が、九九年二月、「日本経済再生への戦略」と題する答申を首相に提出した。

「経済戦略会議」の答申

「日本経済の再生と二一世紀の経済社会構造のあり方について」の意見具申をするために設置された「戦略会議」のメンバーは、財界人、学者あわせて一〇人で、学者としては中谷巌氏、竹中平蔵氏らが入っていた。

その答申はＡ４判用紙でおよそ六〇枚、字数にして八万字近くになろうかという膨大なものである。

その概要を紹介すると、まずはじめに、「戦後の日本経済の飛躍的な経済成長の原動力となってきた日本的システムの至る所に綻《ほころ》びが生じ、これが日本経済の成長の足枷《あしかせ》要因として作用し続けている」との記述がある。

第一に、日本型雇用・賃金システムや手厚い社会保障システムが制度としての持続可能性を失いつつある、第二に、規制・保護や横並び体質・護送船団方式に象徴される過度に平等・公平を重んじる日本型社会システムが公的部門の肥大化・非効率化や資源配分の歪《ゆが》みをもたらしている、第三に、日本的含み経営がグローバル・スタンダードからみて非効率化し、リスクへの挑戦を困難にしている、とある。

こうした現状認識に立って、以下さまざまな「構造改革」策が提起されている。気になるところを拾い上げてみると、次のようなものである。

●過度に結果の平等を重視する日本型の社会システムを変革し、「健全で創造的な競争社会」に再構築する必要がある。

●民間の自由な経済活動に対する政府の過剰な介入を防ぐ。「小さくかつ効率的な政府」を実現する。

- 個々人の努力と成果を十二分に引き出すために、各種のインセンティヴシステムを導入する。
- 公務員定数を削減する。
- よりフラットな直接税の体系を目指す。所得税の課税最低限を引き下げる。消費税の増税は不可避。
- 労働者派遣等の対象業種を早期に原則自由化する。
- 日本型金融システムに代わる新しい金融システムの構築を。不良債権の実質処理促進のためのスキーム構築、等々。

まだまだ続くが、紹介はこのくらいにしておこう。

この答申の本質を示しているものとして興味深いのは、その結びである。

「一九八〇年代前半の米国経済も双子の赤字と貯蓄率の低下、企業の国際競争力の喪失等、様々な問題を抱えていた。しかし、小さな政府の実現と抜本的な規制緩和・撤廃、大幅な所得・法人減税等を柱とするレーガノミックスに加えて、ミクロレベルでの株主利益重視の経営の徹底的追求とそれを容認する柔軟な社会システムをバックに、米国経済は九〇年央《なかば》には見事な蘇生を成し遂げた」という記述がある。日本の「構造改革」のお手本はそこにある、「理想はアメリカ」というわけである。

たしかに、当時の米国経済は好調であった。しかし、その蔭で何が進行していたか。「アメリカは、先進国のうちで国民がもっとも貧しい国である」とする「国連人間開発報告書」が発表されたのは九八年のことである。貧困率、識字率その他の指標で「人間貧困指数」を算出してみると、米国は先進一七カ国中最下位になった、というのである(ちなみに、日本は八位であった)。米国の下層社会を描いてベストセラーになった、バーバラ・エーレンライクの『ニッケル・アンド・ダイムド』がアメリカで刊行されたのが二〇〇一年のことである。同じく〇一年には、ジル・A・フレイザーによる『窒息するオフィス』、やや遅れて〇四年にデイヴィッド・K・シプラーの『ワーキング・プア』も刊行されている。日本でベストセラーになった堤未果『ルポ　貧困大国アメリカ』の刊行が〇八年。いずれも、米国の(とくに下層の)人々の暮らしが、そしてオフィスでの仕事がどんなにひどいものになっているかを紹介した書である。要は、九〇年代の米国では、経済(企業)が繁栄する傍らで、人々の暮らしはひどいものになっていた、ということである。

「経済戦略会議」のメンバーの財界人、学者には、前者(経済の繁栄)は見えても、後者(人々の暮らしにおける貧困の進行）は見えていなかった、ということであろうか。あるいは、見えていても重大なこととは思えなかったのか。

そうした「戦略会議」の人々の提言に従って、その説くところの「改革」を実施していくと日本の人々の暮らしはどうなるか。その答えは、各本の帯にある言葉が示唆している。「日本にも迫りくる〝ワーキング・プア〟という悲劇」（『ニッケル・アンド・ダイムド』）、「仕事がどこまでも追いかけてくる――こんな働き方はまともじゃない」（『窒息するオフィス』）、「明日の日本を今日のアメリカにしないために」（『ワーキング・プア』）、「米国の後を追う日本へ　海の向こうから警告する！」（『ルポ　貧困大国アメリカ』）と。

第五章　小泉内閣の誕生と本格的「構造改革」政策の実施（二〇〇一～〇九年）

小渕内閣は、自ら「経済再生」内閣を名乗り、橋本内閣の「改革」政策を百八十度転換させて日本経済を「金融危機」から脱出させ、景気下降に歯止めをかけた。しかし、その成果が現れてくる途上の二〇〇〇年四月二日に小渕首相は脳梗塞で緊急入院し、四日に内閣は総辞職することとなった（小渕氏は五月一四日に死去）。後継となったのは森喜朗内閣である（二〇〇〇年四月五日発足、自民・公明・保守の三党連立内閣）。

一方、一九九九年二月から回復に向かい始めていた景気は二〇〇〇年一二月には腰折れし、九九年から二〇〇〇年にかけての回復は二二カ月で終わった（図表1-1、1-3）。二二カ月間という回復期間は、七〇年代半ばの回復期（七五年四月～七七年一月）と並ぶ、戦後最短の回復期間であった。背景にあるのはＩＴバブルの破裂による米国経済の失速であり、それに影響を受けての日本の輸出の減少であった。

この景気失速のため、二〇〇〇年には二・八%にまで盛り返していたGDP実質成長率は、〇一年には〇・四%へと落ち込むことになった（図表5－1）。

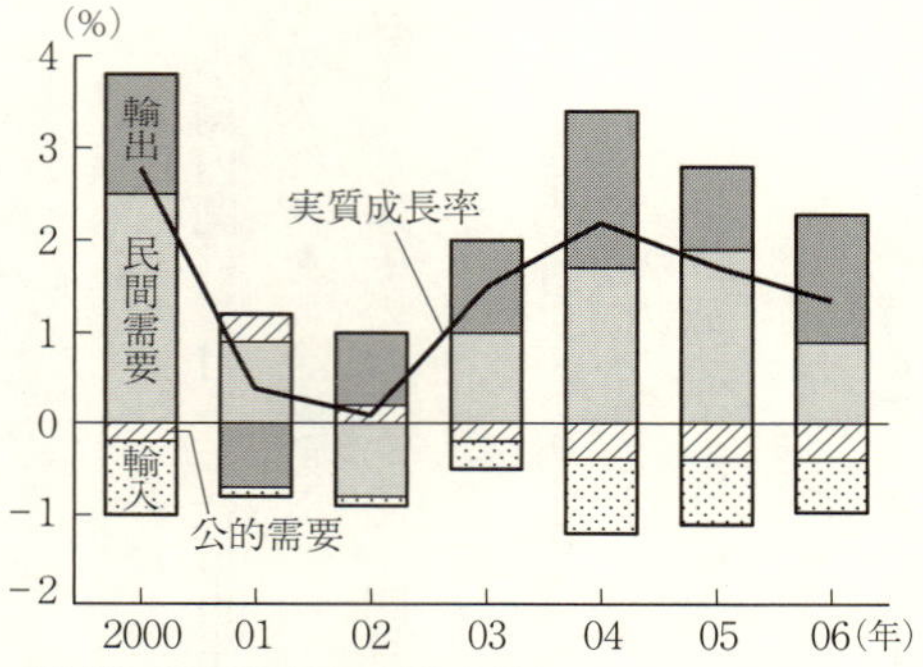

（資料）内閣府「国民経済計算」

図表5-1　GDP実質成長率と寄与度の推移③

こうした景気の落ち込みの影響を受け、また、森首相自身の「日本は天皇を中心とする神の国」と発言した問題や「えひめ丸事件」への対応のまずさ（休暇中で一報を聞いた後でもゴルフを続けて対応が遅れた）があって不人気の森内閣は〇一年四月に総辞職、後継として小泉純一郎内閣が発足した（〇一年四月〜〇六年九月）。四月の自民党総裁選で、橋本龍太郎、麻生太郎、亀井静香の三候補を制して総裁に選ばれての首相就任であった。小泉「構造改革」内閣の発足である。

1　小泉「構造改革」内閣の発足

小泉首相は就任に当たっての所信表明演説（二〇〇一年五月）で、次のように述べた。

「構造改革なくして日本経済の再生はない」

「私に課せられた最重要課題は、経済を立て直し、自信と誇りに満ちた日本社会を築くことです。……私は、『構造改革なくして日本の再生と発展はない』という信念の下で、経済、財政、行政、社会、政治の分野における構造改革を進めることにより、『新世紀維新』とも言うべき改革を断行したいと思います。痛みを恐れず、既得権益の壁にひるまず、過去の経験にとらわれず、『恐れず、ひるまず、とらわれず』の姿勢を貫き、二一世紀にふさわしい経済・社会システムを確立していきたいと考えております。……

日本にとって、今、最も重要な課題は、経済を再生させることです。小泉内閣の第一の仕事として、森内閣の下で取りまとめられた『緊急経済対策』を速やかに実行に移します。この経済対策は、従来の需要追加型の政策から、不良債権処理や資本市場の構造改革を重視する政策へと舵取《かじと》りを行うものです。……処方箋は既に示されています。日本経済の再生を真に実現するために、今、私がなすべきことは、決断と実行であります」

「構造改革」を「決断」し、「実行」するという。そのために小泉首相がまず実施したことが二つある。一つは、民間から竹中平蔵慶應義塾大学教授を経済財政政策担当大臣として迎え入れたことであり、あと一つは、経済財政諮問会議を活用したことであった。

竹中経済財政政策担当大臣

竹中氏は一九五一年生まれで当時五〇歳、経済政策を専門とする「改革派」の大学教授であった。政治との関わりは、すでに小渕内閣時からあり、経済戦略会議の中心メンバーとして、第四章で紹介した「日本経済再生への戦略」の作成に携わっていた。また、森内閣下で設置されていた「IT戦略会議」の委員を務め、さまざまな提言を行ったりもしていた。こうした提言を行う側の立場にあった「学者」を、提言を実行する立場の「大臣」として登用し、さまざまな政策を「決断」し「実行」させようとの小泉首相の意図を受けての起用であったかと思われる。

そして、当初、「経済財政政策担当大臣」として閣僚に起用された竹中氏は、第一次小泉（改造）内閣（〇二年九月〜〇三年一一月）では金融担当大臣も兼務することとなり、その後、第二次小泉内閣（〇三年一一月〜〇五年九月）でも同じ担当で大臣に再任されたが、途中からは金融担当大臣からはずれ、新たに郵政民営化担当大臣を兼務とされた。続いて第三次小泉（改造）内閣（〇五年一〇月〜〇六年九月）では総務大臣兼郵政民営化担当大臣に就任した。つごう六年近くに及んだ小泉内閣において、一貫して閣僚――それも小泉首相が時々の最重点とした課題の担当大臣――としてさまざまな「改革」を指揮し続けることとなった。

経済財政諮問会議の活用

経済財政諮問会議は、橋本内閣が「六つの改革」の一つとして実施した「行政改革」の「中央省庁再編」（二〇〇一年）によって新たに設置された会議である。総理大臣の諮問を受けて、経済財政政策に関する重要事項について調査審議するという役割をもつ。

会議の議長は総理大臣であり、議員は、内閣官房長官、経済財政政策担当大臣が常任であり、あと総理大臣の指定する大臣（代々、財務・総務・経産の三大臣）、指名する関係機関の長（代々、日銀総裁）、さらに総理大臣が任命する「経済又は財政に関する政策について優れた識見を有する者」(通称「民間議員」)からなる。なお「民間議員」については、「議員の総数の十分の四未満であってはならない」という法の規定があり(内閣府設置法第二二条)、代々、財界から二人、学界から二人の計四人が任命されている。任期は二年だが、再任、再々任されるなどして長期間務める例が多い。

経済財政諮問会議が初めて設置されたのは森内閣の時であったが、短命に終わったためにほとんど活用されることがなく、本格的に活用され始めたのは、この会議を、首相が「最も重要な政策会議」と位置づけた小泉内閣になってからである。小泉内閣では、「予算編成の基本方針」をはじめ、経済運営、財政運営、諸「改革」などの基本方針がまずこの会議で提起され、議論され、了承、決定された。そのあとで、閣議了承、決定という手順が踏まれ、必要な場合には法案とされ国会で審議されるのだが、何せ、諮問会議の議長は総理大臣である。諮問会議が通れば、そのまま閣議も通り、また与党が多数を占める国会でも議決される、という運びとなる。

諸「改革」の実現に、このような重要な位置を占めることになった諮問会議だが、諮問会議において大きな役割を果たすことになったのが、「民間議員」であり、とりわけ財界寄りの「改革」を提示する財界選出の議員であった。民間議員四人のうち財界からの議員は二人だが、残り二人の学界からの議員のうちの一人は、明らかに財界寄りの「改革」意見の持ち主が指名されるのが常であった。したがって、「民間議員」の意見分布は、最低でも「改革派」三対その他一となる。これに「改革」志向の強い竹中大臣を加えると四対一、小泉首相を加えると五対一となる。初めから「改革派」の意向はすんなりと通る、という構図が作られたのである。

政府の審議会（あるいはそれに類似した会議）は、財界の代表を入れる場合は労働界の代表を入れる、あるいは中小企業の代表を入れる、また、消費者の代表を入れるなどして、中立・公正に一応の配慮をするのがそれまでの恒例であった。そうした配慮なしの公的組織としては、おそらくこの経済財政諮問会議をもって嚆矢《こうし》とする。そもそもこの会議は、総理の諮問機関でありながら、その議長は総理大臣自身という奇妙な機関であった。

とにもかくにも、小泉内閣における「構造改革」はこうした構造の下で開始されることになったのである。

「骨太の方針」の策定

さて、小泉内閣下の「経済財政諮問会議」が最初に行った大きな仕事が、「今後の経済財政運営及び経済社会の構造改革に関する基本方針」（通称「骨太の方針」）の策定であった（二〇〇一年六月)。

これ以降、毎年六月頃に閣議決定されることになる「骨太の方針」の第一弾である。その「骨太の方針」でまず冒頭で強調されていることは「不良債権問題の抜本的解決」であった。「経済再生の第一歩として、不良債権の処理を急ぐべき」であり、「今後二～三年を日本経済の集中調整期間と位置付け、短期的には低い経済成長を甘受しなければならないが、その後は経済の脆弱性を克服し民需主導の経済成長が実現することを目指す」とある。何を置いても不良債権問題の解決、それなくしては日本経済の前進はない、というのが小泉内閣の基本姿勢、と読める。

「骨太の方針」は、この「第一歩」に続けて、「構造改革のための七つの改革プログラム」の提示へと続いている。その第一は「民営化・規制改革プログラム」である。「『民間でできることは、できるだけ民間に委ねる』という原則の下に……民営化を強力に推進し……郵政事業の民営化問題を含めた具体的な検討……などにより、……民間部門の活動の場と収益機会を拡大する」などとある。

以下、「骨太の方針」の記述に従って「改革プログラム」を紹介していきたいところだが、内閣発足後短期間で取りまとめたためか、「骨太の方針」の以下の記述は体系的ではなく、論理的にも整理されていない。さまざまなプランが雑然と並べられている感がある。

そこで、ここでは書かれている順に主な内容を拾い上げていくことにする。書かれている主なことは次のようなものである。

- 医療、介護、福祉、教育などの分野に競争原理を導入する。
- 預貯金中心の貯蓄優遇から株式投資などの投資優遇へ……税制を含めた諸制度のあり方を検討する。
- 二〇〇二年度において、財政健全化の第一歩として、国債発行を三〇兆円以下に抑制することを目標とする。
- 司法制度改革を着実に進める。
- 証券市場、不動産市場の構造改革を進める。
- 労働市場の構造改革を進める。派遣、有期雇用、裁量労働等の多様な就労形態を選択することが可能となるような制度改革等を進める。
- 税制改革。
- 社会保障制度改革。
- 医療制度改革。負担の適正化。

・年金制度の改革。
・地方の競争――自立した国・地方関係の確立。
・地方財政にかかる制度の抜本改革。

2 「不良債権の処理」という政策

不良債権処理の問題を、「構造改革」の第一に掲げたのは、小泉内閣に先立つ森内閣であった。小泉首相が就任時の所信表明演説で、「処方箋は既に示されています。……私がなすべきことは、決断と実行であります」と述べるなどして高く評価した森内閣の「緊急経済対策」（〇一年四月六日）がそれである。二〇〇〇年一一月からの景気の落ち込みを受けて森内閣が策定した「緊急経済対策」、その具体的施策の第一に「不良債権の抜本的なオフバランス化」（つまり、銀行のバランスシートから不良債権をなくすこと）が掲げられている。

なぜ、不良債権処理なのか

なぜ、景気対策としての第一が不良債権の処理なのか。思うにバブル破裂後の景気回復（九三年一一月〜九七年五月、四三カ月。九九年二月〜二〇〇〇年一一月、二二カ月。図表1-1、1-3参照）はいずれも、景気が十分に回復しきらないうちに腰折れしてしまった、ということがあった。その腰折れの背景には不良債権問題の存在がある、金融機関が不良債権を抱えているから、景気は回復しかけても十分には回復しきれず、たちまちにして落ち込んでしまう、だから、景気を本格的に回復させるためには、まずは不良債権問題の解決が必要であると、森内閣が、そして小泉内閣が（あるいはそれら内閣の政策ブレーンが）考えた、ということであろう。

ただし、事実関係を改めて確認しておくと、一回目（九七年六月〜）の景気の落ち込みをもたらしたのは、橋本内閣による「財政構造改革」をはじめとする「改革」政策の実施であり、二回目（二〇〇〇年一二月〜）は、米国におけるITバブルの破裂であった。本書ですでに指摘したところである。いずれも不良債権問題とはかかわりのないところから景気回復の腰折れが生じているのである。

橋本内閣による「改革」政策の強行がなければ、あるいは米国におけるITバブルの破裂がもう少し後ズレしていれば、たとえ不良債権問題がなお解決しきれていないままに残されていたとしても、日本の景気回復の腰折れはなかっただろう、とも言えるのである。

疑問符がつく「不良債権問題が経済を押し下げるメカニズム」

ともあれ、小泉内閣は、不良債権問題の解決に向けて動き始めた。

小泉内閣になって(竹中経済財政政策担当大臣になって、と言うべきか?)、それまでの「経済白書」(「年次経済報告」)を「経済財政白書」(「年次経済財政報告」)と改題した。その第一号である二〇〇一年版の「白書」(担当は竹中大臣)が、不良債権問題に一章分を割いている。そこで「不良債権問題が経済を押し下げるメカニズム」について分析し、「不良債権問題の解決が我が国経済の再生に不可欠である」と論じているので、まずその主張を見よう。

「白書」は、不良債権が景気を悪くするルートとして以下の三つを挙げている。

第一のルートは、不良債権によって銀行収益が圧迫されるというルートである。「銀行収益が圧迫されて、銀行の金融仲介機能が低下する」、リスクが取れなくなる、と論じている。

第二のルートは、「低収益性・低生産性の分野に従業員・経営資源・資本・土地などの経済資源がいつまでも停滞し、高収益性・高生産性の分野にそうした経済資源が配分されない」というルートである。不良債権は収益性の低い低生産性の分野にかかわっていて、お金はそちらに流れ、人もそちらで働いている、だから高生産性の分野にお金と人が回らない、と説明している。

第三のルートは、「銀行破綻などによる金融システムへの信頼の低下が、企業や消費者の行動を慎重化させ、設備投資、個人消費を押し下げる」というルートである、という。

以上、三つのルートがあって、不良債権があると経済は成長しない、だからこれを早く処理することが必要であると「白書」は説明しているのだが、問題はこの説明をどう解釈するかである。

まちがっている「白書」の説明

まず、第一のルートについてである。

「白書」の説明は、もっともらしく見えるが、しかし、この説明は問題のたて方自体がまちがっている。「不良債権のある状態」と「ない状態」とを比較して、「ある状態」は好ましくない、「ない状態」の方がいいと、ごく当たり前のことを言っているにすぎないからである。

現実に、不良債権は「ある」。ここで比べるべきは「あるがままにしておくこと」と、それを「処理して、ない状態にもっていくこと」と、その両者を比較して、それらの景気に対する影響を比べることが本来は必要なのである。

「ある状態」が経済にとって好ましくない状態であることは分かっている、とはいえ、「それを処理すること」は、経済にもっと好ましくない影響を与えることになる、ということである。処理を実行すれば、第一に、銀行収益はもっと悪くなる。第二に、「処理する」ということは企業を倒産させることであるから、その企業から、将来復活する可能性(銀行から債権を回収できるようになる機会)を奪ってしまうということになる。第三に、当該企業と取引のある企業の経営に打撃を与える(結果として、新しい不良債権を生んでしまうことになりかねない)、第四に、従業員を失業させてしまうことも起こる、等々といった悪影響が生じるがそれでいいのか、ということである。

このように、「ある状態」と「ない状態」とを比べるのではなく、「ある状態」と「なくした時の状態」とを比べると、むしろ前者の方がまだまし、ともいえるのである。

第二のルートについては、「低生産性分野」と「高生産性分野」とに社会を二分し、日本経済においては、前の分野にお金と人が滞留しすぎている、だから、「規制緩和」等によって、前の分野から後の分野へと、お金と人とが流れるようにすることが必要だという、「構造改革」論の基本の考え方と考えを同じくするものだが、この考え方は現実認識が明らかにまちがっている(したがって、まちがった説明である)。

問題は、この理論が、お金と人とが完全雇用状態にあることを前提にしている、という点にある。

二〇〇〇年代初めの日本経済について見ると、現実ではお金も人も、不完全雇用の状態にあった、と見るべきであろう。すなわち、一九九七年から九八年にかけての「金融危機」が過ぎ

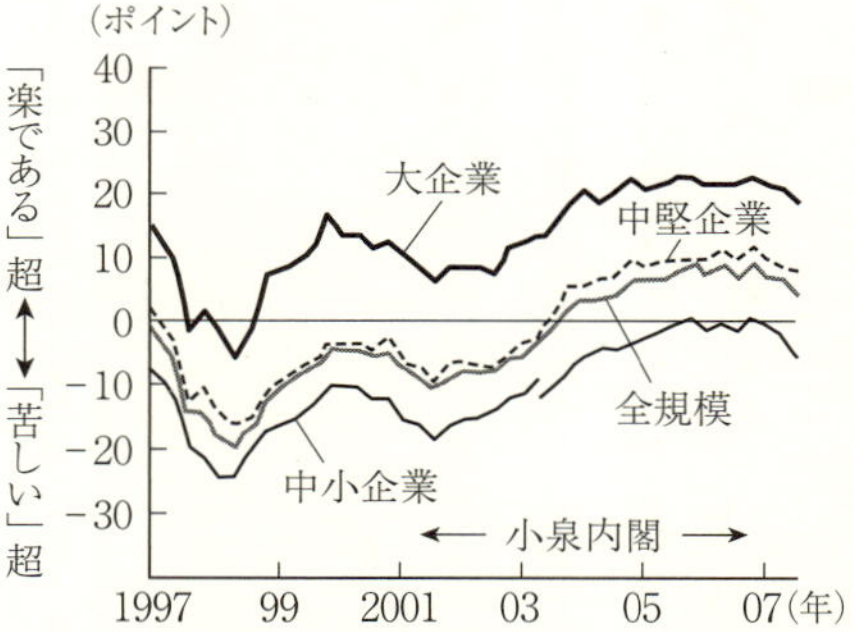

(注)「楽である」と答えた企業の比率(%)と「苦しい」と答えた企業の比率(%)の差
(資料) 日本銀行「全国企業短期経済観測調査」

図表 5-2　企業の資金繰り判断の推移

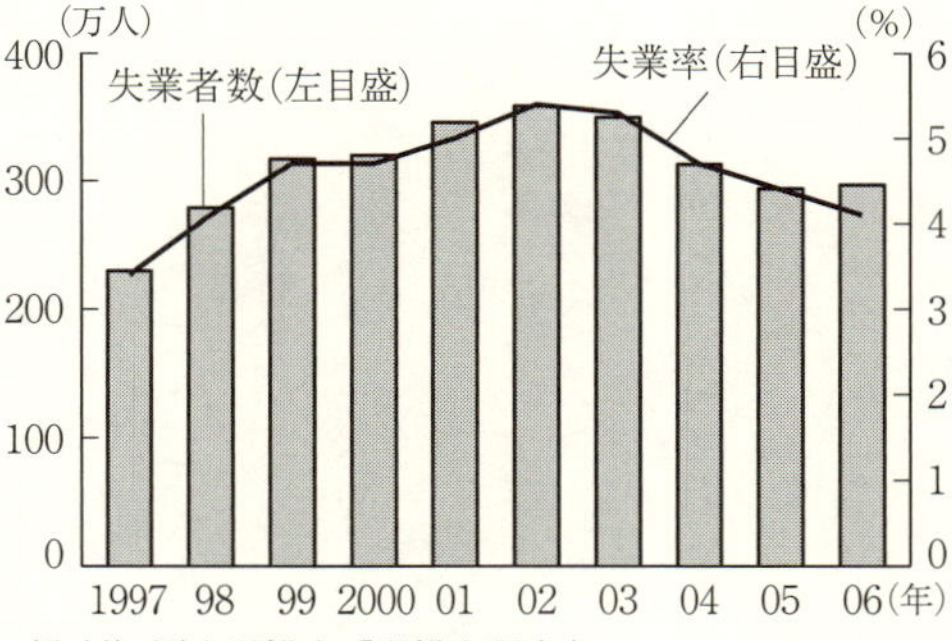

(資料) 厚生労働省「労働力調査」

図表 5-3　失業者数，失業率の推移

た後の、九〇年代末から二〇〇〇年代にかけては、金融緩和政策のもと、「企業の資金繰り判断」にはゆとりがあったし(図表5-2)、失業者が三四〇万人、失業率が五・〇%(ともに〇一年)に達するなど、人手も余っていた(図表5-3)。「白書」は、低生産性分野と高生産性分野との二分法で考え、不良債権を処理し(つまり低生産性分野に向かっている資金を回収し、同時に、その分野の企業を倒産させることによってその分野で働いている人を失業させ)、それらのお金や人を、高生産性分野が吸収し、日本経済を成長させるとしている。だが、現実はそうではなくて、両分野とは別に、生産性ゼロの「失業分野」とでも呼ぶべき分野が存在していた。したがって、成長分野でお金や人が必要となれば、失業分野から引いてこられる、なにも低生産性分野に求めることはない状況にあった。そして、そうした現実の下では不良債権処理によって行き場を失ったお金や人は、失業分野に滞留し、すなわち資金は一段と余剰となり、失業者はさらに増えて、日本経済の成長力はむしろ低まる、と見るべきであったのである。現実は図表5-2、5-3に見る通り、小泉内閣の全期間(〇一~〇六年)を通じて、金融緩和状態は継続しており、また不良債権処理が強行された期間(〇一~〇四年)において失業率、失業者ともに上昇(増加)、そして高止まりしている。

最後に、第三のルートについてである。

第三のルートがあるのは、ある程度事実であろう。しかし、このルートについて言うなら、不良債権問題を金融危機問題へと拡張させた橋本内閣の責任が大きかった、と言うべきであろう。また、この問題に対処するために有効な方法は、金融機関に不良債権の処理（オフバランス化）を迫ることではなくて、先の小渕内閣が実施したように（後期の小泉内閣も実施することになったが）、不安のある金融機関に公的資金を投入することであったろう。

以上、「白書」の説く三つのルートでは、この時期において不良債権処理を急ぐことの正当性は説明できない、ということである。

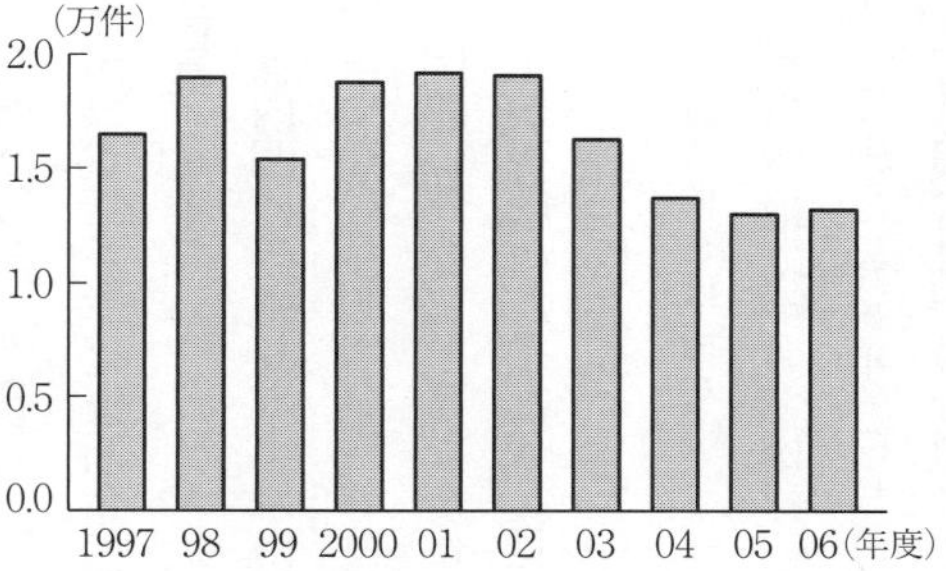

（注）負債額 1,000 万円以上の倒産
（資料）東京商工リサーチ「全国企業倒産状況」

図表 5-4　企業倒産件数の推移

そして、現実には、不良債権の処理を強行することによって、森内閣時、そして初期の小泉内閣時は、一段と景気を悪くしてしまった。企業倒産件数は一万九〇〇〇件（二〇〇〇年度、〇一年度、〇二年度。図表5－4）、失業者は三六〇万人、失業率は五％台に達したのである（図表5－3）。GDP実質成長率も、〇一年の〇・四％から〇二年の〇・一%へとさらに低下した（図表5－1）。〇二年は米国経済が回復に向かい、日本の輸出は、〇一年には前年比マイナスであったものがプラスに転じたにもかかわらず、である（図表5－1）。

森内閣に始まり、小泉内閣が受け継いだ「不良債権処理」という「構造改革の一丁目一番地政策」（小泉首相の言葉）は「完全に失敗だった」と言わざるをえない。

問題はなぜ失敗したかだが、そもそも小泉首相とその周辺の人たちの不良債権に対する理解不足が根底にあった、と見ることができる。

不良債権とは何か①――その大半は「生きている企業」への債権である

不良債権については、「金融機能再生法」（正式には「金融機能の再生のための緊急措置に関する法律」）の施行（九八年一〇月）以降、その法が、金融機関に決算期ごとに提出を求めている「資産査定等報告書」の分類によって見ることが一般化している。

すなわち金融機能再生法は、金融機関の資産を、①「破産更生債権及びこれらに準ずる債権」、②「危険債権」、③「要管理債権」、④「正常債権」の四つに区分し、各々の残高を記載して報告するように求めており、そのうち①～③を合計したもの（金融機能再生法開示債権）を「不良債

図表 5-5　金融機能再生法開示債権の定義

①破産更生債権及びこれらに準ずる債権	破産，会社更生，更生手続きなどの事由により経営破綻に陥っている債務者に対する債権及びこれらに準ずる債権
②危険債権	債務者が経営破綻の状態には至っていないが，財政状態及び経営成績が悪化し，契約に従った債権の元本の回収及び利息の受取りができない可能性の高い債権
③要管理債権	• 3カ月以上の延滞債権 • 貸出条件緩和債権 ※いずれも①，②を除く（なお，要管理債権は貸出金単位で分類）
④正常債権	債務者の財政状態及び経営成績に特に問題がないものとして，上記以外に区分される債権

（資料）金融庁ホームページ

権」と見なすのである。

①〜③の各々についての定義を図表5-5に示しておく。

不良債権は、俗に借り手企業が倒産するなどして、利息はもとよりその元本が回収できなくなった債権（①）、というふうに理解されているが、それればかりではなく、そうなる懸念のある債権（②③）を含んでいる。そして、その構成を見ると、現実には、①に比べ②③の方が圧倒的に多いのである（図表5-6）。二〇〇一年度について見ると、不良債権の総額四三・二兆円のうち、①は七・四兆円、差し引きすると②③が三六兆円近くで全体の八〇％強、である。

加えて、小泉内閣が金融機関に処理させようとしている不良債権とは、①ではなくて②③なのである。①は、(図表5－5に見る通り)破産手続き、更生手続きなどに入っており、ほとんど「死に体」の企業等に対する債権であり、行政が指示するまでもなく、放っておいても金融機関が自ら処理する。これに対して、②③は、①になる懸念が高いというだけの、また、金融機関に対して融資条件の変更(貸付期間の延長、金利の引き下げ等)を要求しているなどという、まだ「生きている」さらに言えば「生き延びようと努力している」企業に対する債権なのである。それらを「殺せ」「息の根を止めよ」ということが、「不良債権を処理せよ」という小泉内閣の行政方針、ということである。

図表5-6　不良債権(金融機能再生法開示債権)残高の推移

(全国銀行，年度末，兆円)

年度	残高	うち破産更生等	(参考)全預金取扱金融機関
2000	33.6	7.7	42.9
2001	43.2	7.4	52.4
2002	35.3	5.7	44.5
2003	26.6	4.4	34.6
2004	17.9	3.2	24.9
2005	13.3	2.4	19.6
2006	12.0	2.1	17.1

(資料)金融庁ホームページ

「生きている企業を殺せ」という、乱暴な政策が「不良債権処理」という政策であった。しかし、ともあれ政策は、〇二年九月に金融担当大臣を兼務することになった竹中大臣が作成した「金融再生プログラム」のもと、強行されることになった。そのプログラムの要点は、金融機関に対する資産査定の厳格化(要するに疑わしいものは不

図表 5-7　不良債権(金融機能再生法開示債権)残高の増減とその要因

(全国銀行，兆円)

年度	年間増減額	増加	新規発生	査定厳格化等	減少	オフバランス化	正常債権化	返済
2001	9.6	18.9	7.9	11.0	△9.3	△9.3		
2002	△7.9	10.2	9.2	1.0	△18.1	△15.1	△2.3	△0.7
2003	△8.7	6.3	6.3	―	△15.0	△9.8	△3.5	△1.7
2004	△8.7	5.2	5.2	―	△13.9	△8.6	△1.9	△3.4
2005	△4.6	3.4	3.4	―	△8.0	△5.8	△1.5	△0.7
2006	△1.4	3.7	3.7	―	△5.1	△3.8	△1.1	△0.2
(2002～06累計)	(△31.3)	(28.8)	(27.8)	(1.0)	(△60.1)	(△43.1)	(△10.3)	(△6.7)

(注)金融庁が銀行に対して行ったアンケート調査による
(資料)金融庁ホームページ

良債権と認定させること)であり、経営健全化計画をたてさせ、その実行を監視すること(要するに、不良債権処理をきちんとさせること)であり、健全化計画未達成の銀行に対しては業務改善命令を出すこと、などであった。

不良債権とは何か②――それは景気の関数である

こうした政策の下で不良債権がどうなったか。不良債権(金融機能再生法開示債権)残高の推移を見よう。

まず、図表5-6を見ると、小泉内閣発足前の二〇〇〇年度末に三三・六兆円であった全国銀行の不良債権残高は、発足後の〇一年度末には四三・二兆円に膨れ上がっている。小泉内閣の「資産査定の厳格化」という方針のもと、それまで不良債権とは見なされず（正確に言えば、金融機関がそう見なしておらず）、正常債権としていた約一〇兆円が、新たに不良債権と見なされた（ということは、処理の対象債権とされた）ためである（図表5－7）。

以下、〇一年度末の不良債権残高四三・二兆円（図表5－6）に、〇二年度に査定厳格化により新たに不良債権と見なされた一・〇兆円（図表5－7）を加えた四四・二兆円を出発点として考えよう。この四四兆円（以下、端数は四捨五入）が小泉内閣最後の年である〇六年度末には一二兆円へと減少している。この五年間の増減の内訳は、⑴新規発生（〇一年度末には正常債権と見なされていたものが、不良債権化したもの）二八兆円、⑵オフバランス化による減少四三兆円、⑶正常債権と見なされるに至ったもの一〇兆円、⑷返済されたもの七兆円ということで（図表5－7）、

44＋28－（43＋10＋7）＝12

ということになる。

このことから何が言えるであろうか。

①当初（〇一年度末）の不良債権残高は四四兆円であったが、うち破産更生等債権は八兆円以下で、残り三六兆円ほどは危険債権以下、つまり、まだ生きている企業に対する債権であった（図表5－6）。加えて期間中に新規発生した二八兆円の不良債権（図表5－7）は〇一年度末には

正常債権であり、当然ながら生きている企業に対する債権であった。この期間の不良債権七二兆円（〇一年度末四四兆円＋〇六年度までの新規発生分二八兆円）のうち、〇一年度初めには生きていた企業に対する債権は六四兆円であった。

②〇二〜〇六年度間に金融機関がオフバランス化した不良債権の額は四三兆円である。かりにそのうち八兆円は〇一年度末にすでに破産更生債権であったとすれば、残りは三五兆円（43-8）となる。つまり、生きている企業に対する債権のうちおよそ五五％（35÷64）が「不良債権処理」政策で殺された、ということになる。

③一方、この間、正常化した不良債権、返済された不良債権があわせて一七兆円ある。生きている企業に対する不良債権のうち三分の一弱（17÷64）は正常化した、あるいは返済された、ということである。

④不良債権の新規発生のピークが〇二年度で、〇三年度以降は減少傾向となっている、一方で正常債権化プラス返済の額が〇三年度以降増えていることにも注目しよう。〇二年は景気が厳しく落ち込んだ年、〇三年は回復へと向かい始めた年であった（図表5-1）。景気が悪くなれば不良債権は増える、良くなれば減る、不良債権は景気次第で増えたり、減ったりする。不良債権とは景気の関数なのである。

　ここまで見てくると、小泉内閣の「不良債権処理」という政策が誤りであったことは明らかであろう。

　第一に「金融機関が不良債権を抱えているから景気が悪くなる（もしくは良くならない）」という説は、理論的に説明できない（「白書」の説く、第一〜第三のルートでは説明できない）。

　第二に、事実にも反する。九七年以降の景気の悪化は、橋本内閣の金融行政の誤り（金融機関を破綻させるべきではなかった。小渕内閣のとった政策を早く採るべきであった）によるものであった。また、〇二年以降の景気の落ち込みは、小泉内閣のとった不良債権処理政策によるものであった（企業倒産の増加、失業者の増加等）。

　不良債権問題に対処する賢明な方策は、景気を悪くしないことであり、仮に悪くなりかけたら（景気悪化とともに不良債権が増加し、体力のない金融機関が経営に打撃を受けることは必至であるから）、早期に資本投入などして金融危機の発生を防ぐことが肝要である。実は、このことは、〇三年のりそなグループの、同じく足利銀行の経営危機に際して、最終的には小泉内閣（金融庁）が採った方策でもあった。

3 「攻めの構造改革」――「官から民へ」、そして「規制改革」

小泉「構造改革」のプランの数々は、先に示した通り「骨太の方針」第一弾(二〇〇一年)に記されている。「不良債権処理」から郵政民営化等、さらにはさまざまな制度改革まで。その全体像を統一して捉えるのはなかなかむずかしいが、あえてその論理を整理すると、次のようになるであろうか。

①目指すは日本経済の再生である。日本経済のもつ潜在力を十分に発揮させなければならず、そのために「構造改革」が必要である。

②第一歩として、「守りの改革」(「経済財政白書(〇五年版)」)ではあるが、「不良債権の処理を急ぐべきである」。

③続いて「攻めの改革」(同前)へと転じる。まず「官から民へ」。民間にできることはできるだけ民間に委ねる。民営化を強力に進めて、「民間部門の活動の場と収益機会を拡大する」必要がある。

④そして、「民間活力が発揮されるための環境整備」につとめる。必要なのは「規制改革」、

さらには「制度改革」である。

竹中経済財政政策担当大臣は、大臣在任中、大臣の肩書きで刊行した著書『あしたの経済学』の中で、「構造改革の本質は、供給側を強化することです」と書いている。

その通りだと思う。言葉を若干、補うとすれば、「どうして強化するかと言えば、規制改革を進めて競争原理を働かせることによって、すなわち、強い者を勝ち残らせることによって」、ということであろうか。

以下、小泉内閣の下で行われた「攻めの改革」のあらましを見ていこう。

「官から民へ」、「小さな政府」を目指す

二〇〇五年版の「経済財政白書」は、全三章のうちの一章を割き、「官から民へ——政府部門の再構築とその課題」と題して「小さな政府とは」「官から民への様々な手法」「小さな政府を目指すための課題」などのタイトルのもと、「小さな政府」がいかに経済成長に寄与するか、その実現のためにどんな方策があるかなどについて解説し、だから実行すべきであるとの論陣を張っている。

その労は多とするが、ただし、根本のところで疑問がある。それは、当時の日本政府が欧米

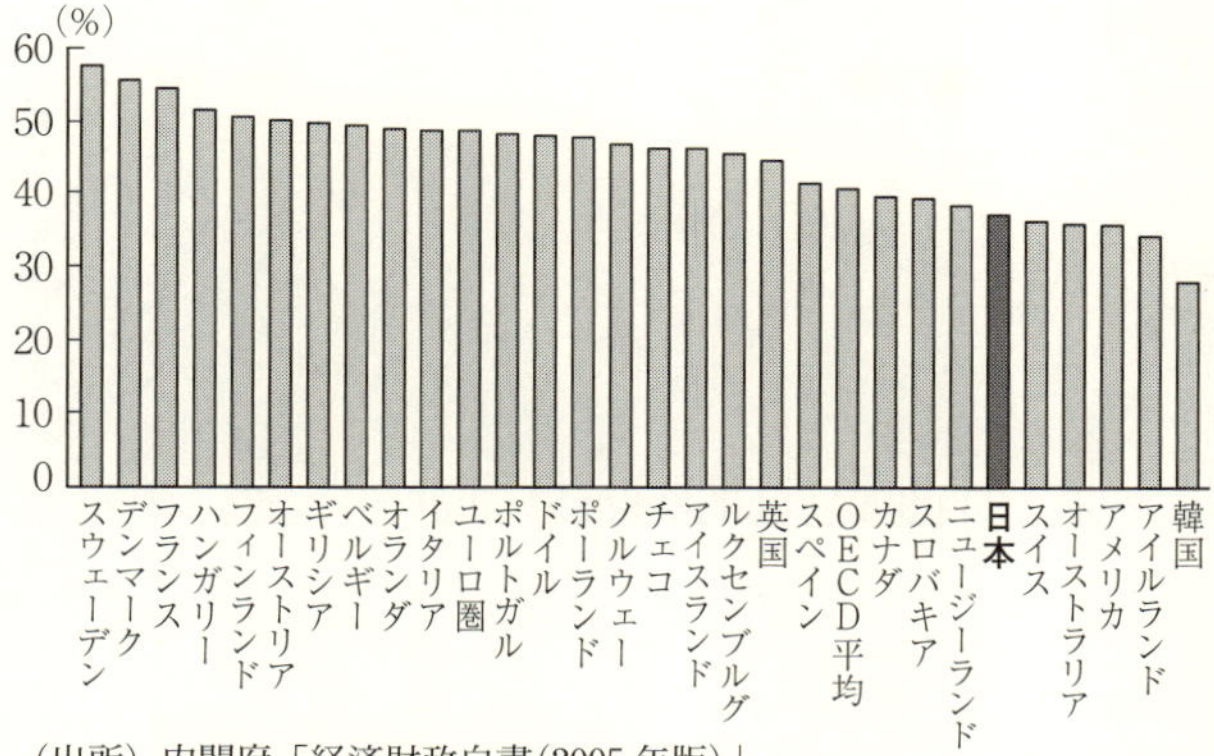

（出所）内閣府「経済財政白書（2005年版）」

図表 5-8　OECD 諸国の一般政府支出の規模（対名目 GDP 比）（2004 年）

図表 5-9　主要国の政府支出の内訳（2002 年）

（対名目 GDP 比，%）

	日本	英国	フランス	ドイツ	イタリア
一般サービス・治安	5.5	9.2	10.7	9.1	12.4
経済・公共	7.6	3.6	7.0	5.8	4.9
文化・教育	4.7	5.8	6.8	4.9	5.8
保健・社会保障	20.4	23.2	29.0	29.0	25.0
合　計	38.1	41.8	53.4	48.7	48.0

（注）分類は，SNA（国民経済計算）に基づき，以下のようにまとめた．
一般サービス：一般公共サービス，防衛，公共の秩序・安全
経済・公共：経済業務，環境保護，住宅・地域アメニティ
文化・教育：娯楽・文化・宗教，教育
保健・社会保障：同左
（出所）内閣府「経済財政白書（2005年版）」

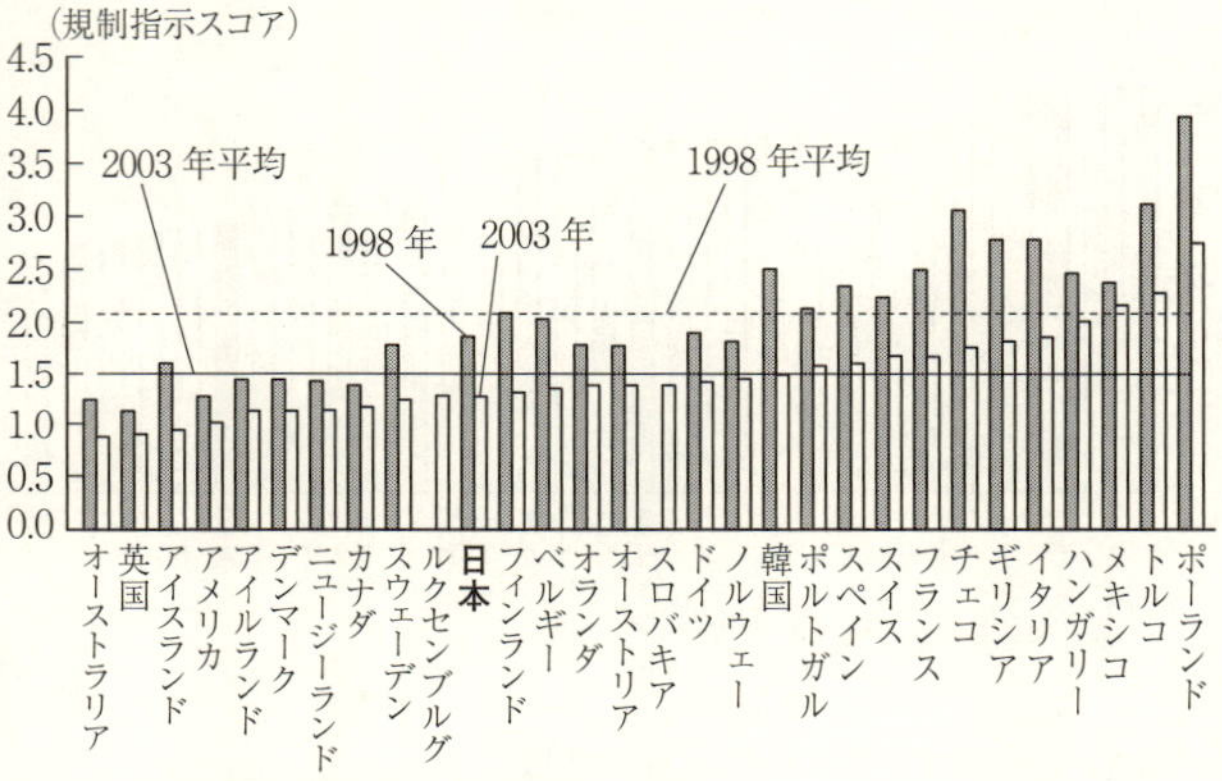

（出所）内閣府「経済財政白書（2005年版）」

図表5-10　規制の国際比較（OECD製品市場規制指標）

主要国政府に比べ、かなりの程度「小さな政府」であった、ということである。

第一に、支出の規模において小さい（図表5－8）。政府支出の対GDP比でみると、日本は、OECD加盟国中、小さい方から六番目である。支出目的別に四つに分類して分野別に比較してみると、一般サービス・治安、文化・教育、保健・社会保障の三分野において欧州主要国に比べ小さく、わずかに経済・公共分野においてのみ、日本は大きな政府である（図表5－9）。

第二、政府による規制の強さという面で比較してみると、二〇〇三年は日本は強い順に見て二〇番目、弱い順に見ると一一番目という位置にあり、どちらかというと規制の弱い方（「小さな政府」のグループ）に入る（図表5－10）。

第三、公務員数で比較しても、人口一〇〇〇人当たりでみて、ドイツ七〇人、アメリカ七四人、イギリス七八人、フランス九六人に対して、日本は四二人であり(図表5－11)、圧倒的に小さな政府である。国家公務員、地方公務員ともに少ない。

これら、第一、第二については「白書」にも記述があり、図表も載っている(なぜか第三については、民間シンクタンクに委託して調査しているが、記載がない)。

こうした現実を素直に見ると、感じられることは、まず、日本の政府はやるべきことをやっていないのではないか、その分、国民の自己負担が重くなっているのではないか、ということであり、また、日本の公務員は負担が重すぎるのではないか、ということである。分かりやすい例を挙げると、初等教育における一学級当たりの生徒数の多さがある。生徒(国民)の立場から見ると、一人当たりに対する教員の数が少ない、教員(公務員)の立場から見ると担当する生徒

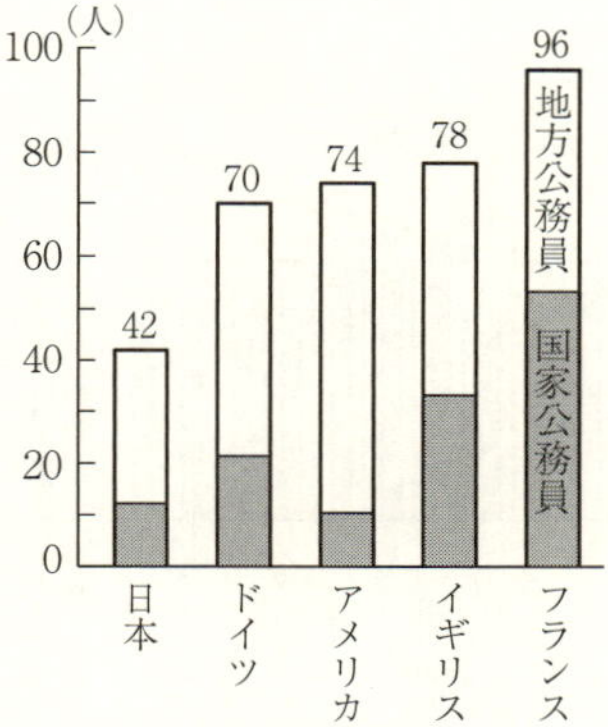

(注) イギリスについては，フルタイム換算．アメリカ，ドイツの国家公務員は連邦政府のみ．州政府職員は地方公務員に分類
(資料) 野村総合研究所「公務員数の国際比較に関する調査」(2005年11月)

図表5-11　主要国の公務員数(人口1000人当たり)

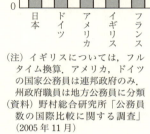

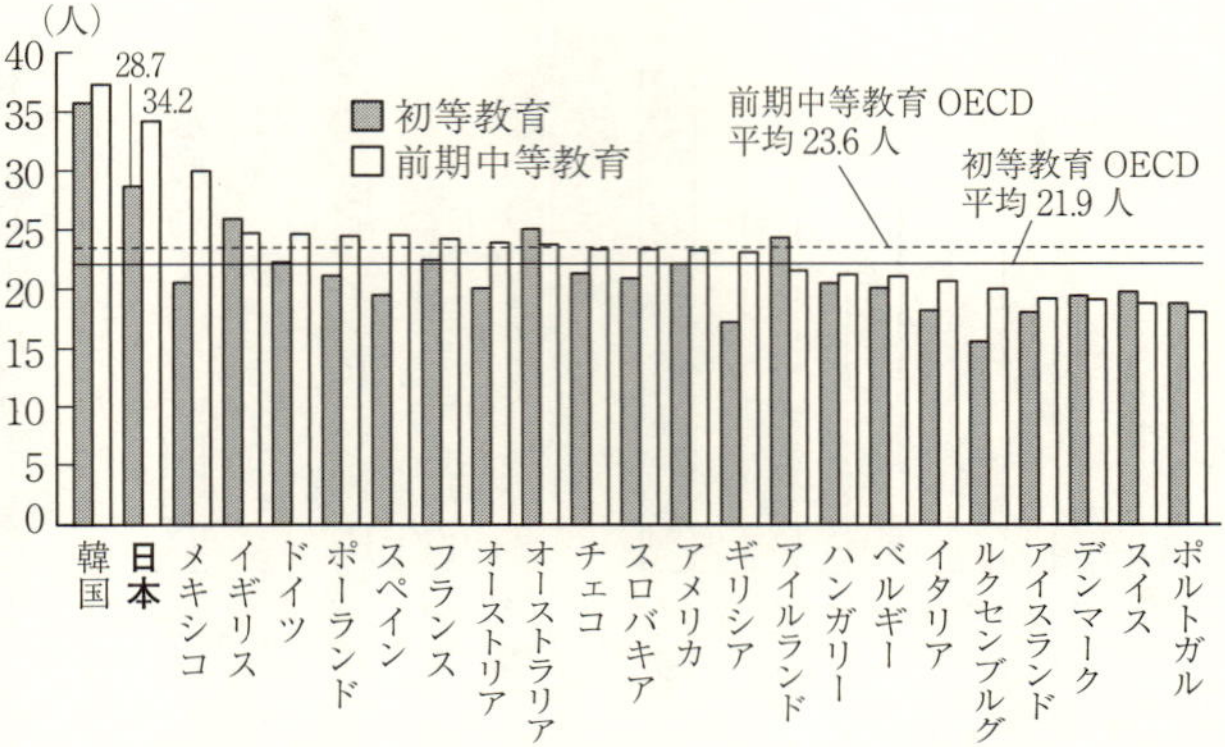

日本の国公立学校での平均学級規模(2002 年)は，初等教育 28.7 人，前期中等教育 34.2 人で，OECD 平均を上回っており，OECD 加盟国中もっとも高い国の1つ
(出所) 文部科学省ホームページ

図表 5-12　1学級当たり児童生徒数の国際比較

の数が多い、という現実がある。つまり日本の生徒は、一人が教師の三〇分の一のサービスしか受けておらず、これに対して、欧米の生徒はそのおよそ一・五倍の二〇分の一のサービスを受けている、逆に教員の立場から見ると、日本の教員は一人で三〇人の生徒を見ているが、欧米の教員は二〇人の生徒を見ればいいという状態にある、ということである(図表5-12)。似たようなケースはその他の分野でも見つけ出すことができよう。

それにもかかわらず、「小さな政府を」、と小泉内閣は主張し、国においては、郵政事業・道路公団の民営化、また、国立大学の独立行政法人化などを実施し、郵政職員二八万人をはじめとして、つごう五〇万人の公務員を非公務員化した。あわせて、「公務員の総人件費削減・定員の純減目標」を掲げ、国家公務員の削減、人件費の圧縮に取り組んだ。

こうした「小さな政府」政策の対象となったのは国ばかりではない。地方自治体も、であり、さまざまな業務についての民間委託等を推奨された。財政面で厳しい制約下にある自治体が、この方針に従わざるをえない状況が作り出されたのである。

「官製ワーキングプア」の発生とその増加

こうした政策の下で生み出されたのが、「官製ワーキングプア」と呼ばれる非常勤公務員の出現である。給料は時給に換算して最低賃金スレスレ、何年働いてもほとんど昇給がない、などというその処遇の厳しさは布施哲也『官製ワーキングプア』などのルポルタージュが伝えるところである。

注目すべきは、その傾向は、小泉内閣の時代のみならずその後も続いていることである。二〇〇五年を皮切りに、〇八年以降四年ごとに行われている総務省「地方公務員の臨時・非常勤職員に関する実態調査」によれば、一六年のその数は六四万人で、〇五年比一九万人増になっている(図表5-13)。職種別に見ると、多い順に、事務補助職員一〇万人、教員・講師九万人、

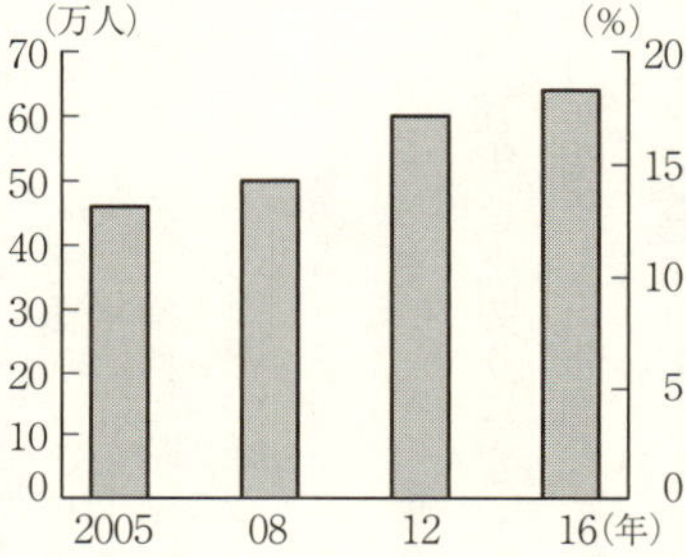

（注）各年４月１日の人数
（資料）総務省「地方公務員の臨時・非常勤職員に関する実態調査」

図表 5-13　地方公務員の臨時・非常勤職員数の推移

保育士六万人、給食調理員四万人、図書館職員二万人、などとなっている。

なお、似たような調査が国家公務員についてもあるので見ておこう。「国家公務員の非常勤職員に関する実態調査」（内閣官房、一六年九月）である。それによると、総数五万六〇〇〇人（国の行政機関の一般職の定数約三〇万人に対する比率は約二〇％）ということである。

こうした、国、地方における「官製ワーキングプア」の存在は、いずれも小泉「構造改革」の置土産であり、それが肥大化したもの、と言っていいであろう。

「規制改革」、競争原理を働かせる

「小さな政府」と並ぶ「攻めの構造改革」の大きな柱は、規制緩和（小泉内閣の言葉を使うとすれば「規制改革」）である。

戦後、歴代政府による「規制緩和」の歴史は長い。すでに、一九七〇年代半ばには、「行政

簡素化」を目指して「臨時行政調査会」(「第一臨調」)が設置されている(六一～六四年、池田勇人内閣)。

その約二〇年後に「第二臨調」(八一～八三年。鈴木善幸内閣が設置、中曽根康弘内閣に最終答申を提出)が設置されたが、その解散後、答申を実現すべく「臨時行政改革推進審議会」(「行革審」、八三年)が設置されて、以降は、さまざまに名称を変えた審議会のもと、規制緩和の「推進計画」が作られたり、その実行が「監視」されたりもしてきた。

「第二臨調」の設置から小泉内閣の発足まで、二〇年の年月がある。この間、「規制緩和」もしくは「規制改革」は政府の主要課題であり続けたわけである。

ただし、この間、「規制緩和」の主たる目的が「行政事務の簡素化」から「民間経済活動の活性化」へと軸足を移してきた、ということがある。また、対象とする「規制」が、「経済的規制」が中心であったものが「社会的規制」をも含めたものへと範囲を広げてきた、ということもある。「規制緩和」という表現も「規制改革」という表現に変えられたりもした(九九年、「規制緩和委員会」を「規制改革委員会」へと名称変更)。

小泉内閣による「規制改革」は、こうした流れの続きとしてある。したがって、その「改革」は、小泉内閣発足前の諸「改革」の総仕上げをするものであり(とりわけ「経済的規制」についてはそうである)、次第に「社会的規制」の「改革」が重きをなすようになっている、と捉えることができる。

二〇年間にわたる、先行する諸政府の「規制改革」の流れを受け継いだ小泉内閣だが、それでも、その五年間で実現した「規制改革」は一五〇〇項目以上、という(小泉内閣作成のパンフレット)。その内訳についての記述はないが、新聞報道等で知られているものの多くは経済的規制の「改革」、それも参入規制の緩和ないし撤廃が主なものである。酒類販売業免許の改正、卸売市場法の改正、割賦販売法の改正、銀行法の改正、その他。いずれも「需給調整規制を廃止し、新規参入を自由化するもの」であった。

新規参入を自由化し、業界内の競争を活発化させる。そうした中で強い者――効率的な経営を行った者――が勝ち残り、結果として経済が効率化する、日本経済が強くなる――それが「改革」のねらい、と読める。ただし、別の結果も引き起こされる。競争が激しくなると、企業は経営の効率化――コストの切り下げ――に努める。賃金は抑制され、労働条件は厳しくなる、弱い者、弱い者へと「改革の痛み」が転嫁されていく、「改革」のあと一つの結果である。

格好の例がタクシー業界にあった。小泉内閣の発足前に改正された道路運送法(施行は小泉内閣発足後の〇二年)。その改正で、それまでは「需給バランスを考慮しての免許制、認可制」であったのが、新規参入自由、とされた。生じたことは、タクシー業界の競争激化であり、企業経営の苦境であり、運転者の収入の減少であり、勤務時間の長時間化であり、事故の増加であった。ニューヨーク、ロンドン、パリ、ローマ、世界の大都市ではほとんどどこでも、タクシーについては台数規制がある。規制の理由を問い、規制緩和の是非をきちんと検討すべきであったが、それがなされた形跡はない。

さて、再び先のパンフレットである。

そこに、小泉内閣が実現した「規制改革」の例が四つ引かれている。第一が「保険診療と保険外診療の併用」であり、第二が「幼児教育・保育の一体化」であり、第三が「派遣労働に関する規制緩和」である（第四については略）。

第一、第二は、いずれも、どちらかというと「社会的規制」に近いものであり、「規制改革」というよりも、「新しいルールの採用」とでも呼ぶものである。そのルールの是非についてはここでは判断を避けるが、先にみた「経済的規制」の緩和とあわせて考えると、小泉「規制改革」は、次第に危うい領域に入っている（その是非については、広い視野に立っての、しっかりした議論が必要な領域に入っている）とは言えそうである。

第三については、大きな問題があるとして、実施がタブー視されていた規制緩和である。

労働者派遣法が制定されたのは、中曽根内閣時の八五年であった。その時、派遣が認められた業務は、ソフトウェア開発、通訳・翻訳・速記、調査、財務処理などといった「専門的な知識などを必要とする一三業務のみ」であった。「常用雇用労働者の代替を促すこととならないよう十分配慮する必要がある」という、中央職業安定審議会の、「立法化に当たっての答申」があったからであり、加えて、派遣労働者が不利な契約を受け入れさせられることのないようにとの配慮がなされていたからである。

それが、法施行後、①対象業務を一六業務に拡大(八六年)、②二六業務に拡大(九六年)、③対象業務の原則自由化(禁止業務のみを指定するネガティブリスト化、九九年)といった規制緩和が小泉内閣発足前に行われていた。

そうした流れの下で、小泉内閣が行った「改革」(〇三年)は次の二つであった。一つは、ネガティブリストから「物の製造業務」をはずしたことであり、あと一つは、「一年」と制限されていた派遣期間を「三年」へと延長したことである。この「改革」を指して、小泉内閣は、「派遣労働者が多様な働き方を選択できるようになった」「派遣労働者としての雇用機会が増大した」と評価してみせている(前出パンフレット)。モノは言いようである。

ともあれ、こうして「労働者派遣法」は、ほとんどの業務について(なおもネガティブリストに残っているのは、建設、港湾運輸、警備、医療関係、とごく少数になった)、三年間は雇用できる、という制度に変わったのである。常用雇用の代替禁止などという法の精神は、どこ吹く風、である。

この「規制改革」のツケは、リーマン・ショックによってあらわとなるが、そのことについては、本章の最終節(5)で見ることにする。

「構造改革特区」の創設

こうした、さまざまな個々の「規制改革」に加えて、小泉内閣が行った大きな「規制改革」は、「構造改革特別区域法」を制定して(〇二年)、全国各地に「構造改革特区」を設置したことである。

「特区法」の定めるところによると、①政府が募集し、自治体・民間企業・個人などが「規制の特例措置について提案」する、②「提案」を受けた政府(内閣官房、内閣府)は関係省庁と協議し、合意できたものについては、特区となるための要件等を定める(「メニュー化」)、③自治体等は「メニュー」に従って特区計画を作成・申請し、認可されると認可を受けた地域については当該規制が緩和される、というものである。

この「提案」→「メニュー化」→「認可」の手続きは、原則として年三回行われて、多くの「特区」が誕生したが、話にはまだ先がある。④「特区」設置後一年以内に、「特例措置の社会的効果についての政策評価が行われ」、「全国的に広めることに問題なし」と評価されたものについては「当該規制を定めていた法律の改正」が行われる。⑤したがって「特区」は解消され、全国展開されるようになる、という仕組みである。「特区」は、全面的な「規制改革」を実施する、そのための第一ステップとして位置づけられてもいる、ということである。一九年三月の内閣府の発表によると、〇二年からの累計で一三二七の特区が認定され、うち九〇九件が全国展開されるに至っている。

この「構造改革特区」制度については、「特区」が小規模なものが多かったこともあり、それなりに地域経済の活性化に役立ったものとして評価していいと思われる。

ただし、その全国展開(規制の廃止)となると話は別である。企業が遊休農地を賃借し「農業を営んだ」という「特区」の例がある(〇三年)。さしたる弊害が生じなかったということで、その後全国展開され(〇五年)、さらには「農地法」の大改正(〇九年)により、株式会社による農業経営が積極的に進められるに至った、というケースである。過疎化し、耕す人も少なくなった農村で、農業を担いたいという企業(株式会社)が現われれば、その企業に農地を貸すことを認め、農業を営んでもらうのはいいだろう。しかしそのこと(そうした「特区」を認めること)と、企業(株式会社)が、どこででも、農地を借りて農業を営んでいいとすること(規制撤廃すること)とは、全く別だと捉えるべきであろう。このケースでは、株式会社の農業への参入を認めることは、もともと小泉内閣の意図するところであった、そのために「特区」がうまく利用された、と思えるのである。

規定では、「特区」を全国展開するについては、有識者などからなる「評価・調整委員会」の賛同を得なければならないと定められている。ただし、「特区」が、そもそも全面的な規制改革を実施するための最初のステップとして位置づけられているのだとしたら、その制度の下にある「評価・調整委員会」に、全国展開への歯止め役を期待することはかなりむずかしい、ということかもしれない。

なお、「特区」制度については、この「構造改革特区」にならってか、その後、民主党政権時には「総合特区」(一一年)、第二次安倍内閣下では「国家戦略特区」(一三年)が設けられている。

いずれも、一定地域に限って規制を緩和する(もしくは、はずす)という点は「構造改革特区」と同じだが、規模ははるかに大きい。また、両者とも「規制緩和」だけではなくて、税制・財政・金融面での支援も受けられる、という違いがある。後者(「国家戦略特区」)については、その計画や方針の決定に、自治体ではなく政府が深く関与する仕組みとなっている。加計《かけ》学園問題のような政権トップと事業者との癒着が強く疑われるケースが出てくるゆえんであり、小泉内閣も「特区」という悪い先例を作ったものである。

財政・税制・社会保障制度改革

小泉内閣の財政・税制・社会保障に関する政策(ないしは「改革」)にも触れておこう。

小泉首相は、就任時の所信表明演説で、「平成一四年度(〇二年度)予算では、財政健全化の第一歩として、国債発行を三〇兆円以下に抑えることを目標とします」と語った。また、「骨太の方針(二〇〇二)」にも、同様に「財政健全化の第一歩として、国債発行を三〇兆円以下に抑制することを目標とする」と書き込んだ。

こうした「国債発行三〇兆円以下」を、小泉内閣の掲げる「財政健全化」の「第一歩」とすれば、その先の目標としては「基礎的財政収支(プライマリーバランス)の黒字化」があった。この点については、先の所信表明演説で「持続可能な財政バランスを実現するため、例えば、過去の借金の元利払い以外の歳出は、新たな借金に頼らないことを次の目標とするなど、本格的財政再建に取り組んでまいります」と語っており、〇三年六月に閣議決定した「骨太の方針（二〇〇三）」に「国と地方を合わせたプライマリーバランスを、二〇一〇年代初頭に黒字化することを目指す」と書き込んでもいた。

この二つの目標に対する実績はどうか。

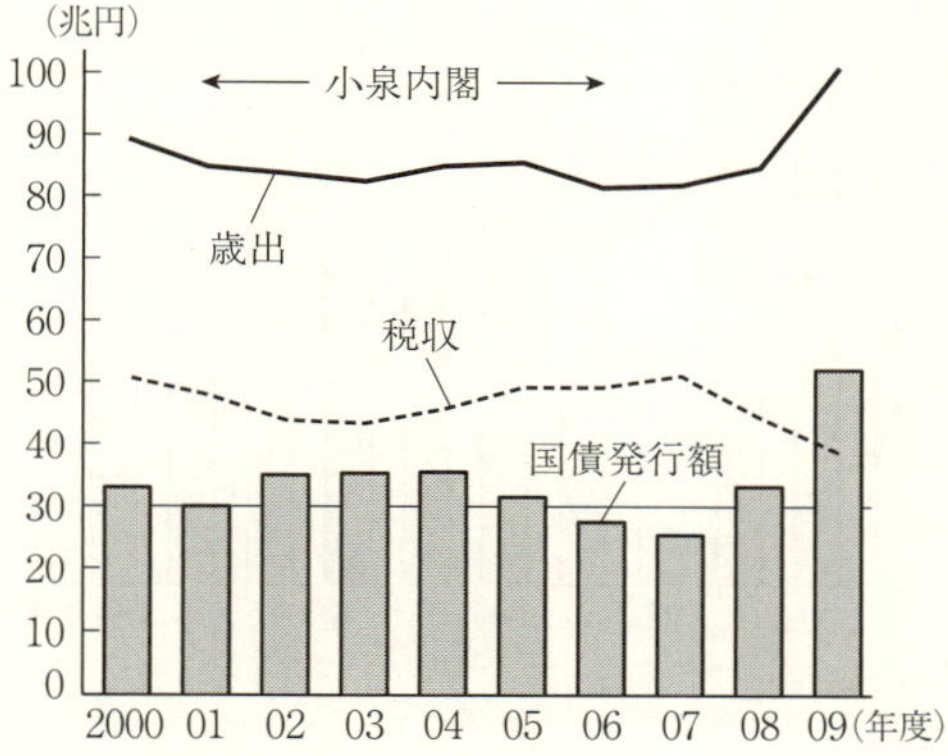

（資料）財務省ホームページ

図表 5-14　国の一般会計（歳出・税収・国債発行額）の推移

「国債三〇兆円以下」はほとんどの年で達成できず

小泉内閣下の六年間の実績を見ると、「国債発行三〇兆円以下」という目標が達成できたのは、初年度（〇一年度）と最終年度（〇六年度）の二年だけであり、中間の四年については、大半が発行額三五兆円前後と、抑制目標を大きく上回ってしまっている（図表5－14）。①公共事業関係費をほぼ毎年削減する（図表5－15）、社会保障関係費を抑制するなど歳出を抑えこんだもの

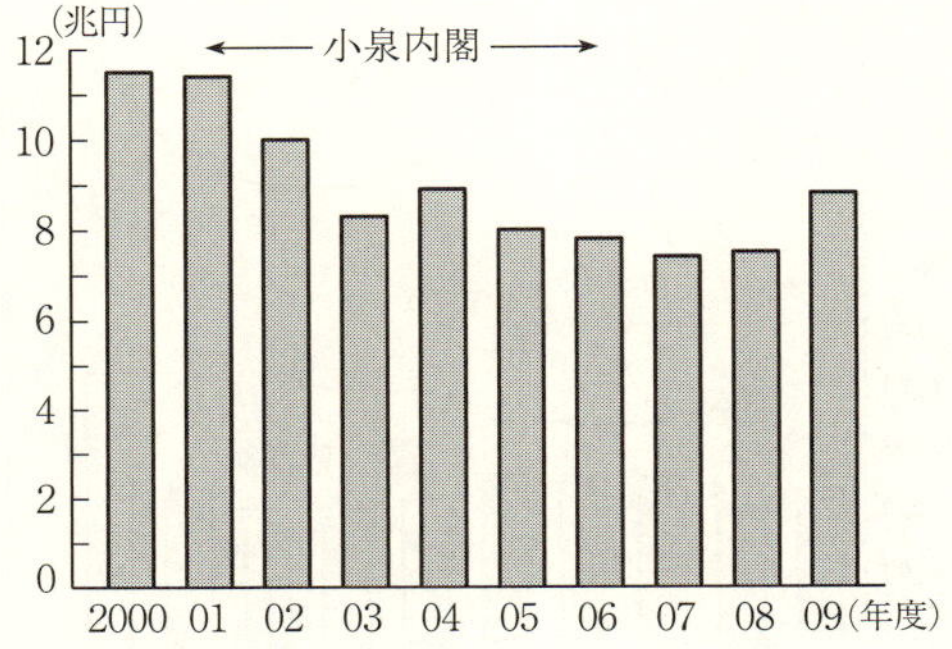

（注）補正後予算ベース
（資料）財務省ホームページ

図表 5-15　公共事業関係費の推移

の十分には抑えきれず、②(とくに前半は)不良債権処理政策による景気悪化の影響などで税収が落ち込んだことが背景にある(図表5-14)。「三〇兆円枠」を守ったと見える〇一年度(当初予算の編成は森内閣。小泉内閣は第一次、第二次補正予算を編成)にしても、本来「国債整理基金」への繰り入れ(国債償還の財源)とすべきと定められているNTT株の売却収入を、特例法を設けて一般財源に繰り入れるなど、さまざまな策を弄して達成したものであった。また、辛うじて三〇兆円以下に抑えこんだ最終年度の〇六年度にしても、地方交付税交付金を大幅に削減するなど相当の無理をして達成したものであった。

基礎的財政収支目標、地方は達成したが……

基礎的財政収支の黒字化目標については、二〇〇一年度のマイナス四・二%(対名目GDP比)

から〇三年度のマイナス五・六%へと、小泉内閣発足当初は悪化したが、〇四年度以降は改善に向かい、〇六年度はマイナス一・七%と均衡に近づいていた(図表5-16)。国、地方別に見ると、地方は〇四年度において〇・〇%と均衡状態になり、〇五年度以降は黒字となっている。国に比べて財源調達に自由度の乏しい地方(自治体)が、より厳しい歳出抑制策をとらざるをえなかったことの結果と思われる。〇六年には夕張市が財政再建団体の申請をする、ということもあった。財政危機意識が多くの自治体に浸透していったことが大きく影響したこともある。被害を受けたのは福祉等のサービスを削減された(であろう)住民であり、定数削減等で労働強化された(であろう)自治体職員である。

ただし、こうした基礎的財政収支均衡への動きは、〇八年から〇九年にかけてのリーマン・ショックの影響で一挙に吹き飛んだが(図表5-16)、それは今少し先の話になる。

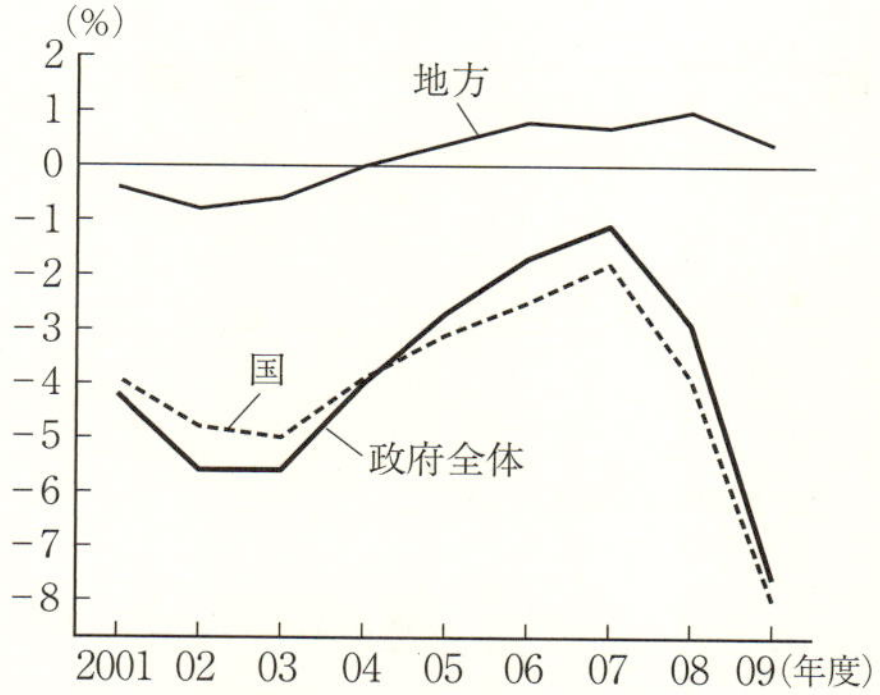

(注) 基礎的財政収支の対GDP比
(資料) 内閣府ホームページ

図表5-16 基礎的財政収支(プライマリーバランス)の推移

国民負担増

介　護	生活保護	その他
		雇用保険法の改正(料率引き上げ)
65歳以上の介護保険料引き上げ		
	老齢加算の縮減(06年度に全廃)	
介護保険法の改正(食費居住費の全額自己負担化)	母子加算の縮減(09年度に全廃)	雇用保険料引き上げ
65歳以上の保険料引き上げ		

社会保障制度改革の実施

小泉内閣の財政健全化政策の下で大きな影響を受けたのは、社会保障制度である。年金、医療、介護、生活保護など、あらゆる分野で大きな改革(大半がサービス内容を劣化させる、自己負担額を増加させるという方向での「改革」)が実施された。

年金分野(二〇〇四年改革)では、①厚生年金、国民年金ともに一七年まで、毎年保険料を段階的に引き上げる、②マクロ経済スライド(社会全体の保険料負担能力の伸びを年金額に反映させる方式)を導入する、などが決定された。「持続可能な年金制度」「一〇〇年安心プラン」と銘打った制度改革であった。

図表 5-17　小泉内閣下の

年	税　制	年　金	医　療
2002	老人に対する少額貯蓄非課税制度を廃止		医療制度改革関連法の制定(本人負担 3 割に)
2003	所得税，配偶者特別控除の廃止		
2004	所得税・住民税，老年者控除を廃止	年金制度改正(保険料の引き上げ等)	
2005	定率減税の縮減		医療保険制度改正(70 歳以上自己負担率の引き上げ等)
2006	定率減税の廃止		健康保険法の改正(後期高齢者医療制度の創設)

(注) 年次は決定年

医療分野では、本人の医療費負担が原則三割に引き上げられ(〇二年改革)、また、後期高齢者医療制度の創設が決定された(〇六年改革)。

生活保護分野では、老齢加算、母子加算の廃止方針が決定された(〇四年改革、〇五年改革)、等々である。

増税措置も含めて、人々の暮らしの視点から主な「改革」をまとめてみると図表5－17の通りである。

それればかりではない。小泉内閣が二〇〇六年七月に閣議決定した「骨太の方針(二〇〇六)」には、その末尾に「今後五年間の歳出改革の概要」と題した一表が掲載されている。「二〇一一年度までに基礎的財政収支の黒字化を達成するために解消すべき要対応額は一六・五兆円程度」であり、そのために「少なくとも一一・四兆円以上は、歳出削減によって対応することとなる」ということで、分野ごとの削減額を示したのである。それによると、社会保障は、一一年度の支出額が自然体だと三九・九兆円となる。それを「改革」で三八・三兆円とし、一・六兆円程度削減する、と記されている。毎年、自然増（制度をそのままとして、高齢人口の増加等にともなう社会保障支出の増加額）を二二〇〇億円程度削減する、というプランである。制度の「改革（改悪！）」はまだまだ途上である、今後も続けなければならないと、申し送りしているわけである。

さらに先がある。この表にあわせて、「歳出改革では対応しきれない要対応額（二～五兆円）については、歳入改革によって対応することとなる」――要は「増税」の申し送りである。「改革」による歳出削減と、「増税」による歳入増加――それが小泉内閣が後継内閣に託した課題であった。

4　景気は輸出主導で回復したが、内需不振が続く

小泉内閣の諸「改革」が実施された下での日本経済の動きを見よう。

小泉内閣発足当初に落ち込んでいた景気は内閣発足の翌二〇〇二年一月をタニに回復に向かい始めた（図表1―1、1―3）。中国の成長率の高まり、米国のITバブル破裂による不況からの脱出など、世界経済が好転し、輸出が増加したことが背景にある。

ただし、不良債権処理の促進などで、〇二年は設備投資が大きく落ち込むなど民間需要はなお不振で、景気が回復に転じた年であるにもかかわらず〇二年のGDP実質成長率は〇・一％にとどまっている（図表5―1）。

図表5-18　輸出増加による景気回復

（単位：％）

年	GDP実質成長率	輸出増加による分を除く成長率
2002	0.1	△0.7
2003	1.5	0.5
2004	2.2	0.5
2005	1.7	0.8
2006	1.4	0.0

（注）図表5-1をもとに算出
（資料）内閣府「国民経済計算」

実質成長率が高まり始めるのは〇三年からである。不良債権処理という重圧がとれ始めたことにより設備投資が増加に転じて民間需要の寄与がプラスとなり、引き続き大幅なプラスである輸出とあわせて、景気回復を牽引し始めた。この傾向は、小泉内閣の最終年、〇六年まで続く。なお、この間、公的需要は、多くの年で経済成長への寄与度がマイナスであった。公共投資を抑制するという小泉内閣の政策の当然の結果である。

〇二年に始まった景気回復期について見ると、輸出増加の寄与するところがきわめて大きい。図表5－1でも明らかなところだが、〇二年以降各年の実質成長率と、そこから輸出増加の寄与分を差し引いた数字を算出してみると図表5－18を得る。きわめて大づかみの数字だが、もし輸出の増加がなければ、この間の各年の実質成長率は一％以下となっていたはず、ということである。

「構造改革なくして景気の回復はない」とは、この間、小泉首相がしばしば口にしていたフレーズだが、「存分に」と言えるほどの「構造改革」を実施したにもかかわらず、その「改革」が実っての景気回復はなかった。景気回復はひとえに輸出の増加によるものである。すなわち、海外経済(とくに中国経済)が好調であったことの恩恵を受けてのものであった、ということである。言い換えれば、「構造改革なくして景気の回復はない」というフレーズは虚言であった、ということである。

5　リーマン・ショックによる「構造改革」の矛盾の表面化

二〇〇六年九月に自民党総裁としての任期(二期六年)切れにともない小泉内閣は退陣し、安倍晋三内閣が発足した。以降、第一次安倍内閣(〇六年九月～〇七年九月)、福田康夫内閣(〇七年九月〜〇八年九月)、麻生太郎内閣(〇八年九月〜〇九年九月)と、いずれも一年そこそこという短命内閣が続く。

これら小泉後継三内閣のおよそ三年間は、国内政治、そして国際経済の両面で、大きな波乱が生じた三年であった。

〇七年七月、参院選における政府与党の惨敗

まず、波乱の第一。国内政治においては、二〇〇七年七月に行われた参議院選挙で、安倍内閣の与党である自民・公明両党が大敗するということが生じた(自民党、改選議席数六四→獲得議席数三七、公明党、同一二→九)。結果として、安倍内閣与党の参議院議席数は一〇五(自民八三、公明二〇、その他二)となり過半数(一二一)割れした。代わって、大きく伸びたのが民主党である(改選議席数三二→獲得議席数六〇、参議院議席数八一→一〇九)。これに、安倍内閣の政策に、はっきりと反対の立場を取る共産、社民、国民と合わせると野党の議席数は一二五となる。安倍内閣が議案を提出し衆議院を通過させても、参議院では否決される、という状況が生まれたのである。

安倍内閣は「美しい国づくり」「戦後レジームからの脱却」をスローガンに掲げて出発した。

発足した〇六年から、参院選の結果が出る〇七年七月までの間に、教育基本法の改定、防衛庁設置法の改定(庁から省への格上げ)、憲法改正手続き関連法(国民投票法)の制定などを実現させてきた。〇七年初めの国会における施政方針演説(〇七年一月)でも、安倍首相は、「戦後レジームを、原点にさかのぼって大胆に見直し、新たな船出をすべきときが来ています。……次の五〇年、一〇〇年の時代の荒波に耐えうる新たな国家像を描いていくことこそが私の使命であります」と述べ、「今年を『美しい国創り元年』と位置づけ、私は自ら先頭に立って、……様々な改革の実現に向け、全身全霊を傾けて、たじろぐことなく、進んでいく覚悟であります」と、決意を表明したりもしていた。

しかし、それも、参院選の結果が出るまでのことであった。

〇七年七月の参院選で安倍内閣与党が惨敗したについては、大きく三つの原因が挙げられる。一つは安倍首相の閣僚人事の失敗である。内閣発足から一年も経たない間に、六人の閣僚が、事務所経費の不正処理疑惑で、あるいは「不適切な発言」(「女性は産む機械」、「原爆投下しょうがない」など)で厳しい糾弾を浴びたのである(うち一人は自殺、四人は辞任)。〇六年七月の自民党総裁選で安倍総裁誕生に功績のあった人を閣僚に起用し、「論功行賞内閣」「お友達内閣」などと当時のマスコミから揶揄されていた安倍内閣の欠点が露呈した結果である。

二つは、〇七年二月、社会保険庁の年金記録の不備(約五〇〇〇万件)が明らかになり、本来受け取れるはずの年金を受け取れない状況にある人が多数存在していることが明らかになったことである(「消えた年金問題」)。一九九七年の基礎年金番号導入以降の事務処理の過程で生じた問題であり、歴代政府の責任が問われ、政権・与党にとっては選挙に不利に働く問題であった。

三つは、最大野党であった民主党が、〇六年四月の小沢一郎党代表(菅直人代表代行、鳩山由紀夫幹事長)体制に交代して以降、従来の前原誠司代表――〇六年二月の偽メール事件の責任を取って辞任――までの「対案路線」(民主党の主張は小泉内閣のとる「構造改革」と共通であるとして、「改革」の速度や手法を競う路線)から、小泉「構造改革」を否定する「対立軸路線」へと転換し、それにより世論の支持を集めたことである。

レームダック化した小泉後継三内閣

参院選敗北後の安倍内閣、そしてそれに続く福田内閣、麻生内閣は、いずれも「改革」政策が実施できない、いわゆるレームダック内閣であった。あるいは、体勢挽回のために、もしくは、これ以上に状況を(自分たちにとって)悪化させないために、総選挙で勝利しようという、ひたすらその時機をうかがうという「解散時機うかがい政権」であった。

まずは、安倍内閣である。

安倍首相は、参院選後の〇七年八月、内閣改造を行った。発足後数日で農水大臣が政治資金規正法違反の疑いをかけられ辞任する(在任八日)というアクシデントはあったが、自民党領袖クラスを主要大臣に据え、「派閥領袖内閣」「PTA内閣」などと揶揄されたが、ともあれ改造前内閣での失敗を踏まえて今後に臨もうという内閣ではあった。こうした閣僚を率いて、〇七年九月一〇日、臨時国会開催、安倍首相は「職責を果たす」と所信表明演説を行った。ところがである。その所信表明に対して野党の代表質問が行われる予定の九月一二日に安倍首相は突然に辞意を表明した。

安倍首相の辞任理由は、「体調不良によるもの」とのちに本人から説明があったが、思うに、〇七年一一月一日に期限切れとなる「テロ対策特別措置法」(〇一年成立、二年間の時限立法。その後、何度か延長されていた。この法の下で、インド洋で日本の海上自衛隊が米海軍などの軍艦に給油等を行っていた)の延長の見込みが、野党の反対があって立たず、結果として米軍への給油活動ができなくなることを苦慮しての体調不良、もしくは辞任であったかと思われる。

こうして、首相の辞任表明があって、〇七年九月二六日に安倍内閣は総辞職。

後継となったのは福田内閣である。安倍改造内閣の閣僚の大半（一七大臣中一三大臣）をそのまま引き継いでの内閣（「居抜き内閣」!?）であった。

しかし、安倍内閣から福田内閣に代わっても事態は変わらず、福田内閣はほとんど何もできない状況下での内閣であることに変わりはない。安倍前首相を悩ませた（であろう）「テロ対策特別措置法」は、〇七年一一月一日に期限満了で失効となり、海上自衛隊はインド洋から撤退した。その後、新たに「補給支援特別措置法案」を国会に提出、成立させて（〇七年一一月一三日、衆議院で可決、〇八年一月一一日参議院で否決、同日午後、衆議院で三分の二以上の賛成多数で再可決・成立）、自衛隊の派遣を再開した（新法は一〇年一月一五日――民主党政権時――に期限切れで失効した。自衛隊は撤収）。できたのはこの程度のことである。

こうした状況の打開を図ろうとしてであろう、福田首相は、小沢民主党代表に呼びかけ、二度の「党首会談」が開かれた（一〇月三〇日、一一月二日）。そこで「大連立構想」を持ちかけ、民主党の政策の多くを政権が受け入れるとの提案をして、小沢代表は前向きな気持ちに傾いた、という。しかし民主党に持ち帰っての臨時役員会では、小沢代表を除く全役員が反対、「大連立」は立ち消えとなった。

翌〇八年九月一日、福田首相は突然辞意を表明（理由は不明だが、福田内閣の支持率が低下していくなかで、「新しい顔」を選出し、その支持率の高いうちに解散・総選挙に打って出ることが必要との思惑が働いたのではないかと思われる）、福田内閣は総辞職し、後継として麻生内閣が誕生した（九月二四日）。自他ともに認める「選挙のための内閣」の誕生であった。

〇八年九月、麻生「選挙のための内閣」の発足、そこへリーマン・ショック

麻生内閣が自らを「選挙のための内閣」であると認識していたことは、麻生首相就任時の所信表明演説（〇八年九月二九日）を見ると明らかである。

すなわち「わたくし麻生太郎、この度……かしこくも、御名御璽《ぎょめいぎょじ》をいただき……」で始まるその演説は、本論に入っていきなり「先の国会で、民主党は、自らが勢力を握る参議院において、税制法案を店晒《たなざら》しにしました……政局を第一義とし、国民の生活を第二義、第三義とする姿勢に終始したのであります」と民主党批判で始め、以下、民主党への要請──「〈補正予算について〉のめない点があるのなら、論拠と共に代表質問でお示しいただきたい」──、質問──「地方道路財源を補てんする関係法案……についての賛否もお伺いします」「日米同盟と、国連と。両者をどう優先劣後させようとしているか……論拠と共に伺いたいと存じます」──と続け、最後は、要請──「国会運営への協力を強く要請します」──で締めくくるという、まるで選挙演説そのもののような「所信表明」であったのである。

同時に、「長寿医療制度（後期高齢者医療制度）」を「高齢者に納得していただけるよう、一年を目途に、必要な見直しを検討します」「労働者派遣制度の見直しも進めます」など、選挙公約まがいの「所信」を「表明」していることとあわせて、すぐにでも、解散・総選挙へと打って出そうな気配を漂わせる「演説」であった。

ところが、麻生内閣は、五〇％近く（新聞各社による世論調査）という発足当初の相対的に高い内閣支持率にもかかわらず（福田内閣末期の支持率は二〇％近辺であった）、すぐに国会解散とはいかなかった。

福田前首相の辞意表明から麻生内閣の発足と、日本で政権交代が行われた時期と時を同じくして、リーマン・ショック（九月一五日のアメリカの大手投資銀行リーマン・ブラザーズの経営破綻に端を発する世界経済危機）が起こったのである。小泉後継三内閣を襲った大波乱の第二、国際経済面での波乱――すなわち「一〇〇年に一度の経済危機」の発生である。

リーマン・ショックに先立ち、すでに「危機」は始まっていた。アメリカの低所得者向け住宅ローンであるサブプライムローン――住宅価格の上昇を前提とし、その値上がり益をローン返済、金利支払いの財源として考慮に入れていた――が、住宅価格の上昇が鈍化した、あるいは上がらなくなった、あげくは低下し始めた、という〇六年以降の状況変化の下で、回収困難となり不良債権化し始めていた。つれて、その住宅ローン債権を証券化して、アメリカ国内はもとより、多くの国々に販売されていたサブプライム証券が大きく値下がりし始めてもいた。「サブプライム危機」である。その危機が、サブプライム証券を多く保有していた金融機関の経営を危うくするという「金融危機」へと飛び火した。等々。

日本の金融機関等のサブプライム証券への投資は、欧米に比べて少なく、日本経済が受けた直接的な被害は少なかったもようだが、サブプライム危機によって生じた欧米諸国の景気が減速に転じ、その減速に日本経済は大きな影響を受けた。すでに見てきたように、日本経済は、小泉内閣の「構造改革」のもとで国内需要が伸び悩み、すっかり輸出依存型の経済になっていたからである(図表5－1、5－19参照)。すでに、福田内閣の後半、

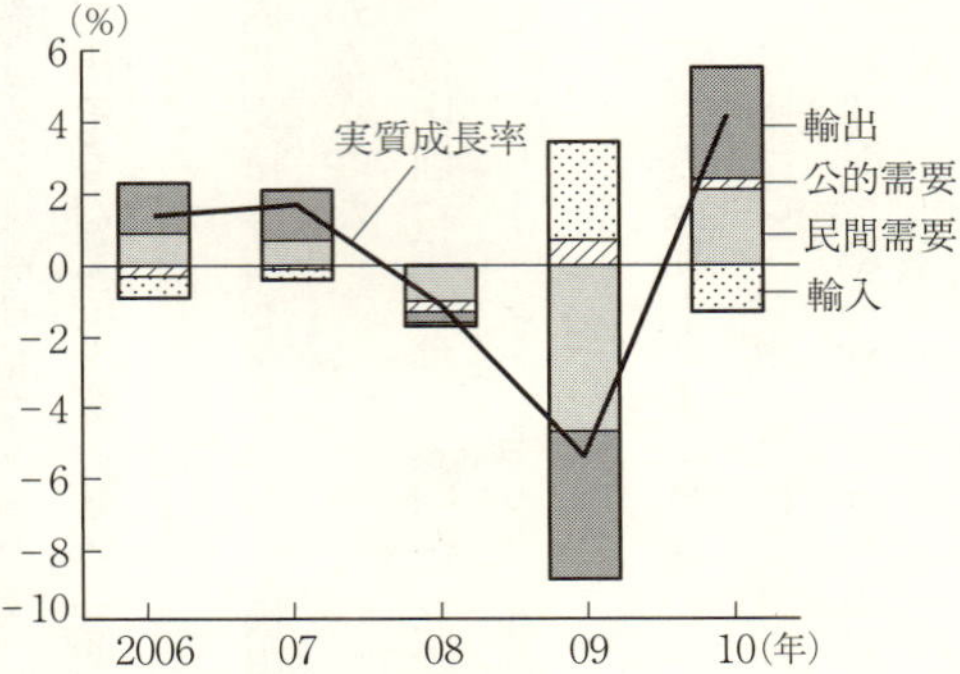

(資料) 内閣府「国民経済計算」

図表5-19　GDP実質成長率と寄与度の推移④

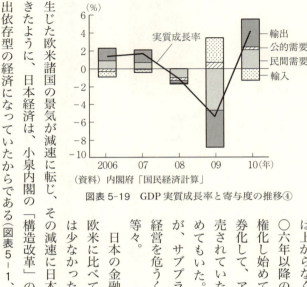

〇八年三月から、日本経済は景気下降局面へと入っていた。

そこへ、さらに大きな危機＝リーマン・ショックである。「一〇〇年に一度の経済危機」の到来である。きちんとした景気対策を、それも緊急に講じる必要が生じたわけで、麻生内閣としては、国会解散、総選挙というシナリオを現実化するわけにはいかなくなった。

麻生内閣は、発足当初はこの危機を軽く見ていたようである。先に引いた所信表明演説で、麻生首相は「政府・与党には、『安心実現のための緊急総合対策』（〇八年度第一次補正予算）があります」と胸を張り、「〔その実施の〕裏付けとなる、補正予算。その成立こそは、まさしく焦眉の急であります」と訴え、民主党の協力を要請していた。しかし、その政策は全く不十分なものであった。

そこで、続けて「生活対策」（〇八年度第二次補正予算）を策定、成立させ、さらには、「生活防衛のための緊急対策」と銘打った対策を盛り込んだ「〇九年度予算」を編成・成立させた。

それでもなお、GDP実質成長率は大幅なマイナスになり、失業者は増え、失業率は上昇した（図表5－20）。なかなか、国会解散、総選挙のできる状況は生まれてこない。

そこで、さらに、ということであろう。〇九年度予算が成立するのを待って、「超大型」の「経済危機対策」（第一次補正予算）を編成・成立させた（〇九年五月二九日。麻生内閣下の対策、予算

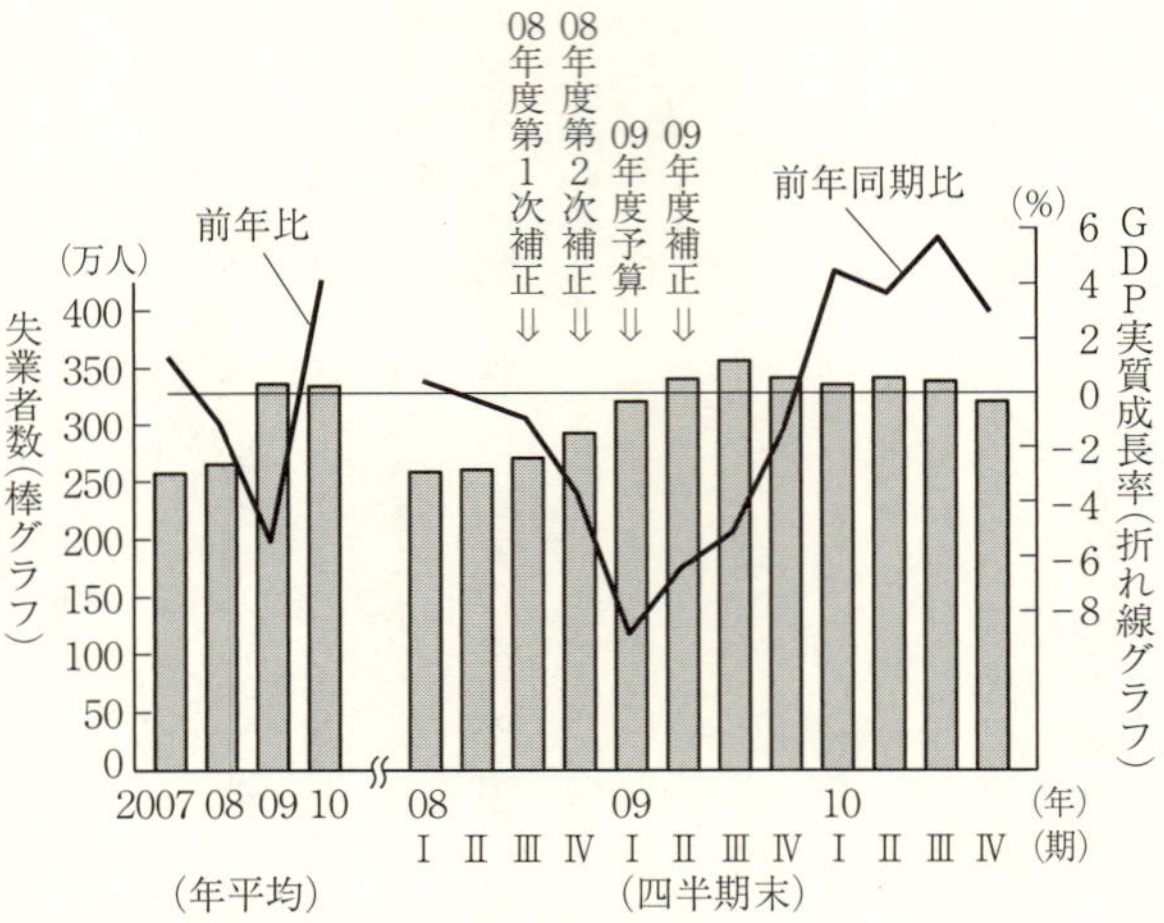

（注）⇓印は麻生内閣下での予算成立時期
（資料）内閣府「国民経済計算」，厚生労働省「労働力調査」

図表 5-20　リーマン・ショック前後の日本経済

の概要等については、図表5－21）。

「何でもあり」の「経済危機対策」

二〇〇八年八月に始まって、一〇月、そして一二月と矢継ぎ早に打ち出された景気対策（図表5－21）、それにもかかわらず〇九年四月に、さらに新たな「経済危機対策」を麻生内閣が打ち出さざるをえなかったのは、リーマン・ショックの衝撃がそれだけ大きかったことの現われだが、同時に、それまでの対策が中途半端なもので、経済の落ち込みを防ぐのに十分な力を発揮できなかったことの現われでもある。「安心実現のための緊急総合対策」「生活対策」「生活防衛のための

図表 5-21　麻生内閣の景気対策

名　称	主な内容	計　画	
		策定日	予算成立日
安心実現のための緊急総合対策 (08年度第1次補正予算)	• 総額 11.5 兆円 • 中小企業への金融支援 緊急保証枠 6 兆円 緊急貸出枠 3 兆円 • 高齢者への支援等	08年 8月29日 (計画策定は福田内閣)	08年 10月16日
生活対策 (08年度第2次補正予算)	• 総額 27 兆円 • 定額給付金 2 兆円 • 中小企業への支援 保証，貸出枠 30 兆円 • 高速道路料金の引き下げ	08年 10月30日	09年 1月27日
生活防衛のための緊急対策 (09年度予算)	• 総額 37 兆円 • 雇用保険料の引き下げ • 住宅ローン減税 • エコカー減税 • 省エネ投資減税	08年 12月19日	09年 3月27日
経済危機対策 (09年度補正予算)	• 総額 15.7 兆円 • 生活者への支援 • 中小企業の資金繰り対策 • 地方自治体への財政支援 • 低炭素革命 • インフラ整備	09年 4月10日	09年 5月29日

(資料) 財務省ホームページ

緊急対策」などという名づけからもうかがえるように、〇八年の三度の対策は、どちらかというと、リーマン・ショックの下での暮らしの悪化、そして中小企業経営の苦境への対処を主とした(ということは多分に選挙を意識した)対策であった。

もちろん、経済対策としてそれも重要なことではあるが、景気の落ち込みが始まりつつある、さらに進行しつつあるという〇八年の後半から〇九年にかけて、それ以上に必要なことは、景気の落ち込みを防ぐ(あるいは落ち込みの度合いを軽くする)政策の方がより緊急度の高い政策であったと思われる。〇八年後半の三度の対策には、そうした政策が欠けていたのである。麻生首相の脳裡には、景気対策よりも選挙対策という思いが、無意識のうちにではあれ働いていたのであろうか。

ようやく、景気重視の本格的対策が打ち出されるのは〇九年四月、「経済危機対策」(〇九年度補正予算)に至ってであった。

この補正予算の編成を前に、与謝野馨《よさのかおる》経済財政政策担当大臣は「何でもいいからタマ(政策)を出してほしい」と各省庁に指示を出したという(『日本経済新聞』〇九年四月一一日)。政権首脳には、それだけ危機意識が(ようやくにして)強まっていた、ということである。そしてこの指示のもと、与党の議員は、「衆院選前に千載一遇のチャンスがやってきた」と色めき立った、ということである(同前)。こうして、総額一五兆円という、超大型補正予算が編成された。

まず、目に付くのは、各省庁の施設整備費である。〇九年度当初予算で六五〇〇億円であったものが、補正予算で二兆九〇〇〇億円が追加された。補正後の規模は一挙に五倍以上に――。便乗して、警察庁はパトカーを八〇〇〇台購入、監視カメラを一四〇〇億円かけて増設、防衛省もエコカー五七〇〇台購入、デジタルテレビを二万二〇〇〇台購入等々。

財界もおとなしくはしていない。経団連は〇九年三月九日(国会では、まだ〇九年度予算案の審議中である)、「平成二一年度(〇九年度)補正予算の早期実行を求める」との副題をもつ「経済危機からの脱却に向けた緊急提言」を発表、種々の要求事項を並べた。エコカーの購入支援措置、省エネ型家電普及措置のための支援措置、大都市圏環状道路の前倒し完成、贈与税の基礎控除額の大幅拡充、雇用のセーフティネットの拡充と労働移動の円滑化、雇用調整助成金制度の拡充、等々。あわせて三〇項目ほどである。

こうして、官庁要求丸呑み型、かつ、財界要求丸呑み型の補正予算が編成された。補正後の予算規模は一〇二兆円となり、戦後最大となった。国債発行額は四四兆円(決算段階では五二兆円)、歳出の国債依存度は四三・〇%で、これらも史上最大となった。

小泉内閣の厳しい歳出抑制政策のもとで徐々に縮小させてきていた基礎的財政収支の赤字は一挙に拡大した(図表5-16)。

ともあれ、こうした超大型補正予算の効果もあって、〇九年三月にすでに底を打っていた景気が(図表5-19)、徐々に回復へと動き出し、GDP実質成長率の前年比マイナス幅も縮小へと向かい始めた(図表5-20)。

〇九年七月二一日、麻生首相は衆議院を解散、総選挙に打って出た。

「構造改革」が生み出した「派遣村」

リーマン・ショックによる景気の落ち込みは、人々の暮らしに数々の苦しみをもたらした。その一つの現われが、二〇〇八年の暮れから〇九年の初めにかけて、東京都心の日比谷公園に(そして全国の多くの都市に)出現した「派遣村」である。

「派遣村」は、直接には、リーマン・ショックによる戦後最大の景気の落ち込み、それによる失業者の増加が生み出したものだが、より本質的には「構造改革」の一環として橋本内閣下で、そして小泉内閣下で実施された労働の規制緩和、とりわけ派遣労働の規制緩和が生み出したもの、といえる。

派遣労働者の数は規制緩和とともに、とくに〇三年の製造業への派遣解禁以降、増加傾向にあった。二〇〇〇年代初めにその数二〇〇万~三〇〇万人であったものが、リーマン・ショックの〇八年には一四〇万人に達していた(厚生労働省「労働力調査」)。その人々が、景気の落ち込みとともに「契約期限切れ」「再契約はしない」などという雇用者側の姿勢により失業者となったのである(派遣労働者の数は、一〇年の九六万人まで、二年間でおよそ四〇万人ほど減少)。〇九年から一〇年の二年間に、失業者数は七〇万人の増加をみているが、そのうちの大半は、派遣労働者を中心とする非正規職員であったと推測される。

故郷である農村（実家）に帰るという選択肢のあった六〇年代、七〇年代と異なり、二〇〇〇年代の失業者（とくに派遣労働者の多く）は、失業して従業員宿舎から追い出されれば住む所がない、住まわせてくれる知人もいない、生活の蓄えもないという状況であった。「ネットカフェ難民」なるものが生まれている、などという状況はすでに〇七年あたりから知られていたが（〇七年夏の厚生労働省の調査によれば、五四〇〇人）、失業者が大量に生み出されることで、そうした状況が一挙に社会問題化したのである。

見かねた志ある人々が〇八年一二月三一日から〇九年一月五日にかけて、日比谷公園にテントを張って「年越し派遣村」を開設した（名誉「村長」宇都宮健児弁護士、「村長」湯浅誠自立生活サポートセンター・もやい事務局長）。労働組合やボランティアの協力を得、一般市民からの資金カンパもあって、炊き出しなどを行った。期間中に五〇〇人の失業者が訪れた、という。また、厚生労働省などと交渉し、都内に臨時宿泊所を設けさせる、生活保護申請に同行し、給付を受けさせる、などの活動も行った。これにならって、全国一六一カ所の「派遣村」がこの年に設置された（全労連調べ）。

なお、翌〇九年から一〇年にかけては、政府（民主党政府）が乗り出し、「緊急雇用対策」の一環として全国各地で失業者の支援対策を実施した。東京都では、国立オリンピック青少年総合記念センターを会場として、「公設派遣村」が、〇九年一二月二八日から一〇年一月四日まで開設されるなどした。

労働者派遣制度は、「規制緩和」によって拡大し、企業にとっては、安い賃金で人が雇えるという利点はもとより、雇用調整が容易にできるという利点も多いものだったが、雇用される側にとっては、きわめて迷惑な制度であった。また、社会全体にとっても有害な制度であった。「派遣村」は、そのことをきわめて衝撃的な形で見せてくれたのである。

第六章 「構造改革」とは何であったか(第四章〜第五章への補論)

次の章に進む前に、ここで、橋本内閣から小泉内閣に至る時代に実施された「構造改革」とは何であったか、日本経済に何をもたらしたか、を見ておこう。

1 「構造改革」とは何であったのか

「構造改革」とは何であったのか。

四つの側面からこれを捉えることができる。

第一は、バブルが破裂した後の景気の悪い状態から日本経済を救い出すために、すなわち、本格的に景気を良くするために、という目的(ないしは名目)で採られた政策である、という側面である。

第二は、米国のレーガン大統領や、イギリスのサッチャー首相が一九八〇年代に実施した政策にならった、新自由主義経済政策である、という側面である。

第三は、経団連をはじめとする財界(広くいえば経済界)の要望に応える政策である、という側面である。

第四は、米国からの要請に応える政策である、という側面である。

以下、順に見ていこう。

「日本経済再生のために」と主張する政策

まず、第一の側面についてである。

先に、「構造改革」とは「景気の悪い状態から日本経済を救い出すために、すなわち、本格的に景気を良くするために、という目的(ないしは名目)で採られた政策」、と書いた。ここで、あえて「名目」と書いたのは、そうした名目で採られた政策であることは確かであるが、本当にそのための政策であったのか、という疑問が感じられるからである。

バブル破裂後の日本経済がかなり長期にわたり低迷状態にあったことは確かである。しかし、その原因が、はたして日本経済の「構造」にあったのか、「構造改革」論者は本当にそう考えていたのか、そうした疑問が感じられる。このことについては、二つの理由がある。

一つ。バブル破裂後の日本経済の低迷を「構造」と結びつけるのはかなり無理がある、ということである。本書ですでに書いたことであるが、繰り返すと、①バブル破裂後の景気後退が長引いたのは、バブル期の景気が良くなりすぎていたことの反動である。その証拠には、さしたる「構造改革」が実施されないうちに(九〇年代半ばには)景気は回復に向かい始めていたということがある。要は時間の問題であったのであり、「構造」の問題ではなかったのである。②その、九〇年代半ばからの景気回復は短期間で終了し、九七年以降、景気は再び落ち込んだ。しかし、この落ち込みは、日本経済の「構造」が悪かったためではなく、時の橋本内閣の「財政構造改革」「金融ビッグバン」といった「改革」政策の強行によるものであった。九〇年代後半の景気の落ち込みは、いわば「改革がもたらした不況」であったのである。③その、景気の落ち込みから日本経済を救い出したのは、小渕内閣が「構造改革」を停止した、あるいは反「構造改革」政策を採用したことによるものである。④ただし、その小渕内閣の政策が実っての景気回復も長続きはしなかった。二〇〇〇年から〇一年にかけて景気は再び下降局面に入るが、これは、米国におけるITバブル破裂の影響を受けてのものであった——。

こうして見てくると、バブル破裂後の日本経済の「混迷」ぶりを説明するのに「構造」論は不要である。そして——ここが肝心な点なのだが——ここに記したことは、一九九〇年代から二〇〇一年にかけての日本経済の動きを、先入観なしに観察してみれば、誰にでも分かることなのである。「構造改革」論者にも、そのことは見えていよう。なのに、なぜ「構造改革」なのか。

二つ。バブル破裂後の日本経済の「混迷」を「構造が悪いため」であると説く政府の議論に全くと言っていいほど論拠が示されていない、ということがある。

例えば、「構造改革」政策を最初に実施した橋本首相は、その理由(ないし背景)について「現在の仕組みがかえって我が国の活力ある発展を妨げていることは明らかであり」と述べるにとどまっている(九七年一月、施政方針演説)。小泉首相もまた、「私は、構造改革なくして日本の再生と発展はないという信念の下で、経済、財政、行政、社会、政治の分野における構造改革を進めることにより」と自らの「信念」を述べるにとどまっている(〇一年五月、所信表明演説)。

政府の文書の中で、最も字数を使って「構造改革」について述べているのは「経済戦略会議」の「日本経済再生への戦略」(九九年二月)であろうが、そこにあるのは、「戦後の日本経済の飛躍的な経済成長の原動力となってきた日本的システムの至る所に綻びが生じ、これが日本経済の成長の足枷要因として作用し続けている」という断言のみであり、これに続けて、第一に「日本型の雇用・賃金システムや手厚い社会保障システム」、第二に「過度に平等・公平を重んじる日本型社会システム」、第三に「日本的含み経営、日本型間接金融システム」と、「改革」すべき「構造」が、「なぜか」、の証明もなく、いわば天下り的に列挙されているにとどまる。

こうして見てくると、第一の側面については、「構造改革」とは「日本経済を再生させるために、という名目の下で採られた政策である」としか言いようのない政策である、という以外に表現のしようがない。

英米にならっての政策

次に、第二の側面についてである。

日本の「構造改革」が、イギリスのサッチャー首相とそれに続くメージャー首相の保守党政権（一九七九～九七年）の政策、そして米国のレーガン政権（一九八一～八九年）の政策（新自由主義経済政策）にならっての政策であることは周知のところである。

すなわち、まず、サッチャー政権の政策について見ると、第一は、政府部門の縮小である。その一として、国有企業の民営化を行った。英国石油を皮切りに、電気、ガス、水道、郵便、鉄道、等々。その二は、ゴミ処理、清掃、建設、修繕などのサービスの民間委託であり、この過程で「肥大化した地方政府のコスト削減」を目的に、「市場化テスト」も導入された。その三として「ゆりかごから墓場まで」と讃えられたイギリスの福祉制度の見直しも実施した。病院の独立採算制と競争原理の導入など。年金制度も見直した。

第二は、労働市場の「柔軟化政策」である。労使関係にかかわる法改正――クローズドショップ協定（労働組合員の資格を失うと従業員であることもできなくなるという協定）の制限やストライキの制限、など。また、労働諸規制の緩和、最低賃金制の廃止。

第三は、金融・資本市場の改革（金融ビッグバン）である。

第四は、税制改革である。個人所得税の最高税率の大幅引き下げ、法人税率の引き下げ、その一方で付加価値税率（日本でいうところの消費税率）の引き上げ。

これらサッチャー・メージャー政権の政策の多くが、日本の「構造改革」でも実施された。

次に、レーガン政権の政策について見ると、第一に、政府支出――とりわけ社会福祉支出の削減である。福祉施策が「財政を圧迫し、労働者の活力を削《そ》いでいる」というのである。

第二に、規制緩和である。米国では、規制緩和は一九七〇年代後半――レーガン政権誕生以前から、運輸（鉄道料金規制の緩和、航空輸送業への参入など）が開始されていたが、レーガン政権になって、それが加速され、本格化されていった。石油関連規制の解除、賃金、物価に関する「安定委員会」によるガイドラインの中止、等々である。

第三に、税制改革である。個人所得税の最高税率の大幅引き下げ、法人税率の引き下げ、など。

第四に、軍事支出については、大幅な増額が行われた。

レーガンによるこれらの政策の多くも、橋本内閣、そして小泉内閣によって、さらにはのちの安倍内閣によって、日本でも「構造改革」政策として実施されることになった。

ただし、ここで留意しておくべき重要な点が一つある。

サッチャー、そしてレーガンの、これら新自由主義経済政策の背景には、第二次石油危機後の激しいインフレに英米の両国ともに襲われていた、ということがある。あわせて、英米両国とも、最先進資本主義国として後発資本主義国であるドイツ、日本などに追い上げられ、国際収支が赤字化するなどしていて国内産業の競争力の強化が国の課題となっていた、ということがある。両国が、インフレ抑制のために、また産業競争力強化のために新自由主義経済政策を推進したことについては、それなりの事情があった、ということである。

ところで、九〇年代以降の日本はどうか。インフレではなくデフレの時代であった。国際収

支は と見れば、経常収支、貿易収支ともに世界有数の黒字国であった。国際競争力を国際収支で見る限り(それ以外に見る指標はないのだが)、日本の国際競争力はきわめて強かったのである。

インフレを抑えるための政策(一例としては賃金の上昇を抑える政策、サッチャーが力を注ぎ、レーガンもまた強力に実施した政策)を、デフレ下で実施するとどうなるか。また、産業の国際競争力を強める政策を、経常収支、貿易収支が黒字の国で行うとどうなるか。答えは事実が明らかにしてくれている。デフレは一段と深刻化し、経常収支の黒字は拡大し、円高が一段と進んだ、というのが、二〇一〇年前後の日本経済で起こったことである。

財界(経済界)の要請に応える政策

「財界の要請に応える政策」という第三の側面についてである。

久方ぶりの自民党単独内閣である第二次橋本内閣の発足(一九九六年一一月)に先駆けて、九六年一月、経団連は、「魅力ある日本——創造への責任」と題する「経団連ビジョン二〇二〇」(通称「豊田ビジョン」)を発表した。「日本経済の活力を取り戻すためには『規制を撤廃しなければならない』『小さな政府にすべきだ』」などというのがそこでの主張である。それをそのまま受け入れたのが「構造改革」政策であった、と言っても言い過ぎではないほどに、その後の政府の政策と、そのまま重なるところの多い「ビジョン」であった。

また、この「ビジョン」公表後の九六年一二月、経団連は「財政民主主義の確立と納税に値する国家を目指して」と題する「財政構造改革に向けた提言」も公表している。橋本「五つの改革」(のちに「六つの改革」)の一つ、「財政構造改革」の実行を後押しする「提言」であった。

あと一つ、一九九五年に日経連(「日本経営者団体連盟」。労働問題を取り扱う団体として、経済一般を扱う「経団連」と住み分けていたが、二〇〇二年に「経団連」と統合)が公表した「新時代の『日本的経営』――挑戦すべき方向とその具体策」にも触れておこう。日本の雇用の将来が、①長期継続雇用という考え方に立って、企業としても働いてほしい、従業員としても働きたいという、長期蓄積能力活用型グループ、②企業の抱える課題解決に、専門的熟練、能力をもって応える、必ずしも長期雇用を前提としない高度専門能力活用型グループ、③職務に応じて定型的業務から専門的業務を遂行できる人までさまざまの雇用柔軟型のグループに分かれていくとし、経営側の対応の必要性を説いた論文である(図表6-1)。

その後の雇用の動きをみると、経営は、まさしくこれに沿い、従業員を三分化する方向で動いており、国の制度もまた、「労働者派遣法」の改正、裁量労働制の導入・拡大などが「構造改革」政策の名の下に進められてきている。

図表6-1　グループ別にみた処遇の主な内容

	長期蓄積能力活用型グループ	高度専門能力活用型グループ	雇用柔軟型グループ
雇用形態	期間の定めのない雇用契約	有期雇用契約	有期雇用契約
対象	管理職・総合職・技能部門の基幹職	専門部門(企画, 営業, 研究開発等)	一般職 技能部門 販売部門
賃金	月給制か年俸制 職能給 昇給制度	年俸制 業績給 昇給なし	時間給制 職務給 昇給なし
賞与	定率+業績スライド	成果配分	定率
退職金・年金	ポイント制	なし	なし
昇進・昇格	役職昇進 職能資格昇格	業績評価	上位職務への転換
福祉施策	生涯総合施策	生活援護施策	生活援護施策

(資料) 日経連「新時代の『日本的経営』」

ことは、税制「改革」についても同様である。経団連は毎年、税制改正「要望・提案」を政府に提出しており、時には「意見書」も提出しているが、その要望なり意見なりの多くが政府によって取り上げられている。「法人税率の引き下げ」「消費税率の引き上げ」等がその代表的なものである。

このように、「構造改革」政策は財界の要望と切り離せないものとしてあるのだが、こうした政・財の一体化は、小泉内閣以降の自民党・公明党連立内閣の時代に一段と強まった。内閣が、「経済財政諮問会議」を設置し、そこに財界人二人を民間(一部マスコミの報道によれば、有識者）議員として迎え入れたからである。財界の意見は、その大半が民間（しかも有識者！）の意見として諮問会議で受け入れられて決定され、そのまま閣議決定されるという道筋が作り上げられたのである。

「構造改革」でいう「改革」は、財界が要望している「改革」となった、というわけである。話のついでである。消費税の今後について財界（経団連）がどう考えているかを見ておこう。

「二〇二〇年代半ばまでに、消費税率を一〇％台後半まで引き上げることは必要不可欠である」とその「提言」（「成長戦略の実行と財政再建の断行を求める」二〇一二年五月）は言っている。なお、「提言」の本文は右の通り「一〇％台後半」（一六〜一九％か？）だが、「提言」の中の図表では、「二〇一七〜二〇二五年度の間、税率を毎年一％ずつ引き上げ、最終的に一九％とする」との前提のもとで（将来の国民負担率）を試算した、とある。「一九％まで引き上げるべし」というのが、経団連の提言のようである。

政府の、今後の対応が注目されるところである。

「米国の要請に応える」政策

第四の側面についてである。

第二次世界大戦終了以降の日米経済関係は、大きく見ると、①米国による日本経済の保護・育成の時代（一九四五～六〇年頃）から、②日米蜜月の時代（六〇年代）へ、そして、③日米競合の時代（七〇年代以降）へと変化してきた（図表6－2）。その最初の段階で、米国政府の側がもっぱら問題にしたのは、繊維、自動車などの個別商品における日本の輸出の急増であったが、次第に、日本の商品の多くが米国市場でのシェアを高めているにもかかわらず、米国商品の日本市場への進出は進まない、という問題――米国の言い分に従えば――日本の流通機構のあり方や政府の規制に問題があるとする「構造問題」へと米国政府の関心が移ってきた、という経緯がある。「日米通商摩擦」の時代から「日米構造協議」の時代へと時代が変化した、九〇年代はそうした時代であった。

始まりは、一九八九年、日米貿易摩擦を解消するためにということで、米国が提案し、開始された「日米構造協議」（八九年から九〇年にかけて五回開催。米・ブッシュ（父）大統領と日本・宇野宗佑首相の間で合意）あたりに求めるべきであろう。日本に対しては、公共投資の拡大、土地税制の見直し、大店法の規制緩和等が要請された。米国の輸出を増やし、あるいは対日投資を増やし、もって日米貿易不均衡の縮小をはかる、というのがねらいである。それが、九三年、クリントン大統領と宮沢首相とが合意しての「日米包括経済協議」の開催、そして、九四年以降

図表 6-2　第 2 次大戦終了後の日米経済関係・略史

① 1945〜60 年前後(統治者，保護者，教師としての米国，その下にある日本)
　(1) 1945〜50 年前後(連合国占領下)
　　• 戦争責任の追及，戦後賠償の請求
　　• 戦後改革の実施(その後の日本経済の発展の原動力になった)
　(2) 1950〜60 年前後(米国が「西側の一員」としての日本の国力強化を図る)
　　• 戦犯の釈放，レッド・パージ
　　• 賠償請求は寛大に
　　• 戦後改革の見直し(「逆コース」)
　　対米追随を基本とする日本政治・外交・経済などの基本型が作られた

② 1960〜70 年前後(日米蜜月の時代，日米間の対立関係は表面化しなかった)
　　• 米国，黄金の 60 年代　　• 日本，高度成長の時代

③ 1970 年代以降(日米が，経済面では競争相手になった時代)
　(1) 1970〜90 年前後(日米通商摩擦表面化の時代．米国が「そんなに売るな」と)
　　• 日米繊維交渉(1970〜72)　日本の繊維製品の輸出自主規制で幕
　　• 日米牛肉・オレンジ交渉(1977〜88)　日本の関税引き下げ，輸入自由化で決着
　　• 日米自動車問題(1981〜／93〜)　日本の輸出自主規制，米国製品輸入計画の策定など．93 年からの日米包括経済協議に引き継ぐ
　　• MOSS(市場志向型分野別)協議(1985〜86)　日本市場の一部自由化，コンピューター部品への関税撤廃等で合意
　　• 日米半導体協議(1985〜91)　日本のダンピング防止等で協定締結
　　• 日米スーパーコンピューター問題(1987〜90)　日本の政府調達手続き面での措置導入等でおおむね決着
　(2) 1990 年頃以降(日米構造協議の時代．米国が「もっと買え」と)
　　• 日米構造協議(1989〜90)，日米包括経済協議(1993〜96)など
　　•「年次改革要望書」(1994〜2008)の交換

は毎年、日米政府がお互いに、相手政府に対して「年次改革要望書」を出し合って経済構造の改革を進めていくという方式が確立された。

九四年の秋に始まり、以降、毎年秋、自公政権が続いた〇八年まで、日本政府に提出された米国政府の要望書を見ると(大半がA４判の用紙で五〇ページほど(和訳版)と大部で、さまざまな要望が書き連ねてある)、日本政府は誠実に対応したのであろう、「構造改革」として実現されたものが多い。具体的には、独禁法の改正(持株会社の解禁)、大店法の廃止、建築基準法の改正、労働者派遣法の改正、郵政民営化、法科大学院の設置、商法の改正(三角合併制度の導入)、等々である。「構造改革」とは「米国の要請に応える政策」であるとみるゆえんである。

とくに、小泉内閣時代の「構造改革」については、米国からの年々の「要望書」の冒頭に、「勇気づけられている」「心強く感じる」「歓迎する」「評価する」「期待する」などと書かれており、米国政府の期待によく応えていたさまがうかがえる(図表６－３)。

具体例を一つ引こう。小泉内閣が「構造改革特区」を導入した際の「要望書」(〇三年一〇月二四日)である。

「日本全国に特区を設立することを目指した日本政府の現行の取り組みを、米国政府は引き続き注視している。特に、現在までに小泉首相により設立された一六四の特区を米国は歓迎す

図表 6-3　米国政府に評価され続けた「構造改革」
——「米国の年次改革要望書」から

- 米国は，日本の規制改革に対する継続的な取り組みと，「機敏かつ迅速」に規制改革を実施し，「改革なくして成長なし」の原則を堅持するとの小泉総理の力強い発言に勇気づけられている．(2001 年)

- 米国は，日本が意味ある経済改革を達成するため努力を継続していることを歓迎し，小泉総理大臣が国会で表明した「聖域なき構造改革」を断行するとの公約や，「あらゆる分野において規制改革を大胆に進める」との決意に勇気づけられている．(2002 年)

- 米国は，日本が有意義な経済改革を達成するための努力を継続していることを歓迎し，本年 9 月 22 日に小泉総理大臣が，新内閣は「引き続き規制改革に力を注ぐ」とともに，「改革なくして成長なし」という政策を堅持するとの表明をしたことを心強く感じる．(2003 年)

- 米国は，小泉総理大臣の思い切った経済改革の課題を強く支持しており，……また，米国は 2004 年 10 月 12 日に小泉総理大臣が国会における所信表明の中で，「構造改革なくして日本の再生と発展はない」ことを再確認し，日本が意義ある経済改革を達成する努力を継続していることを歓迎する．(2004 年)

- 米国は，小泉総理大臣の日本経済改革に向けた継続的取り組みを歓迎する．……米国はまた，規制と構造改革を強力かつ効果的に提唱してきた規制改革・民間開放推進本部と構造改革特別区域推進本部のすばらしい取り組みを評価する．(2005 年)

- 米国は，日本の経済改革を推進するとした安倍総理大臣の決意を歓迎する．……また，米国は日本国内の改革推進者の取り組みを心強く思うとともに，今後数カ月，数年にわたりこれらの活動が活発化することを期待する．(2006 年)

- (日本政府の姿勢については特段のコメントなし)(2007 年)

る。規制緩和および構造改革に向けてのこの新しく革新的取り組みは、日本が持続可能な成長路線へと回帰するための重要な機会を与えることとなる。日本がこの計画を実施するにおいて、米国は以下のことを要請する」(和訳は米国大使館による)。

以下、八項目の要請が続く。「国内外の企業双方が、特区内で事業展開できるよう非差別的なアクセスを確保すること」「米国企業も含め外国企業が特区提案の提出、既存の特区への参加、および特区設立に関わる全ての過程に参加するにあたり、構造改革特別区域推進本部はこれら企業と引き続き協力すること」等々である。

改めて、「構造改革」とは何であったのか?

こうして見てくると、「構造改革」とは、①何よりも財界(経済界)の要望に応える政策であった、加えて、②米国の要請に応える政策であった、そして、③イギリス、米国にならった新自由主義経済政策であった、と言えるようである。さらに言えば、とはいえ、財界の要望に応える政策であり、また、米国の要請に応える政策であるとはさすがに広言できないので、④日本経済を再生させるために必要な政策であると言葉を飾った政策である、と見るのが正解と言えよう。

2 「構造改革」は日本経済に何をもたらしたか

さて、こうして橋本内閣から小泉内閣（さらには第一次安倍内閣の前半）まで、途中、小渕内閣時の中断を挟みながらも、およそ一〇年間にわたって続けられた「構造改革」が日本経済に何をもたらしたか、ということである。

一九九七年から二〇〇七年まで、日本経済は「構造改革」政策の影響を受けてさまざまな変化を遂げたが、最も大きな変化は「景気が良くなっても（企業が儲かるようになっても）、賃金が上がらない構造へと、日本経済が変わった」ということであろう。

「景気が良くなっても、賃金が上がらない構造」に

この変化について、見やすい形で示してくれたのが二〇〇七年版の内閣府「年次経済財政報告」（「経済財政白書」）である。

図表６－４は横軸に企業の従業員一人当たりの経常利益を、縦軸に同じく一人当たりの賃金をとり、景気の谷ニ時点を一〇〇とする指数でみて、それぞれが四半期ごとにどう変化してき

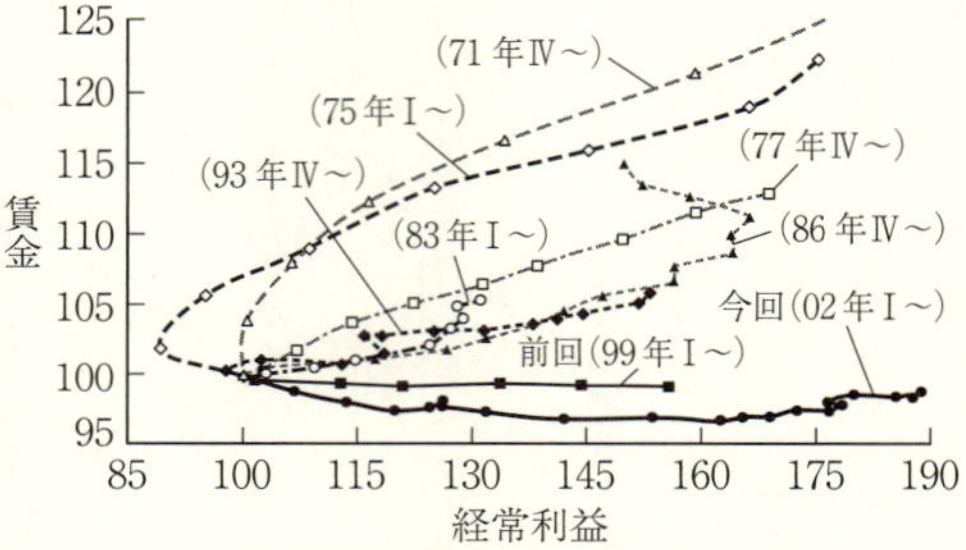

(備考) 賃金は現金給与総額, 経常利益は1人当たりに直し, 後方3期移動平均をとり, 景気の谷を100として指数化している.
(出所) 内閣府「経済財政白書(2007年版)」

図表6-4 景気回復局面における企業収益と賃金の推移

たかを見たものである。図中に八本の線があり、(七一年Ⅳ～)(七五Ⅰ～)という表示があるが、それぞれ、七一年第Ⅳ四半期に始まる景気回復期、七五年第Ⅰ四半期に始まる景気回復期、という意味である。

この八本の線を大きくグループ分けしてみると、①右上へと向かっている線と、②右横ないし右下へと向かっている線の二つに分けられる。①右上へと向かっている六本(七一年Ⅳ～、七五年Ⅰ～、七七年Ⅳ～、八三年Ⅰ～、八六年Ⅳ～、九三年Ⅳ～)は七〇年代から九〇年代前半まで、すなわち「構造改革」以前の景気回復期である。この時代は、景気が回復するともに、企業収益が増加し、つれて賃金も上がっていた、つまり、線が右上に向けて移動していた時代であった。一方、②右横ないし右下へと向かっている線二本(九九年Ⅰ～、〇二年Ⅰ～)は、九〇年代後半以降、すなわち、「構造改革」以降の景気回復期である。この時代は、景気が回復するとともに企業収益が増加するが、その一方で、賃金は増加しない時代となった、ということである。

なお、付言しておくと、厚生労働省「労働経済白書(二〇一二年版)」がこの図表6－4とほぼ同じ図表を掲載しており、そこには(〇九年Ⅱ〜)からの線が一本追加されている。リーマン・ショック後の景気回復期の企業収益、賃金の動きを示すこの線もまた右横ないし右下へと、先の二本の線と重なるように動いているのである(ついでに触れておくと、この線は横軸二五〇の目盛りまで延びているが、縦軸の目盛はなお景気の夕ニ時点の水準を下回る九〇台、つまり、企業収益は二・五倍に膨らんだが、賃金は一向に増えていない、ということを示している)。

「構造改革」を経て、日本経済は大きく構造変化した、「景気が良くなり、企業が儲かるようになっても、賃金が上がらない構造へと変化した」と見るゆえんである。

背景にある企業間競争の激化、労働規制の緩和

こうした構造変化と「構造改革」政策との関係をまとめておこう。

大きな変化としては、①企業経営の立場からみると、「構造改革」のもと、各分野の規制緩和が行われ、それにより企業間競争が激化したということがあった。競争に勝ち残るためには、

従来以上にコストを切りつめ、収益を上げなければならない。最大のコストである人件費の抑制に企業はこれまで以上に力を入れることになった。②同時に、グローバル化の進展もあり、経済の先行きの不透明感、不安の高まりということが生じていた。一九九七年から九八年にかけての、金融危機の発生、大きな景気の落ち込みは多くの企業にとって想定外のことであったろうし、この時機のアジア通貨危機の発生もそうであるし、リーマン・ショックの発生もそうである。先行きどんなことが起こるか分からない、しかしそれに備えておかねばならない、収益はいくら多くても多すぎることはない、内部留保も多いほどよい——企業経営としては、そうした時への備えのためにも、コスト（とくに人件費）削減に努めねばならない。③こうした折も折、一方で、労働の規制緩和、とりわけ「派遣労働」の規制緩和があった。人件費コストを切り下げるためにも、将来の「万一」の事態に対処するためにも、きわめてありがたい規制緩和である。④派遣労働が利用できる、利用するということは、「正社員」の処遇という面でも、企業側に有利に働く。賃上げを抑制できる、パート、アルバイト、嘱託といった「派遣」以外の「非正社員」を増やすことも容易になる、⑤一方で、社員の多くを「非正社員」とすることは、人材育成につながらず、企業経営の先行きに不安をもたらす、という問題がある。しかし、もう一方で、「企業は株主のものである」という「構造改革」思想の広まりのもと、企業経営は株価重視の経営へと変化しており、短期の業績を重く見る経営へと変化していた、長期的視点をあまり重視できなくなっていた、ということがあった。かつてエズラ・ヴォーゲルは、「アメリカは日本経営に学ぶべき」「ジャパン・アズ・ナンバーワン」と説いたが（七九年）、時代は「理想はアメリカ」（日本戦略会議答申、九九年）へと変わり、日本の企業経営がアメリカ化する時代へと移っていたのである。

日本経済の長期停滞の始まり

以上、見てきたような構造変化の結果とも言えるが、「構造改革」政策が日本経済にもたらしたものの第二に、「日本経済の長期停滞」を挙げることができる。

日本経済の長期停滞については、一九九〇年代以降、バブルが破裂してから、という見方が多い。バブル破裂後の一〇年、二〇年を指して「失われた一〇年」「失われた二〇年」などと言われているのがその例である。のちに見るが、第二次安倍内閣もそうで、「一九九〇年代初頭におけるバブル崩壊を大きな節目として、日本経済は現在に至る約二〇年間、総じて低い経済成長に甘んじてきた」（「骨太の方針」二〇一三年六月）と述べている。

おおよその話としては、それでもいいと思うが、ただし、より精密に見ると、すでに第三章で見た通り、バブル破裂後の長い反動不況の時期(九一〜九三年)を経て、日本経済は回復へと向かい始めていた(九三年一一月〜九七年五月)。その回復傾向は、橋本内閣の「六つの改革」により中断されたが、それがなければ九七年以降もなお持続する勢いにあった。

長期停滞の始まりは、橋本内閣の「財政構造改革」により景気下降が始まった九七年六月から、年で言えば九八年からと見るべきであろう(名目GDP：九七年五三四兆円、九八年五二七兆円、GDP実質成長率：九七年一・一%、九八年マイナス一・一%。図表1－4参照)。

そして、そう見ることにより、長期停滞の原因は何か、という問いに対する答えも同時に明らかになる。賃金の落ち込み(図表1－11)、それによる民間消費支出の落ち込みがそれである、と。そして、その背景には「構造改革」政策がある、と。

ちなみに、九八年以降、経済が停滞基調にあるのは、主要先進国では日本だけ、そして、賃金が下落低下基調にあるのも日本だけであるが(図表6－5①②)、なぜ日本だけなのか、という疑問に対する答えも出てくる。日本だけの政策「構造改革」にその原因がある、と。

なおここで——話の本筋からは少しはずれるが——読者が気にされるであろう二点に触れておこう。

一つは、日本の賃金下落はグローバリゼーションの影響が大きいのではないか、とする見方についてである。グローバリゼーションの進展によって、具体的には日本経済は中国その他アジア諸国と厳しい競争にさらされることになった。日本に比べ賃金の低い国々との競争の下で、日本の賃金は下がらざるをえない、という見方である。

たしかに、そういうこともあるかもしれないが、それが主因ではない、というのがここでの

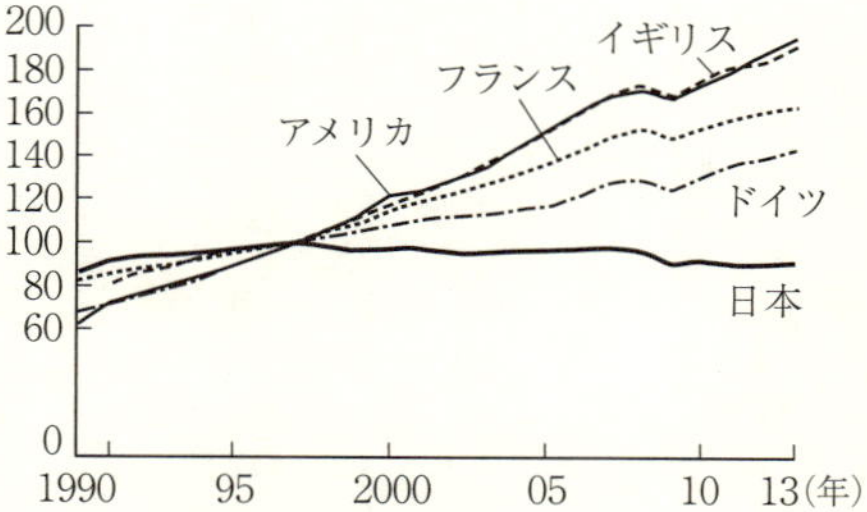

（注）1997年＝100とする指数
（出所）山家悠紀夫『アベノミクスと暮らしのゆくえ』

図表6-5①　名目国内総生産（GDP）の推移
——日本だけ，1998年以降経済が縮小

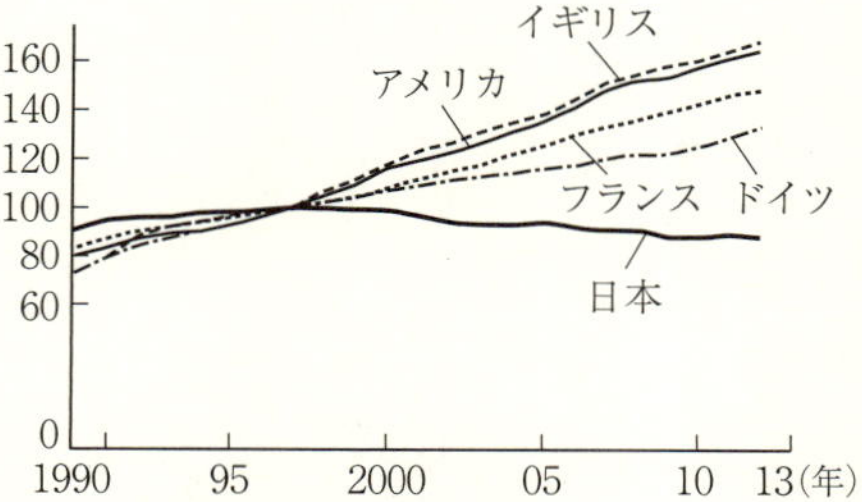

（注）1997年＝100とする指数
（出所）図表6-5①に同じ

図表6-5②　1人当たり平均賃金の推移
——日本だけ，1998年以降賃金が低下

答えである。第一に、グローバル化の進展は九〇年代初めから（天安門事件を乗り越えての中国経済の成長・発展も九二年頃から）である。グローバル化説では、なぜに日本の賃金が九八年から？という疑問に答えられない。第二に、グローバリゼーションの影響を強く受けたのは、米国や西欧諸国もそうである。米国は北米自由貿易協定（NAFTA）の結成（九四年発効）によりメキシコと、西欧諸国はソ連圏の崩壊（九〇年代初期）により旧東欧諸国と、厳しい競争関係に立たされた。しかし、これらの国では賃金は下落していない。なぜに日本だけ？という疑問にも答えられない。

日本だけに起きていることは、日本だけに限られる原因があると見るゆえんであり、「構造改革」政策がそれに当たると思われるのである。

二つは、米国はもとより、イギリスその他の西欧諸国も、各国に程度の違いはあるにしろ、「構造改革」に似た政策――新自由主義経済政策――を採っている。これらの諸国では賃金の下落は見られない。なぜに日本だけに？という疑問である。

その答えは――多分に推測だが――労働組合のあり方の影響が大きいのではないかと思われる。欧米諸国の労働組合は、主流が「産業別組合」である。大雑把な言い方だが、これらの国では、産業別に、経営側（資本側）と労組側が交渉して労働条件を決める。企業は、基本的にはその決定に従って労働条件を決めざるをえない。その労働条件で成り立つよう企業経営を行わなければならない。一方、日本の労働組合は、基本的には「企業別組合」である。企業と組合が話し合って労働条件を決める。そこでは、企業経営が成り立つかどうかが一つの大きなポイントとなる。経営側から、その労働条件では経営が成り立たない、他企業との競争に負けてしまうと主張されれば、組合は苦しい立場に追い込まれ、「苦渋の決断」をしなければならないケースが多くある。日本では、企業が立ち行くようにと、組合の側が苦慮せざるをえない立場にある、それが日本の賃金低下の一因となっている——と、残念なことながら思わざるをえない。

企業収益は著しく増加、賃金は下落

「構造改革」が日本経済にもたらしたもの第三、である。

すでに各所で触れてきたことであるが、企業収益の著しい増加、その反面でもある賃金の下落、がそれである。「構造改革」の始まりの年とも見るべき一九九七年と、小泉内閣の最後の年であり、サブプライム危機やリーマン・ショック発生前の年でもある二〇〇六年とを比較してみよう(図表6－6)。

図表6-6 「構造改革」でどう変化したか

	1997年(A) (「改革」前)	2006年(B) (「改革」後)	B/A
法人企業経常利益	27.8兆円	54.4兆円	1.96倍
1年間働いた人の 1人当たり年間給与	467万円	435万円	0.93倍

(注) 1. 図表1-7, 図表1-11参照
2. 企業利益は年度. 年間給与は暦年

この一〇年間で法人企業の年間経常利益はおよそ二倍に膨らんだ、働く人の年間給与額(一人平均)はおよそ三〇万円、七%減少した、というのがその結果である。

「貯蓄から投資へ」とは家計のお金は動かなかった

橋本内閣と小泉内閣、「構造改革」政策を強力に推進した両内閣をもってしても変えられなかった「構造」が一つある。

家計の金融資産の構造である。

預貯金中心(「貯蓄」中心)の家計の金融資産の構成を、証券中心(「投資」中心)の構成に変えたい、「構造改革」政策はそれを一つの大きな課題として捉えていた。

「貯蓄から投資へ」――そのスローガンのもと、さまざまな政策を実施してきた。「日本の金融市場をニューヨーク、ロンドンと並ぶ国際市場とする」という目標を掲げた橋本内閣の「金融ビッグバン」政策の一つの狙いはそれであった。

小泉内閣も姿勢は同じで、「骨太の方針(二〇〇一)」に「個人投資家の市場参加が戦略的に重要であるとの観点から、その拡大を図るために、貯蓄優遇から投資優遇への金融のあり方の切り替えなどを踏まえ、税制を含めた関連する諸制度における対応について検討を行う」などと書き込んだ。

こうした政策の背景にある考え方は、家計の金融資産の多くが預貯金に向かっているとその資金の多くは、リスクもある「成長分野」には向かわない、低リスクの「停滞分野」へと向かってしまう、したがって日本経済は成長しない、家計の金融資産の多くが株式等のリスク資産へと向かっているアメリカに見習うべきである、そうすれば日本経済は成長するようになる、という考えである。

そこで、「貯蓄から投資へ」ということで、橋本内閣の下で、また小泉内閣の下で、さまざまな政策が展開されてきた。

銀行の窓口で投資信託を買えるようにしたこと(九八年)、株式委託手数料を自由化したこと(九九年)、不動産投資信託を解禁したこと(九九年)、上場投資信託を解禁したこと(〇一年)、個人投資家の配当金・譲渡益課税を減税したこと(〇三年)、郵便局での投信商品の販売を解禁したこと(〇五年)などである。

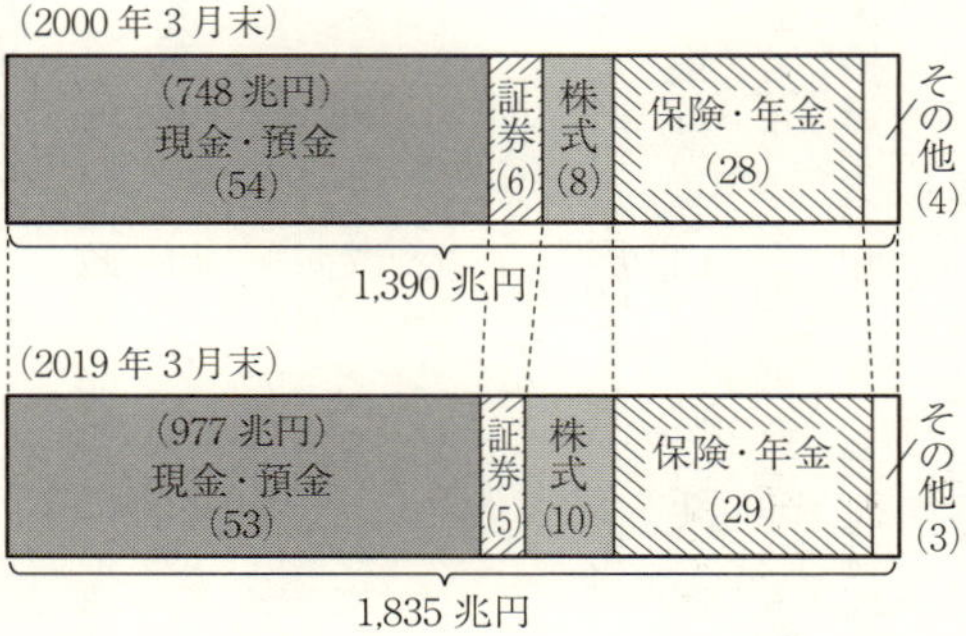

(注)(　)内は%
(資料)日本銀行「資金循環勘定」

図表6-7　家計の金融選択は「投資」よりも「貯蓄」

「投資」への窓口を広げ、商品を多様化させ、減税をする……。これらは家計の金融資産を「投資」へと向かわせる政策だが、一方で資産を「貯蓄」から追い出すための政策も展開されてきた。景気回復を図るのが主目的とはいえ、預金者無視の超低金利政策をえんえんと採り続けたこと(一九九九~二〇〇六年。その後、第二次安倍内閣の下でも)がそれだが、預金者保護のために設けられている預金保険制度(元本一〇〇〇万円までの預金元本とその利子を保護する制度)を、ペイ・オフ解禁時(〇二年。金融危機時に、預金は全額保護するとしていたのを、本来の制度に戻した時)に、政府が「預金は一〇〇〇万円までしか保護されませんよ」と人々の注意を喚起し、脅しの材料に使ったりしたことも、「追い出し政策」の一環だったと思われる。

にもかかわらず、と言うべきだろう。家計は動かなかった。小泉内閣発足前の二〇〇〇年三月と、直近(二〇一九年三月)の家計の金融資産構成を比較してみると(図表6-7)、この二〇年

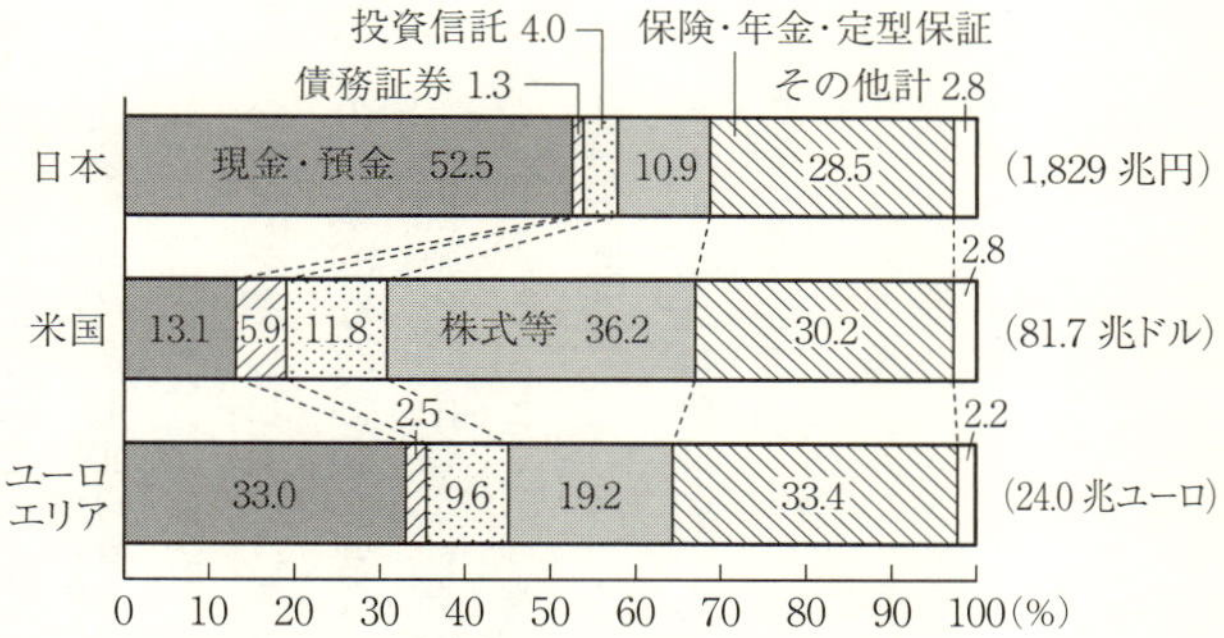

（出所）日本銀行「資金循環の日米欧比較（2018 年）」

図表 6-8　家計の金融資産構成の日米欧比較（2018 年 3 月末）

近くの間に、家計の金融資産残高は一三九〇兆円から一八三五兆円へと一・三倍に増加している。そのうち現金・預金の比率は五〇%台と、「貯蓄」の比率は全くといっていいほど変わっていない。保険・年金の比率も三〇%弱とほとんど不変。株式・証券などの「投資」の比率も一四%が一五%にと、これも変わっていない。米国、ユーロ圏との違いもそのままである（図表6－8）。「貯蓄から投資へ」という政策は全く実らなかったわけである。

　無理もない。現状ではおよそ一〇〇〇兆円という家計の貯蓄は、高齢化して年金だけが頼りの生活となった時のための、あるいは病気や介護が必要になった時のための、もしくは子どもが上級学校へ進学する時のための、なけなしの貯えである。いざという時に――貧弱なこの国の社会保障支出や教育予算のもとでも――それなりの生活ができるようにとのお金である。いざという時に元本が回収できなくては困る。いくら低金利であっても、税制上の優遇措置がなくても「貯蓄」からは出ていけないお金である。

「貯蓄から投資へ」と家計の資産選択を変えていくためには、例えば、年金制度を改正して老後の生活を安心して送れるようにする。あるいは医療費を無料にするなどといった社会保障制度の抜本的な改善が必要なのであった。にもかかわらず、橋本内閣や小泉内閣が実施したことは、財源難を理由に、社会保障制度を改悪すること、人々の将来不安をひたすらに増幅させていく、ということであった。

「貯蓄から投資へ」という、「構造改革」の大きな目的の一つがついに実現しないでいることは、当然と言えば当然のことであった。

第七章　民主党政権の誕生とその自壊（二〇〇九〜一二年）

二〇〇九年八月の総選挙では、自民党が大敗、「国民の生活が第一」「いよいよ、政権交代」と訴えた民主党が圧勝した（民主三〇八、自民一一九、公明二一、共産九、社民七）。民主党は、社会民主党、国民新党と連立を結ぶことで合意し、合意の文書を公表した（図表７－１）。

こうして、〇九年九月一六日、鳩山由紀夫内閣が発足した。

１　鳩山内閣、支持率七〇％超での出発から「最低でも県外」実現できずの退陣まで

鳩山内閣発足時の支持率は七〇％台（新聞各社による世論調査）ときわめて高かった。また、その所信表明演説（〇九年一〇月）は、格調高く、立派なものであった。

図表 7-1　連立政権樹立に当たっての政策合意(抜粋)

2009 年 9 月 9 日
民主党
社会民主党
国民新党

国民は今回の総選挙で，新しい政権を求める歴史的審判を下した．

その選択は，長きにわたり既得権益構造の上に座り，官僚支配を許してきた自民党政治を根底から転換し，政策を根本から改めることを求めるものである．

(中略)

小泉内閣が主導した競争至上主義の経済政策をはじめとした相次ぐ自公政権の失政によって，国民生活，地域経済は疲弊し，雇用不安が増大し，社会保障・教育のセーフティネットはほころびを露呈している．

国民からの負託は，税金のムダづかいを一掃し，国民生活を支援することを通じ，我が国の経済社会の安定と成長を促す政策の実施にある．

連立政権は，家計に対する支援を最重点と位置づけ，国民の可処分所得を増やし，消費の拡大につなげる．また中小企業，農業など地域を支える経済基盤を強化し，年金・医療・介護など社会保障制度や雇用制度を信頼できる，持続可能な制度へと組み替えていく．(中略)

記

1. 速やかなインフルエンザ対策，災害対策，緊急雇用対策
2. 消費税率の据え置き
   - ○現行の消費税 5% は据え置くこととし，今回の選挙において負託された政権担当期間中において……税率引き上げは行わない．
3. 郵政事業の抜本的見直し
4. 子育て，仕事と家庭の両立への支援
   - ○出産の経済的負担を軽減し，「子ども手当(仮称)」を創設する．
   - ○……2009 年度に廃止された生活保護の母子加算を復活する．
   - ○高校教育を実質無償化する．
5. 年金・医療・介護など社会保障制度の充実
   - ○「社会保障費の自然増を年 2,200 億円抑制する」との「経

済財政運営の基本方針」(骨太方針)は廃止する.
○後期高齢者医療制度は廃止し……
○「障害者自立支援法」は廃止し……利用者の応能負担を基本とする総合的な制度をつくる.
6. 雇用対策の強化——労働者派遣法の抜本改正
7. 地域の活性化
○中小企業に対する「貸し渋り・貸しはがし防止法(仮称)」を成立させ,貸付け債務の返済期限の延長,貸付けの条件の変更を可能とする.個人の住宅ローンに関しても,返済期限の延長,貸付け条件の変更を可能とする.
8. 地球温暖化対策の推進
9. 自立した外交で,世界に貢献
○……沖縄県民の負担軽減の観点から,日米地位協定の改定を提起し,米軍再編や在日米軍基地のあり方についても見直しの方向で臨む.
○中国,韓国をはじめ,アジア・太平洋地域の信頼関係と協力体制を確立し,東アジア共同体(仮称)の構築をめざす.
10. 憲法
○唯一の被爆国として,日本国憲法の「平和主義」をはじめ「国民主権」「基本的人権の尊重」の三原則の遵守を確認するとともに,憲法の保障する諸権利の実現を第一とし,国民の生活再建に全力を挙げる.

以上

「理念」と「決意」を語った所信表明演説

所信表明演説で述べられた鳩山首相の政治「理念」とその「決意」とを拾ってみよう。

「政治には弱い立場の人々、少数の人々の視点が尊重されなければならない」「本当の意味での『国民主権』の国づくりをするために必要なのは、まず、何よりも、人のいのちを大切にし、国民の生活を守る政治です」「財政のみの視点から医療費や介護費をひたすら抑制してきたこれまでの方針を転換し、質の高い医療・介護サービスを効率的かつ安定的に供給できる体制づくりに着手します」「子育てや教育は、もはや個人の問題ではなく、未来への投資として、社会全体が助け合い負担するという発想が必要です」

「市場にすべてを任せ、強い者だけが生き残ればよいという発想や、国民の暮らしを犠牲にしても、経済合理性を追求するという発想がもはや成り立たないことも明らかです。私は『人間のための経済』への転換を提唱したいと思います。それは、経済合理性や経済成長率に偏った評価軸で経済をとらえるのをやめようということです」

「国民が安心して暮らせる『人間のための経済』への転換を図っていきます」「公共事業依存型の産業構造を『コンクリートから人へ』という基本方針に基づき、転換してまいります」

「『人間のための経済』を実現するために、私は、地域のことは地域に住む住民が決める、活気に満ちた地域社会をつくるための『地域主権』改革を断行します」「地方の自主財源の充実、強化に努めます」

「日本は、経済だけでなく、環境、平和、文化、科学技術など、多くの面で経験と実力を兼ね備える国です。……他でもない日本が、地球温暖化や核拡散問題、アフリカをはじめとする貧困の問題など、地球規模の課題の克服に向けて立ち上がり、東洋と西洋、先進国と途上国、多様な文明の間の『架け橋』とならなければなりません」「人類の生存の上で、核兵器の存在や核の拡散ほど深刻な問題はありません」「唯一の被爆国として核廃絶を主張し、また、非核三原則を堅持してきた日本ほど、『核のない世界』の実現を説得力をもって世界に訴えることのできる国はありません。私は世界の『架け橋』として核軍縮や核不拡散に大きく貢献し、未来の子どもたちに『核のない世界』を残す重要な一歩を踏み出せるよう、不退転の決意で取組を進めてまいります」

「日本はまた、アジア太平洋地域に位置する海洋国家です。古来諸外国との交流や交易の中で豊かな日本文化が育まれてまいりました。二度と再び日本を取り巻く海を『争いの海』にしてはいけません。友好と連帯の『実りの海』であり続けるための努力を続けることが大切です。……その基盤となるのは、緊密かつ対等な日米同盟であります。……私は日米の二国間関係はもとより、アジア太平洋地域の平和と繁栄、さらには、地球温暖化や『核のない世界』など、グローバルな課題の克服といった面でも、日本と米国とが連携し、協力し合う、重層的な日米同盟を深化させてまいります」「在日米軍再編につきましては、安全保障上の観点も踏まえつつ、過去の日米合意などの経緯も慎重に検証した上で、沖縄の方々が背負ってこられた負担、苦しみや悲しみに十分に思いをいたし、地元の皆さまの思いをしっかりと受け止めながら、真剣に取り組んでまいります」

「先日来、私はアジア各国の首脳と率直かつ真摯な意見交換を重ねてまいりました。韓国、中国、さらには東南アジアなど近隣諸国との関係については、多様な価値観を相互に尊重しつつ、共通する点や協力できる点を積極的に見いだしていくことで、真の信頼関係を築き、協力を進めてまいります」「『人間のための経済』の一環として、『いのちと文化』の領域での協力を充実させ、他の地域に開かれた、透明性の高い協力体としての東アジア共同体構想を推進してまいりたいと考えます」

「コンクリートから人へ」――二〇一〇年度予算

政治、経済のあり方から、地球温暖化の問題、世界平和、核の問題まで、幅広く理念を語り、内閣としての対応方針にまで触れた鳩山首相の所信表明演説だが、同時に、与党三党で合意し、鳩山内閣が実施しようとしている具体的な施策についても触れていた。「子ども手当の創設」、「高校教育の無償化」、「農家に対する戸別所得補償制度の創設」等である。

そしてこれらの施策は、鳩山内閣としての最初の予算（二〇一〇年度予算）に組み込まれた。鳩山首相が「いのちを守る予算」（二〇一〇年一月の施政方針演説）と名づけた予算である。

図表 7-2　民主党政権下の当初予算の推移

（単位：兆円）

政権		自公政権	民主党政権		
内閣		福田内閣	鳩山内閣	菅内閣	野田内閣
年度		2009	2010	2011	2012
歳入・歳出総額		88.5	92.2	92.4	90.3
歳入	租税	46.1	37.3	40.9	42.3
	その他	9.1	10.6	7.1	3.7
	公債	33.2	44.3	44.2	44.2
主な歳出	社会保障関係費	24.8	27.2	28.7	26.3
	文教・科学振興費	5.3	5.5	5.5	5.4
	公共事業関係費	7.0	5.7	4.9	4.5
	防衛関係費	4.7	4.7	4.7	4.7
	地方交付税交付金	16.5	17.4	16.7	16.5

（注）100 億円以下は切り捨て

（資料）財務省ホームページ

その概要を見よう(図表7－2)。

全体として特徴的なことは、公共事業関係費を大幅に削り、代わりに社会保障関係費、文教・科学振興費、地方交付税交付金を増額したことである。「コンクリートから人へ」政策の実践である。具体策について見ると小泉内閣時に廃止された生活保護費の母子加算は、一〇年度予算編成に先立って、〇九年一二月から復活させた(〇九年度中の必要額は〇九年度予算の予備費から支出)。

そして、一〇年度予算に組み込まれた新制度としては、①「子ども手当」、②「高校授業料の無償化」、③

「農業者戸別所得補償制度」がある。

各々について、その後(民主党政権崩壊後)も含めて見ておくと、次の通りである。

①「子ども手当」は、一〇年四月一日から、〇歳から一五歳まで(一五歳の誕生日から最初の年度末まで)の子どもを対象に月額一万三〇〇〇円を支給することとした。子どもは社会が育てるべきものという理念を踏まえて「所得制限なし」とした点が大きなポイントである。一方で、財源確保のため、ということで、所得税の扶養控除を廃止した。なお、その後の一一年八月、民主・自民・公明の三党が合意して、一二年三月をもって、「子ども手当」を廃止し、児童手当制度(一人当たり月額、三歳未満一万五〇〇〇円、三～一五歳一万円、所得制限あり)に引き継がれた。

②「高校授業料の無償化」については、一〇年四月から、公立高校の授業料の実質無償化と、私立高校生への授業料補助が実施された(ただし、朝鮮高校は除外)。

③農業者戸別所得補償制度は、米、麦、大豆など主要農産物の生産を行った販売農業者に対して、販売価格が費用を下回った場合、その費用と販売価格との差額を交付金として補償する制度で、一〇年度から実施した。農業経営の大規模化を進めた自民党農政とは百八十度姿勢を異にする農政で、世界の潮流(日本の、ではない)ともいうべき「家族農業を大切にする農政」

に通じるものとして注目されたが、のちの自民党(安倍)政権下で、米に対する交付金が全額カットされるなど(一八年)、消滅の方向にある。

金融行政の百八十度転換──「金融円滑化」法の制定

予算を離れて、鳩山内閣下の政策について見ると、二〇〇九年一一月に「中小企業金融円滑化法」(「中小企業者等に対する金融の円滑化を図るための臨時措置に関する法律」)を亀井静香金融担当大臣の下で成立させ、金融行政を百八十度転換させたことがある。

「金融円滑化法」は、中小企業や住宅ローンの借り手が返済の猶予や軽減を求めた場合、金融機関は融資条件の変更に応じるよう努めることと定めた法律で、法律の規定は単なる、「金融機関の努力義務」を定めたものにしかすぎなかったが、その効果は絶大であった。

小泉内閣(竹中金融担当大臣)の時代以降、「不良債権処理」政策の名の下で、金融機関に対し融資条件の変更(期限の延長、金利の引き下げ等)を申し出た企業に対する債権は「不良債権」と見なされ、金融機関は金融庁からその「処理」や「処理の促進」を、そして当該企業は金融機関から融資の早期返済を迫られていた。それが、この法の成立以降、金融行政が一変し、金融庁は金融機関に対し、極力、債務者の意向に沿うよう努力することを要請し、金融機関は債務者の立場に立って債務者と話し合い、どうしたら(また、どのように融資条件を変更したら)企業経営が立ち行くようになり、債務を返済できるようになるかの相談をするようになったのである。債務者はもとより、金融機関にとっても、そして(おそらく、監督官庁である金融庁にとっても)ありがたい、いわば「血の通った」法律であった。

当初、一一年三月末までの時限立法であったこの法律は二度延長され、一三年三月末に期限となり失効した。その時すでに、政権は自民党・公明党連立の安倍(第二次)内閣へと移っていたが、金融庁の姿勢は「金融円滑化法」が存在した時代と変わらず、金融機関に対し企業の支援を重視させる方向のままで現在に至っている。安倍内閣としても、いたずらに波風を立て、企業倒産を増やし、景気を悪くさせるよりも、企業支援を続けさせる方がよし、と判断したものと思われる。

普天間基地移設問題での挫折、内閣退陣へ

発足から予算編成とその関連法の成立と、途中、財源問題で苦労する(予期していたほどの財源が捻出できず、一〇年度予算では国債の大量発行を余儀なくされた。図表7－2を参照)などということはあったが、比較的順調な歩みをみせてきた鳩山内閣だが、それが大きくつまずいたのは、沖縄の米軍基地移転問題であった。

鳩山首相は、米軍の普天間《ふてんま》飛行場の閉鎖、移転問題について、移転先は「最低でも県外」と主張し、首相就任後もその方向で動いてもいた。それが、一〇年五月になって意思を翻し、二八日、辺野古《へのこ》沖への移設を軸とした政府案を閣議決定したのである(この決定に反対し、閣議で署名を拒否した福島瑞穂消費者担当大臣は罷免され、五月三〇日、社民党は連立離脱を決定)。鳩山首相は六月二日に、首相と民主党代表の辞任を正式表明。鳩山内閣は、一〇年六月四日に総辞職した。

外務官僚に〝偽造文書〟を示され騙された？　鳩山首相

なお、退陣後の鳩山元首相の語るところによると、鳩山氏としては「最低でも県外」ということで鹿児島県徳之島への移設を検討していた。それを断念し、「辺野古やむなし」と変えたことについては、二〇一〇年四月一九日に鳩山氏を訪れた防衛省と外務省の幹部から見せられた「極秘文書」の影響が大きい、という。

「極秘」のスタンプが押されたその文書(「普天間移設問題に関する米側からの説明」と題する文書)には、外務省担当者が在京アメリカ大使館から受けたとされる〝普天間飛行場を徳之島へ移設するのが難しい理由〟が三枚にわたって記されていた。「沖縄から徳之島までの距離が遠く『恒常的に訓練を行うための拠点との間の距離に関する基準』として米軍のマニュアルに明記されている『六五海里(約一二〇キロメートル)』を大きく超える」という記載があった。

その文書を見て、鳩山氏は、苦渋の決断で徳之島案を撤回した、というのである(沖縄の訓練場から六五海里以内というと、ほとんど沖縄県内だけに限られてしまう。沖縄と徳之島の距離は約一〇七海里)。

この話には後日談がある。「六五海里」という規定は「米軍のマニュアル」には書かれていないということ、さらに「極秘」文書なるものは外務省には残っていないということである。つまり、鳩山元首相は、外務省、防衛省の(高級)官僚に「偽造文書」を示され、騙された、ということである(一六年二月四日、日本記者クラブで行われた鳩山元首相の講演会「鳩山元総理が明かす『辺野古新基地』の真相」での鳩山氏発言)。

2　菅内閣、背信の「新成長戦略」の策定、消費税増税発言による自爆

鳩山内閣の後を継いで、菅直人内閣が発足した。社会民主党が抜けて、民主党と国民新党と

の連立内閣である（二〇一〇年六月八日発足）。

菅内閣として行った最初の大きな仕事が「新成長戦略」の閣議決定（一〇年六月一八日）であった。「新成長戦略」は、その「骨子」がまだ鳩山内閣時の〇九年一二月三〇日に閣議決定されているから、実質的には鳩山内閣の下で作成された「戦略」と言えるのだが、ただし、当時の菅首相は、副首相兼国家戦略・経済財政政策担当大臣であったから、この「戦略」策定に深くかかわっていたはずである。この「戦略」は、鳩山内閣の、と言うより菅内閣の「戦略」と見ていいであろう。

「新成長戦略」、「成長第一」路線へ

この「戦略」は環境・エネルギー大国戦略、健康大国戦略、アジア経済戦略、観光・地域活性化戦略、科学・技術・情報通信立国戦略、雇用・人材戦略、この六つの戦略を実行することにより、二〇二〇年度の経済規模六五〇〇兆円程度、同年度までの平均で、名目三％、実質二％を上回る成長を目指す、というものであった。

大きな問題が二つある。

一つは、なぜ「成長戦略」なのか、という問題である。

小泉内閣以降の自民党内閣時代をふり返ってみると、まず、小泉内閣の時代には経済財政諮問会議の設置があり、そこでの「骨太の方針」の決定があった。同時に(やや間を置いて、同じ年ないし年度に、という意味だが)、「構造改革と経済財政の中期展望」(「改革と展望」)を策定し、毎年改定するということがあった。

安倍(第一次)内閣の時も同様で、やたらに「美しい国」という言葉をちりばめた「改革と展望」(「日本経済の針路と戦略」)が策定されていた。ほとんど誰も注目しなかったが、福田内閣時にも、麻生内閣時にも、同様の戦略、展望の書があった。

それが、民主党政権となって、経済財政諮問会議は活用されず、「骨太の方針」も示されなかった。そのことに、ほとんど誰も、疑問を呈したりはしなかった。

それであるにもかかわらず、なぜに「新成長戦略」なのか？

問題の二つ目は「新成長戦略」の内容についてである。自民党内閣時代の「改革と展望」とどう違うのか？

ほとんど違わないのである。すなわち、ひたすら国の未来を語り、人々の暮らしの未来を語らない点において、この国の未来を「大国」とイメージする点において、目標実現の手段として規制改革を重要視する点において、等々。

具体的な内容を見ても、法人税率の主要国水準への引き下げ、官民提携によるインフラ輸出の推進、「国際戦略総合特区」制度の創設、等々が盛り込まれている。自民党内閣の政策かと見まがうばかりである。一方で、鳩山内閣時にあった、賃金・労働条件の大幅改善、医療、福祉と教育の再生など「生活重視」の政策は後景に退き、成長重視、財界寄りの政策が前景にせり出してきている。

○九年九月の政権発足から一年と経っていないにもかかわらず、鳩山内閣の退陣と菅内閣の発足とともに、民主党政権は大きく変質した（控えめに言うと、変質する兆しを見せ始めた）と言えよう。

「財政運営戦略」の策定＝「財政再建最優先」路線へ

政策の大きな変更（路線転換）はあと一つある。菅内閣は、これも発足後間もない閣議で、「財政運営戦略」を決定したのである（一〇年六月二二日）。

「基礎的財政収支は、遅くとも二〇一五年度までに赤字の対ＧＤＰ比を一〇年度の水準から半減、遅くとも二〇二〇年度までに黒字化する」「二一年度以降、先進国で最も高い国・地方の長期債務残高の対ＧＤＰ比を安定的に引き下げる」というのが、この「戦略」の目標である。その基本的考え方には「財政破綻リスクへの断固たる対応」として、「ギリシア等のように、国債市場における我が国の信認が失われ、……財政が破綻状態に陥るようなことがないようにしなければならない……政治の強いリーダーシップによって改革に取り組めば、……まだ間に合う」としている。「国債費を除く歳出を一〇年度の水準（七一兆円以下）に抑える」（「一一〜一三年度中期財政フレーム」）という目標を打ち出しもした。

（予算措置が必要な）新しい政策は、他の何かの歳出を削らなければ実施できない（実施しない）という、財政再建最優先主義の宣言である。その厳しい危機意識は、九六年、九七年当時の自民党、橋本内閣のそれをほうふつとさせる。

消費税増税発言まで、あと一歩、菅内閣の発足とともに、民主党政権の政策姿勢はそこまで、大きく変化した。

「消費税増税発言」と参院選での敗北

二〇一〇年七月一一日の参院選を前にしてのマニフェスト発表会見（六月一七日）で、菅首相は、「二〇一〇年度内に税率や逆進性対策を含む消費税の改革案をとりまとめたい、当面の税率は自民党が公約に盛り込んだ一〇%を参考にする」と表明した。

選挙を前にしてのこの発言の真意は分からない。「日本をギリシアのようにしてはならない」という、首相としての強い危機意識がそう言わせたのかもしれない（ギリシアと日本との状況の違いを理解しない、根拠のない危機意識であったが……。一体誰に吹きこまれたものか？）。民主党代表としては、「自民党と同じ主張をするのだから選挙にはさほど響かない」と、発言の影響を軽くみたのかもしれない。しかし、この発言は、「先の選挙において負託された政権担当期間中においては」「現行の消費税率五％は据え置くこととする」という、三党合意に違反する発言であり、選挙民の信頼を裏切る発言であった。

菅首相の発言は、その後、二転三転したが、選挙民の信頼は戻らず、参議院選挙で、民主党は大敗することとなった（自民五一、民主四四、みんなの党一〇、公明九）。政府与党の参議院での保有議席数は過半数に達せず、先立つ自民党末期の政権と同様、民主党は厳しい議会運営を迫られることとなった。

なお、ここで、その後の一一年度の予算編成について触れておくと、国債費を除く歳出を前年度水準（約七一兆円）に抑えるという「中期財政フレーム」の下で厳しい歳出抑制を迫られ、社会保障支出の自然増は確保したものの、医療、福祉サービスの拡充等の施策は、福祉業務従事者の待遇改善予算が抑えられるなどして実現できない、ということになった（図表7－2）。

東日本大震災・原発事故の発生

こうして、民主党政権の政策運営が次第に厳しさを増していくなか、二〇一一年三月一一日、東北地方を大地震、大津波が襲い、あわせて東京電力の福島第一原子力発電所事故が発生し、菅政権はそれへの対応に追われることになった。

事故を起こした福島第一をはじめとして、国内の原発は、歴代の自民党政権下で建設されたものであり、地震、津波の発生が大事故につながったという管理上の責任とあわせて、もっぱら過去の自民党政府と電力会社の責任が問われるべきものであった。それが、たまたま事故発生時に政権の座にあった民主党（菅政権）にとっては、不運、不幸なことであったが、しかし、民主党としても、あまり胸を張れたものではなかった。事故発生の直前、民主党政権は、先に触れた「新成長戦略」において、「グリーン・イノベーションによる環境・エネルギー大国戦略」を第一の戦略として掲げ、「原子力利用について着実に取り組む」としていた。同時に閣議決定した「エネルギー基本計画」では、原発について「新増設の推進、設備利用率の向上等により、積極的な利用拡大を図る」とし、「二〇二〇年までに、九基の原子力発電所の新増設」「二〇三〇年までに、少なくとも一四基以上の原子力発電所の新増設を行う」としていたのである。

一一年の事故の際には、事故発生後の菅首相の行動・発言などが問題とされ、それが主因で（だと思われる）首相退陣に至ったが（九月二日）、客観的に、冷静にふり返ると、菅首相の言動にさほどの落ち度があったとは思われない。津波による事故発生の危険性がきわめて高い静岡県浜岡原発を、中部電力に依頼し、運転停止させたりもしているのである（一一年五月九日）。

ふり返ると、当時の対応として悔やまれるのは、政府の政策として「脱原発」へと舵を切ることが、菅内閣に（あるいは後継の野田内閣に）できなかったことである。

一一年三月の事故以降もなおも稼働していた全国各地の原発について見ると、順次定期点検のための停止の状態に入り、一三年九月からは稼働する原発ゼロという状態が一年以上続いた。しかも、幸いにして、当時の日本では（今でもそうであるが）、電力は大幅な供給超過の状態にあった。すなわち、全電力事業者の最大出力は二億二八一五万キロワット、原子力を除いても一億七九三〇万キロワットであった（「電力調査統計」一一年一月）。これに対して、当時の電力需要のピークは（三年ほど遡ってみても）一億七九〇〇万キロワットであった（〇七年八月、「エネルギー白書二〇一〇」）。全原発を停止させても、既設の火力、水力発電所等をフル稼働させればピーク時の需要を（辛うじてではあるが）まかなえた、ということである。結果として原発稼働率をゼロとしても、電力不足は起きなかったのである。

加えて、地球温暖化の問題もあり、太陽光、風力、地熱など自然エネルギーを利用しての発電も増加しつつあった。海外からは、ドイツ政府が二二年までの「脱原発」で政権内合意が成立した(一一年五月三〇日)という新聞情報も伝わってきていた。

こうした客観情勢や、当時の日本社会の世論をふまえると、例えば、民主党政権(菅内閣)が「脱原発」の方針を示して世論に問えば、その政策は実現可能であった、と思われるのである。

3　野田内閣、自公政権への道ならし?――「社会保障と税の一体改革」

菅首相に対しては、参院選での敗北、原発事故への対応、続いての地方選挙での民主党の敗北(一一年四月)などがあって、民主党内から退陣を求める声が高まっていた。あわせて、否決はされたが国会で内閣不信任決議案が提出されたこともあって、菅首相は、二〇一一年六月二日の民主党代議士会で辞任の意向を表明、菅内閣は一一年八月三〇日に総辞職した。後継として発足したのは野田佳彦内閣である。

「社会保障と税の一体改革」

鳩山内閣から菅内閣へと交代することによって大きく変質した民主党内閣（国民新党との連立内閣）は、野田内閣に交代することによって、決定的に変質した。

野田内閣は、「社会保障と税の一体改革」に向けて、自民党・公明党と政策合意し、消費税増税法、社会保障制度改革推進法等を成立させて、結果として後に続く自民党・公明党政権の消費税増税・社会保障制度改正（実態は改悪）の実現に道を開いたのである。

これについての布石は、すでに野田首相就任時の所信表明演説（一一年九月一三日）で打たれていた。そこで、野田首相は「〔六月に政府・与党がまとめた『社会保障・税一体改革成案』を土台とし〕真摯に与野党での協議を積み重ね、次期通常国会への関連法案の提出を目指します。与野党が胸襟《きょうきん》を開いて話し合い、法案形成に向け合意形成できるよう、社会保障・税一体改革に関する政策協議に各党・各会派の皆様にもご参加いただきますよう、心よりお願いいたします」と述べているのである。

その背景にあるのは、おそらく（前任の菅首相と同様）日本財政についての強い危機意識であったろう。同じ所信表明演説の中で、野田首相は「大震災前から、日本の財政は、国の歳入の半分を国債に依存し、国の総債務残高は一千兆円に迫る危機的な状況にありました。大震災の発生により、こうした財政の危機レベルは更に高まり、主要先進国の中で最悪の水準にあります。『国家の信用』が厳しく問われている今、『雪だるま』のように、債務が債務を呼ぶ財政運営をいつまでも続けることはできません。声なき未来の世代に、これ以上の借金を押し付けてよいのでしょうか。今を生きる政治家の責任が問われています」と述べている。

こうした強い危機意識と、政治家としての「責任感」が「消費税増税」と「（最大の歳出項目である）社会保障費の削減」への道を、つまりは政権の公約（「三党合意」）の放棄につながりかねない野党への合意のよびかけとなったのかもしれない。

こうして、野田内閣は、民主党・自民党・公明党の三党間で取りまとめられた「社会保障と税に関する三党合意」（一二年六月二一日）に基づき「消費税増税法案」「社会保障制度改革推進法案」ほか六法案を作成、一二年八月一〇日に成立させた。

「消費税増税法」は、消費税の税率を、一四年四月に八％、一五年一〇月に一〇％とすることを定めている。

また「社会保障制度改革推進法」は、「社会保障制度改革は……自助、共助及び公助が最も適切に組み合わされるよう留意しつつ……家族相互及び国民相互の助け合いの仕組みを通じてその実現を支援していくこと」「税金や社会保険料を納付する者の立場に立って、負担の増大を抑制しつつ、持続可能な制度とすること」などと定めて、憲法第二五条の規定(健康で文化的な最低限度の生活を営む権利、および、社会保障等の向上及び増進に努めなければならないという政府の責務)を無視した、憲法違反の疑いのきわめて強い法律である。わずか一五条の法律だが、生活保護制度を見直すべし(つまりは改悪すべし)、などという条項も含んでいる。

野田内閣の役割はこの二法を成立させたところで終わり、(後の話になるが)安倍内閣がこの法律を活用して、消費税率を引き上げた、社会保障制度を毎年のように改悪している、ということである。

ＴＰＰへの参加表明

野田内閣が、後に続いた安倍内閣の露払い役を果たした例が、(重要な政策決定として)あと一つある。ＴＰＰ(環太平洋パートナーシップ協定)への参加表明である。

ＴＰＰはもともと太平洋を囲む小国間の協定(Ｐ４という。〇六年に発足)であった。これに米国が参加を希望し(〇八年)、米国とＮＡＦＴＡ(北米自由貿易協定)を結んでいるカナダ、メキシコも参加する、他にアジアからマレーシア、ベトナムが、オセアニアからオーストラリアが、南米からペルーが参加する、という一一カ国で協議が開始されていた(図表７‐３)。

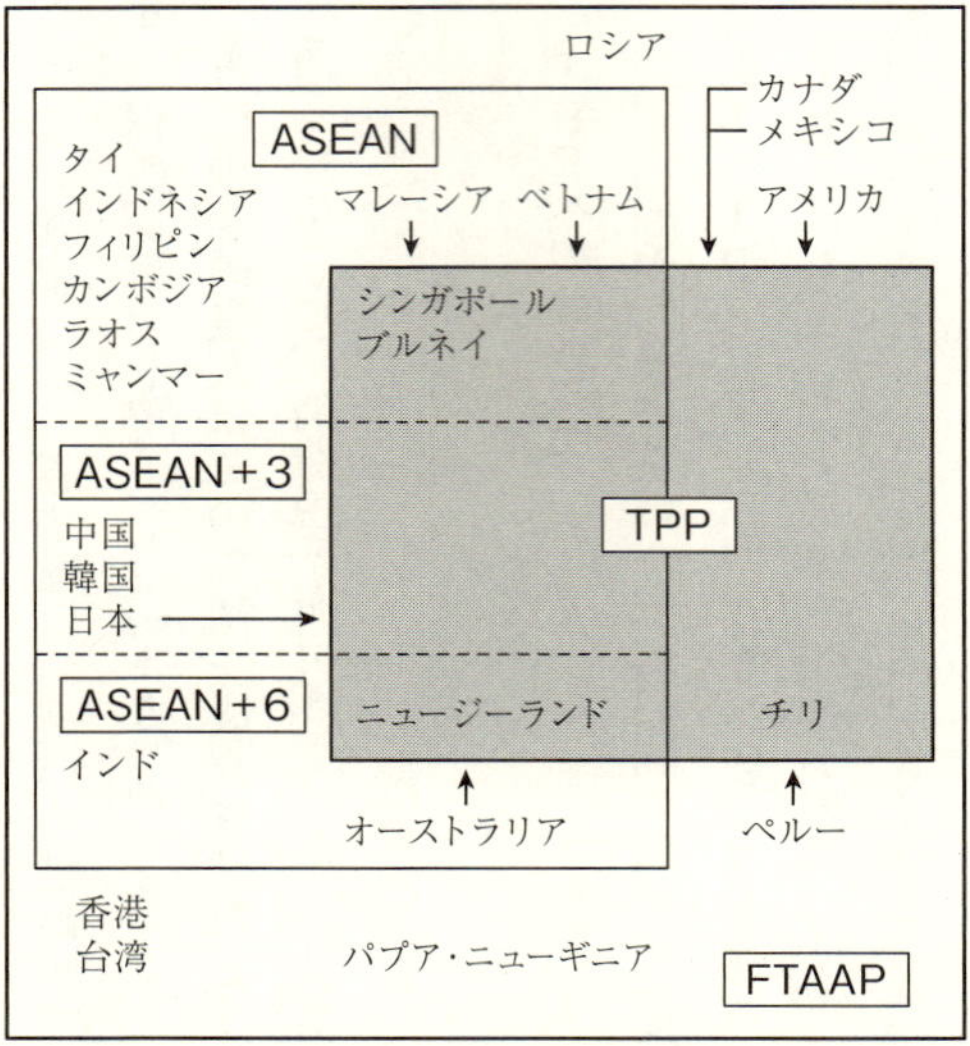

図表 7-3　TPP に関連する概念図

ＴＰＰの本質は「加盟国間の国境をできるだけなくす」という協定であり、①例外品目なしの関税ゼロ、非関税障壁の撤廃、②加盟国間の貿易、投資、経済活動等に関する制度・規制の同一化を図る、という方向での協調が進められていた。

米国（オバマ大統領）が参加を希望した理由は二つあり、一つは、環太平洋の国々との交流を活発化させ、米国の輸出を増やすことによって米国の景気を良くすることであり、二つは、米国の経済ルールを世界のルールとすることである、と思われる。米国には、ＴＰＰをさらに拡大したＦＴＡＡＰ（アジア太平洋自由貿易圏）をつくるという構想がある。一方、東南アジア諸国はすでにＡＳＥＡＮ（東南アジア諸国連合）があり、これを拡大したＡＳＥＡＮ＋３、ＡＳＥＡＮ＋６という構想もある。アジア主導のそうした経済圏が始動する前に、米国ルールのＴＰＰを結成したい、ということのようである。

米国としては、ＴＰＰに日本を誘い込めば益するところは大きい。当然、日本政府への誘いかけがあったと思われ、これに応じたのは、まずは菅内閣であった。その所信表明演説（一〇年一〇月一日）で参加を表明したのである。菅首相としては、鳩山内閣時の米軍普天間飛行場の「最低でも県外」移転問題や、「東アジア共同体構想」（そこには米国は入っていない）などで、米国の気持ちを少なからずそこねた気配がある、それを少しでもほぐしたいという心情があったのかもしれない。しかし、政権が短命に終わったこともあり、菅内閣は、結局のところ具体的には何も行動しないままで退陣した。それを受け継いだ野田内閣だが、野田内閣も、ＴＰＰ協議に参加することはできなかった。結果として、この問題でも、後を継いだ安倍内閣に参加させる道を開いたのである。

こうして、対立党の次期内閣の足場づくりに、（結果としてであろうが）いろいろと努力した野田内閣は、一二年一一月一六日、国会を解散し、総選挙に打って出た。その選挙で大敗したことは周知のところである。民主党政権の時代は終わった。

4　民主党政権下の三年三カ月をふり返る

ここで、二〇〇九年九月の鳩山内閣の登場から、一二年一二月の野田内閣の退陣までの民主党政権時代をふり返っておこう。まずは景気の動きである。

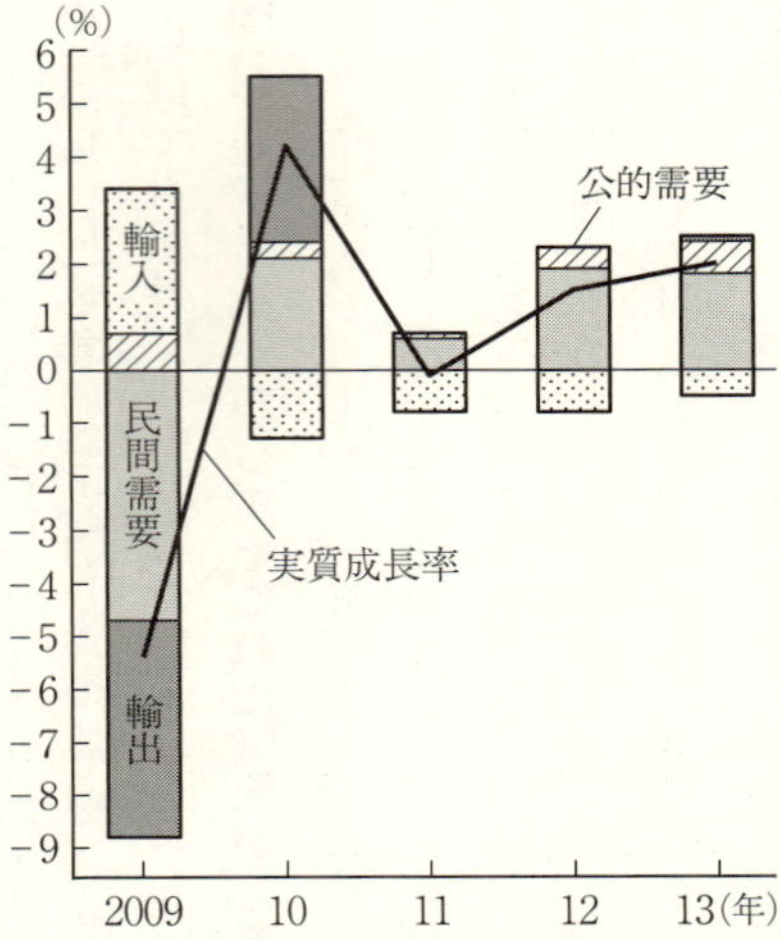

（資料）内閣府「国民経済計算」

図表 7-4　GDP 実質成長率と寄与度の推移⑤

景気は一時回復するも、大震災、円高の影響もあり低迷

民主党政権は、リーマン・ショックの大きな落ち込みから回復へと向かい始めた（〇九年四月〜。図表1-1、1-3）、そうした時期に発足した。それでも、二〇〇九年は、GDP実質成長率はマイナス五・四%と、戦後日本経済にとって最大の落ち込みの年であった（図表7-4）。

それが、二〇年にはGDP実質成長率四・二%と、プラス成長に回復していく。回復をもたらしたのは海外景気の回復による輸出の増加と消費を中心とする国内民間需要の回復である。ところが一一年、実質成長率はマイナス〇・一%と再びマイナス成長に落ち込む。三月一一日に東日本大震災が発生し、あわせて原発事故が起こって国内民間需要の伸びが大きく落ち込んだ(図表7-4)。きわめて短期間の落ち込みで(図表1-1)、景気下降期間とまでは認定されなかったが、不幸なことであった。あわせてこの年、円高が大きく進み、実質GDPベースでも輸出を小幅ながら減少させ(GDPへの寄与度、〇・〇%。図表7-

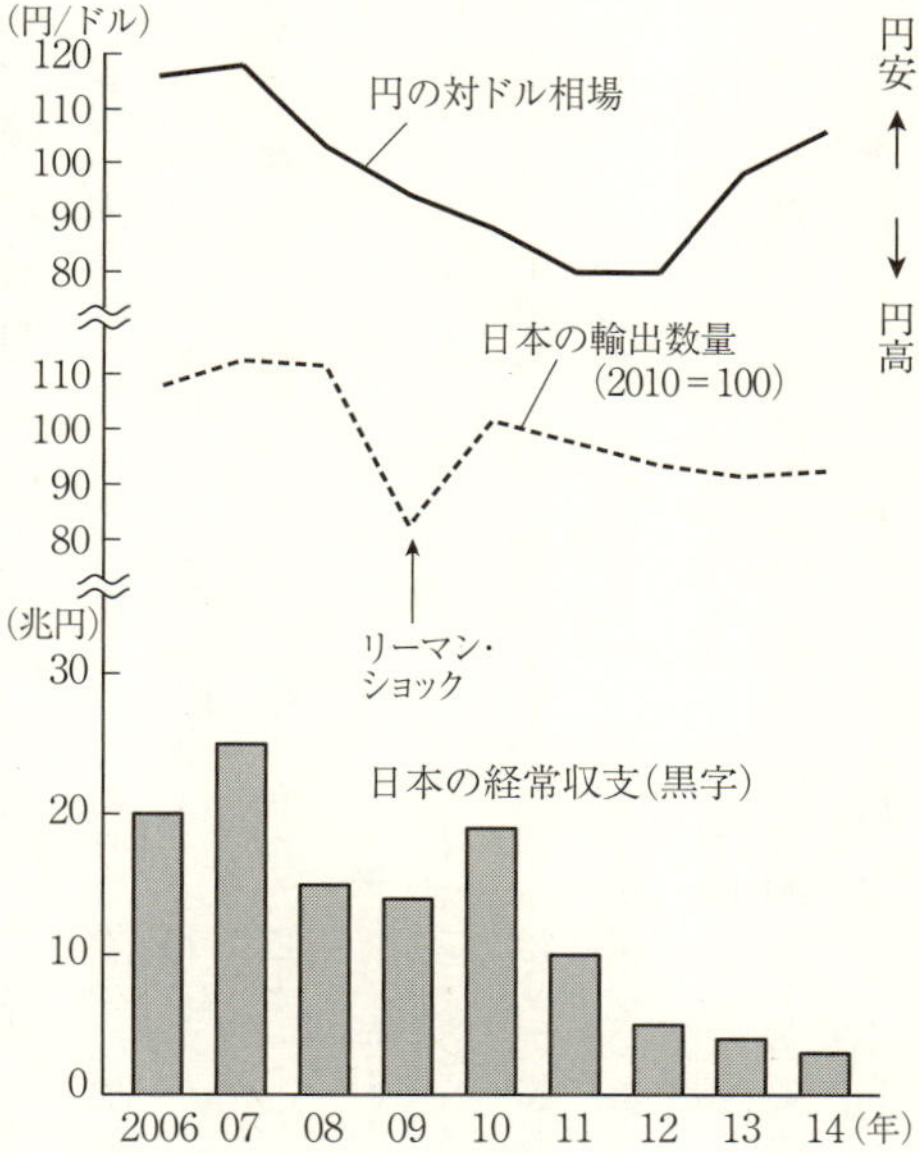

(注) 円の対ドル相場は年平均
(資料) 内閣府「年次経済報告(2019年版)」

図表7-5　円高の進行と輸出の落ち込み

4)、輸入を増加させた(GDP成長にはマイナス寄与)。

なお、円高は〇八年から始まっており、次第に加速して一二年まで続いている(図表7－5)。〇八年から〇九年あたりまでの円高は、リーマン・ショックによる日本の金融界、投資家、企業などが受けた被害が相対的に小さかったこと、〇七年までの日本の経常収支の黒字がきわめて大きかったこと(図表7－5)などの影響かと思われるが、一〇年以降の円高の進行については、その理由がよく分からない。①リーマン・ショックの下で、欧米諸国は景気対策として金利を下げ、金融も量的に緩和したが、日本はすでに超低金利政策をとっており、量的にも緩和余地が少なかった、結果として、日・米欧間の金利差は縮小するなどした(円高・外貨安要因)、②大震災により、保険会社にあっては円資金が必要になる→円高になるとの予想から市場で円が買われた、などという説があるが、真相は不明である。

ともあれ、〇九年から一二年にかけて大きく円高が進んだ、ために輸出数量が減少し(一一年、一二年。図表7－5)、GDPの実質成長への寄与度もゼロという年が続いた(図表7－4)。民主党政権にとっては不幸なことであった。

こうしたことで、景気は、一二年三月から一一月まで、ごく短期の下降局面に入った(図表1－1、1－3)。加えて、一一年から一二年にかけては、ギリシア通貨危機の深刻化ということがあってヨーロッパ経済が一時、混迷状態に陥り、日本の輸出がその影響を受けた、ということがある。

ともあれ、一二年一二月から景気は回復に向かい始めるのだが、その時、民主党政権の時代はすでに終わろうとしていた。

不十分に終わった派遣制度の見直し

ここで、連立政権の「三党合意」に掲げられた政策のうち、本文中で触れることができなかった政策について、民主党政権発足後の経緯を簡単にまとめておこう（注：○はほぼ実現、▲は一部実現だが不十分、●は実現せずを示す）。
▲「郵政事業の抜本的見直し」――小泉内閣時に決められた郵政民営化では、山間部や離島などの人々が「ゆうちょ」や「簡保」などの金融サービスを受けられなくなるという懸念があることから、金融二社の完全民営化の見直しなどを盛り込んだ「郵政改革関連法案」を国会に提出（一〇年四月）。しかし、その後、参議院で野党が多数を占めるようになったことから審議は紛糾。最終的には多くを郵政民営化委員にゆだねる「郵政民営化法等改正法」を成立させた（一二年四月）。

●「後期高齢者医療制度の廃止」——廃止の前提となる老人保健制度の復活に対し、全国の自治体医療関係者の反対が多く難航、廃止を棚上げしたままで終わった。

○「障害者自立支援法の廃止、利用者の応能負担を基本とする総合的な制度をつくる」——一〇年の法改正で「上限を定めた応率負担」を「応能負担」に変更、一二年四月から実施。一二年四月に「地域社会における共生の実現に向けて新たな障害保健福祉施策を講ずるための関係法律の整備に関する法律」を公布。この法により、「障害者自立支援法」は「障害者総合支援法」となり、支援の拡充などの改正が行われた(一三年四月施行)。

▲「労働者派遣法の抜本改正」——「労働者派遣法改正案」を国会に提出(一〇年四月)。一年半棚ざらしとされたが、民主・自民・公明の三党の修正で、製造業派遣・登録型派遣原則禁止条項を削除するなどして、骨抜きにしたうえで成立。ただし日雇い派遣は原則禁止とされた(一二年)。

●「地球温暖化対策の推進」——鳩山首相が〇九年九月二二日、ニューヨークの国連気候変動サミットで、二〇二〇年までに一九九〇年比で二五%の温室効果ガスを削減するとの日本の中期目標について語ったが、その後、民主党政権下では特段の動きはなかった。

●「東アジア共同体の構築をめざす」——民主党政権下では特段の進展はなかった模様。

なぜ、民主党政権は自壊したか

「最低でも県外」の政策が実現できず退陣(鳩山内閣)、「消費税増税」を打ち出して参院選で大敗(菅内閣)、「消費税増税」「社会保障費抑制」の法案を通して国会解散、総選挙で大敗(野田内閣)と、民主党の三内閣は、いずれも自滅する形で退陣した。

なぜ、こうなったのだろうか。

大きな理由の一つは、民主党政権の前に立ち塞がる壁が厚かったということにある。米国の壁、財界の壁、官僚の壁。沖縄の基地移転の問題は、もとよりそうであるが、「構造改革」を否定するさまざまな経済政策、社会政策についてもそうであった。第六章でみたように、「構造改革」は、財界の、そして米国の要望、要請に応える政策であった。その政策を否定し、その「効果」をないものにしようとする民主党政権の政策の前に、これら三つの壁が立ち塞がり、その実現を妨げようとするのは、当然と言えば当然であった。財界の、米国の、という前二者の壁が直接民主党政権の前に立ち塞がるということはなかったであろうが、代わりに、その代弁者である官僚が立ち塞がった。「最低でも県外」案を偽計でもって妨害した外務省、防衛省の役人がその例である。

民主党政権はその壁を突破できず、自壊した、ということである。

壁は、政権の外にばかりでなく、内にも存在した。具体的には、政策に反対しないとしても、協力もしない「人」として。民主党は、一時は自民党と「改革」を競った政党である。心情的には「構造改革」に賛成の党員も多数抱えていたと推測される。同時に、壁は一人一人の党員の心の中にも、意識しているかいないかにかかわりなく存在していたと思われる。

そうした多くの壁を前にして、民主党政権は、その壁を突破する力を十分には備えていなかった、ということである。

多くの厚い壁の存在と、その壁を突破するための力の不足、それが民主党政権の自壊をもたらした、ということではなかろうか。

具体的に見よう。

まずは、鳩山内閣である。

「最低でも県外に」という鳩山首相の主張は正しかったと思う。沖縄の人はもとより、「本土」の人にも十分に受け入れられる主張であった。ただし、その後がいけない。

「最低でも県外に」という主張は、とりあえずは、米国はもとより、外務省や防衛省の官僚にはすんなりとは受け入れられない主張であり、そのことは、鳩山首相とその周辺に、そして、民主党にも連立与党の人々にも、十分に分かっていたはずである。であるとしたら、作戦を立て、行動をすることが必要であった。まずは、政権内、民主党内、連立与党内の意志統一を図ること。ついで役割分担を決め、それぞれの人が、同じ意志のもとに行動すること。そこから鳩山首相自らが渡米してオバマ大統領と面談するという計画が出てきてもいい（出てくるべきであった）。政権の全エネルギーを、まずは「最低でも県外」構想の実現に振り向ける、そうした力（突破力）が鳩山内閣に欠けていたのではないか。

次に、菅内閣である。

まずは、大きな疑問がある。自民党内閣のものかと思わせるような「新成長戦略」――鳩山首相の「所信表明」とは真逆の内容をもつ「成長戦略」をなぜに策定したのか。まさか財界から助言されてのものではあるまい。官僚から奨められてのものか？　あるいは、菅首相の心の内にある「構造改革」志向が働いてのものか。全く不可解である。

この時期の民主党政権にあって「長期ビジョン」が必要だとすれば、それは「経済の長期ビジョン」ではなくて「暮らしの長期ビジョン」であったろう。民主党政権のもとで、将来どのような暮らしが実現していくのか？　その将来像をこそ、描いてみせるべきではなかったのか。

そして「消費税増税」発言である。その背後には、ギリシア危機を前にしての財務官僚の発言、ないしは忠告があったと推測される。「日本はこのままではギリシアになりますよ」と。その発言なり忠告なりがあったとしての話だが、その時、「本当にそうかな」と思い、それを調べてみよう、あるいは党のスタッフなり、周辺の信頼のできる経済学者なりに聞いてみようとはしなかったのか。しなかったとしたら、あるいはしたとしても答えは変わらなかったとしたら、そこに見えてくるのは、やはり、民主党政権としての知識の不足、突破力となる知識の不足である。

日本がギリシアになることはありえない――そんなことは、少し調べれば、あるいは、まっとうな学者に当たれば、すぐにでも分かることだからである。

ことは、野田首相にあっても同様である。

思うに、民主党政権の行きづまりは、お金の問題、財源の問題にあった。歳出のムダを削れば、もっとお金が出てくるはずであった。「事業仕分け」をやってみた。しかし、二、三兆円のお金しか出てこなかった。

とはいえ、民主党政権は、最大のムダ使いに手を触れなかった。軍事費（防衛予算）というムダである。民主党政権下で、防衛費は三年間、ほとんど同額の資金が付けられていた。毎年四・七兆円（図表7－2）。なぜ軍事費を「事業仕分け」の対象にすらしなかったのか。「軍艦・

戦車から人へ」。「コンクリートから人へ」と並べてもう一つのスローガンがあってよかったのではないか。

税の問題でもそうである。なぜ法人税減税なのか。消費税増税に代えて所得税増税(高額所得者への増税、配当・株式売却益への増税等)があってしかるべきではなかったのか、そうしたアイデアを出してくれる税制専門家、あるいはスタッフは民主党の周りにはいなかったのか、等々。

難局を迎えた時に局面を打開するための自由な発想——いうならばそれも突破力であろう。民主党政権にはその突破力が欠けていたと思えてならない。

とはいえ、民主党政権の登場が、一時の夢にせよ、多くの国民に夢を与えてくれたことは事実である。このことを大切にしたい。次は、夢を実現できる力量をもった政権の登場を期待したい。

第八章　アベノミクス、超金融緩和と三度目の「構造改革」（二〇一三～一九年）

二〇一二年一二月の総選挙は自民党の圧勝であった（自民二九四、公明三一、民主五七、維新五四）。

「社会保障と税の一体改革」に反対して、小沢グループが民主党を脱退した（一二年七月）頃から、すでに大勢は決まっていたようである。官僚たち（とりわけ経産省の官僚たち）の自民党本部通いが目につくようになっていた、という。一二年九月の自民党総裁選挙で安倍元首相が勝利してからはいっそう、という（軽部謙介『官僚たちのアベノミクス』）。官僚たちには「我が世の春が戻ってくる」と見えていたようである。安倍総裁の方も、一二年秋に、在米の浜田宏一《こういち》エール大学名誉教授に国際電話をして「金融政策で経済を運営するのは非常識と言われるがどうですか」と照会していたりしていた、という（同書）。安倍政権復活への準備は着々と進んでいたようである。

1　第二次安倍政権の発足――経済政策「アベノミクス」の三つの特徴

二〇一二年一二月二六日、第二次安倍内閣が発足した。

最初に打ち出した政策が「日本経済再生に向けた緊急経済対策」（一三年一月一一日閣議決定）である。

「大胆な金融政策、機動的な財政政策、民間投資を喚起する成長戦略の『三本の矢』で長引く円高・デフレ不況から脱却し、雇用や所得の拡大を目指す」と、そこに早くも「三本の矢」政策が打ち出されている。「アベノミクス」との呼称はまだ使われていないが、「経済財政諮問会議の再起動」も記されている。民主党政権下で、三年間休眠状態にあった会議の復活である。

科学性、論理性に欠ける政策

ほとんど時を置かずして「アベノミクス」と呼ばれることになった安倍内閣の経済政策には、三つの特徴がある。⑴科学性、論理性に欠ける政策、⑵企業のための政策、⑶暮らしの視点が抜け落ちた政策、の三つがそれである。

まず、「アベノミクス」なる政策の⑴科学性、論理性に欠けるという点について見よう。

第二次安倍内閣の経済政策についての初期の文書のうち、最も長く記したものは「経済財政運営と改革の基本方針」(「骨太の方針」二〇一三年六月四日閣議決定)である。

その文書を、「なぜアベノミクス(「三本の矢」を中心とする政策)なのか」「アベノミクスで本当に日本経済の再生は成るのか」という問題意識をもって読んでみても、どこにもその答えがない。さっぱり分からないのである。

冒頭に、「一九九〇年代初頭におけるバブルの崩壊〔注：ついでに言えば、バブルは建物ではなく泡なのであるから、崩壊などしない、破裂するか消滅するのである〕を大きな節目として、日本経済は現在に至る約二〇年間、総じて低い経済成長に甘んじてきた」「この間のマクロ経済運営を振り返ると、政府は景気対策や金融機関の不良債権の処理促進策など累次にわたる政策対応を行い、日本銀行も量的緩和やゼロ金利政策などを行ってきた……しかし、……低成長やデフレから脱出することはできなかった」とある。事実を述べただけの記述である。

どうして二〇年間、総じて低い経済成長に甘んじてきたのか、どうして政府の政策が効かなかったのか、どうすればよかったのか、その分析は一切ない。

そうした分析のないまま、文書には、いきなり「三本の矢」政策が登場する。

「安倍内閣は、相互に補強し合う関係にある『大胆な金融政策』、『機動的な財政政策』、『民間投資を喚起する成長戦略』の『三本の矢』（いわゆるアベノミクス）を一体として、これまでと次元の異なるレベルで強力に推進していく。……長期にわたるデフレと景気低迷からの脱却を実現するためには、停滞の二〇年の反省に立ち、これまでとは質・量ともに次元の異なる対応が必要である」と続く。

これまでとは質・量の違う政策を実施する――だから効くだろう、ここで言っているのはそれだけのことである。それで本当に効くのか？　証明は何もない。

長期停滞からの脱出の方策を講じるのであれば、普通は、まず、①長期停滞はなぜ生じたのか、その原因は何かについて分析し、考察するだろう。次に、②これまでの政策はなぜ効かなかったのか、①で析出した原因にきちんと対応できていたのかについて分析し、足りなかったのは、質なのか（見当違いの政策であったのか）、あるいは量なのか（もっと強力にやるべきだったのか）などを考える、そうした論考を進めたうえで、③新しい政策（これなら効くだろうと思われる政策）を打ち出すだろう。それが常識である。

安倍内閣は、そうした手順を踏むことなく、いきなり「三本の矢」政策を持ち出し、これまでは、質・量ともに違う政策だから効くだろう、というのである。科学的分析、論理的思考に欠ける政策、と見るゆえんである。

企業のための政策

次に、(2)企業のための政策、という点についてである。「日本経済の再生に向けた緊急経済対策」の中に「世界で一番企業が活動しやすい国」を目指す、という一節がある。「財政、税制、規制改革、金融政策などのツールを駆使」して、というのである。

思わず目を疑う。

たしかに、(第六章で見たように)「構造改革」は、その本質において、財界の要望に応じての、財界(換言すれば企業)のための政策であった。しかし、その政策実行者たち(小泉首相とか、竹中大臣など)は、あからさまに、企業のために、とは言わなかった。日本経済のため、その再生のため、などと、(少なくとも表面上は)言いつくろって政策を実施していた。堂々と「世界で一番企業が活動しやすい国」づくりを目指すと経済政策の目標に「企業のため」と掲げたのは、おそらく安倍首相が初めてであろう。

正直と言えば正直だが、それでいいのだろうか、とも思う。ともあれ、企業のための政策であるというのが、アベノミクスの第二の特徴である。

暮らしの視点が抜け落ちた政策

さらに、(3)「暮らしの視点の欠如」についてである。

安倍首相は、就任時の所信表明演説(一三年一月)で、「危機的な状況にある我が国の現状」として「四つの危機」について語っている。その「四つの危機」とは、①「日本経済の危機」、②東日本大震災からの復興が進んでいないという「復興の危機」、③「外交・安全保障の危機」、④「教育の危機」であるという。あとの二つは、いかにも安倍首相らしい危機の捉え方だが、それはともあれ、四つも数え上げた「危機」の中に「人々の暮らしの危機」が入っていない。「派遣村」の厳しい状況からまだ四年しか経っていない、六〇％以上の世帯が「生活が大変苦しい」もしくは「やや苦しい」と訴えている(厚生労働省「国民生活基礎調査」二〇一二年)という現実があるにもかかわらず、である。安倍首相の意識の中には人々の暮らしの厳しさは入っていない、ということのようである。

後で触れることになるが、この「暮らしの視点の欠如」が、アベノミクスが成果を収められないでいることの、大きな要因の一つとしてある。

2　アベノミクスの政策①——「大胆な金融政策」をめぐって

アベノミクスの諸政策について見ていこう。

アベノミクスという場合、この言葉で「三本の矢」政策を指す場合（狭義）と、安倍内閣の経済政策全般を指す場合（広義）とがあるが、ここではアベノミクスを広義で捉え、その主なものについて触れていく。

まずは、代表的な政策「大胆な金融政策」についてである。

日本銀行に「大胆な金融政策」を実施させるために

「大胆な金融政策」を提唱し、選挙中にその政策の実施を目玉としてきた安倍総裁だが、いざ当選して首相に就任し、政策を実施しようとすると、そこに大きな障害があった。

金融政策を実施する主体は、政府ではなく日本銀行である、ということである。

すなわち、日本銀行法は、その第一条で、「日本銀行は、我が国の中央銀行として、銀行券を発行するとともに、通貨及び金融の調節を行うことを目的とする」と定めている。また、その第三条は、「日本銀行の通貨及び金融の調節における自主性は、尊重されなければならない」とも定めている。ここでいう「通貨及び金融の調節」とは金融政策のことである。この第一条及び第三条は、金融政策を行うのは日本銀行であり、日本銀行は自主的に政策を行うことができる、と定めているわけである。

安倍首相が「大胆な金融政策」を実施したいと思っても、日本銀行が同意しなかったら実施できない——そうした問題への対応として安倍首相がまず考えたことは、日本銀行法を変える、ということのようであった。日本銀行法第二五条に、「日本銀行の役員は……在任中、その意に反して解任されることがない」との定めがある。その条項を変えて、政府の意に従わない日本銀行総裁は政府の手で解任することができることと定め直すのである。

二〇一二年一一月一六日、衆議院が解散された後の記者会見で、安倍自民党総裁は「グローバルな新しい金融に対応するために、……日銀法の改正も視野に入れた……かつての自民党は一度も挑んだことがなかった大胆な金融緩和を行っていく」と述べ、自民党選挙公約（一一月二一日公表）にも、「日銀法の改正も視野に、政府・日銀の連携強化の仕組みを作る」と書き込んだ。

中央銀行の（政府からの）独立性の確保は第二次大戦下にあって、各国の中央銀行が政府の意に沿って大量の国債を引き受けたことによって（結果として政府は戦費を調達できたが）国民は戦後、激しいインフレに悩まされた、その経験に学んで作られた規定であり、多くの国がこうした規定を設けている。日本銀行法の第三条、第二五条などの規定も、こうした中央銀行のあるべき姿（政府から独立して金融政策を決定できる権限）を確保させようとしてのものであった。その法律を変えてでも、というのが安倍自民党総裁の意向であった。

しかし、結果として、日本銀行にとって（日本国民にとっても）幸いなことに、日本銀行法は改正されずにすんだ。

一つは、一三年一月二二日、政府と日本銀行との話し合いが合意に達し、日本銀行が、それまで「物価安定の目途」「一％」としていたのを「物価安定の目標二％」とする政策決定をし、政府との「共同声明」を発表したことである。この件に関して、当時の白川方明日本銀行総裁はのちに、「主張を明確に掲げた政党が国民の圧倒的な支持を得た事実」から、「何らかの共同文書を作成することはやむをえないと判断」した、と記している（白川方明『中央銀行』）。安倍首相は、法を変えることなく、その意を実現できたのである。

二つは、一三年三月に、日本銀行副総裁二人の五年という任期が切れて退任、同時に、五月に任期切れとなる白川総裁も辞職したことである。安倍首相は、自らの政策に同意する黒田東《はる》彦《ひこ》元財務省財務官を総裁に、同じく同意する人物二人を副総裁に任命することができた(日本銀行の総裁、副総裁は、国会の同意を得て、首相が任命することになっている)。

こうして、日本銀行は、黒田新総裁のもと、安倍首相の意を汲んでの「大胆な金融政策」を実施することとなった(その後、黒田総裁は、五年の任期満了後も、安倍首相によって再任され、「大胆な金融政策」は、二〇一九年の今も実施されている)。

「大胆な金融政策」の実施

さて、黒田総裁就任後の日本銀行である。

二〇一三年四月四日に日本銀行は「大胆な金融政策」(黒田総裁言うところの「異次元の金融緩和政策」)の実施を発表した。その主な内容を平たく要約すると、①市中の金融機関からその保有する国債を大量に買い上げる(日銀の保有国債残高が年間で五〇兆円増加する程に)、②ETF(株価指数連動型上場投資信託)等の買い入れも増やす、③結果として、市中金融機関の保有資金残高(マネタリーベース)が、年間約六〇兆~七〇兆円増えるようにする、というものであった。

この政策が、いかに「異次元」のものであったかは、この時、日本銀行が発表した資料(図表8-1)を見ることによって、ある程度想像がつく。

すなわち、一二年末におよそ一三八兆円であった市中金融機関の保有資金残高(マネタリーベース)を、一三年末には二〇〇兆円に、一四年末は二七〇兆円に増加させる、というのである。

これだけ増えた手元資金をもとに、市中金融機関は貸出を行うだろうから、民間の経済主体(企業や個人)が保有する資金量(マネーサプライ)も増加するだろう、その増加した資金が消費や投資に向かい民間の経済活動が活発化するだろう、物価も上がるだろう、というのが日本銀行のねらいである。

図表 8-1　マネタリーベースの目標と日本銀行バランスシートの見通し

（兆円）

	12 年末（実績）	13 年末（見通し）	14 年末（見通し）
マネタリーベース	138	200	270
（日本銀行のバランスシート項目の内訳）			
長期国債	89	140	190
CP 等	2.1	2.2	2.2
社債等	2.9	3.2	3.2
ETF	1.5	2.5	3.5
J-REIT	0.11	0.14	0.17
貸出支援基金	3.3	13	18
その他とも資産計	158	220	290
銀行券	87	88	90
当座預金	47	107	175
その他とも負債・純資産計	158	220	290

（出所）日本銀行「『量的・質的金融緩和』の導入について」(2013 年 4 月 4 日)添付資料

　あわせて、日本銀行が消費者物価上昇率を二%にするという目標の下に頑張っているから、民間の企業や個人も、やがて物価上昇率は二%になると信じるようになり、物価上昇率が二%になるまえにということで、

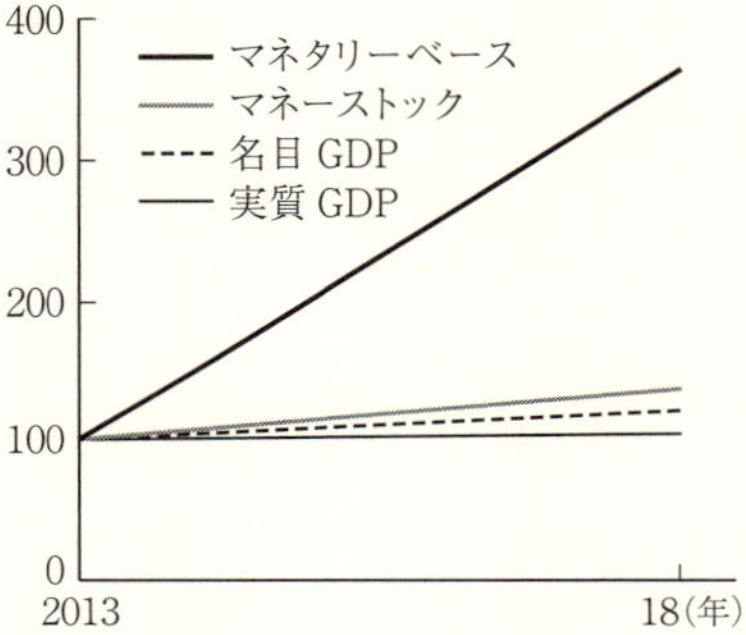

（注）2013年＝100とする指数
（資料）日本銀行「金融経済統計月報」

図表8-2　日本銀行の資金供給量が増え，市中金融機関の保有資金残高(マネタリーベース)は増えたが，民間の資金量(マネーストック)はさほど増えず

一段と消費や投資を増やすようになる、というのである。これが日本銀行の、そして安倍首相の描いているシナリオであった。

その後、日本銀行はさらに「『質的・量的金融緩和』の拡大」を行い（一四年一〇月）、マネタリーベースの増加額目標を年間七〇兆円から八〇兆円へと引き上げた。さらには「マイナス金利付き量的・質的金融緩和」を導入して（一六年二月）、一三年四月以降の緩和で供給した資金が日本銀行に（各金融機関の当座預金として）残っている分については、〇・一％の利息をとるとして、市中金融機関の資金の日本銀行当座預金からの追い出しを図った。

これら「大胆な金融政策」の結果はどうか？

惨憺たる失敗、というほかない。

「大胆な金融政策」の導入から五年後に当たる一八年の実績を見ると（図表8－2）、市中金融機関の保有資金残高（マネタリーベース）は一二年末の一三八兆円が一八年末の五〇四兆円へと三・六五倍にと予定通りに増えているが、民間の企業、個人が保有する資金量（マネーストック）は八六二兆円から一〇一四兆円へと一・二倍ほどしか増えていない。GDPもさほど増えなか

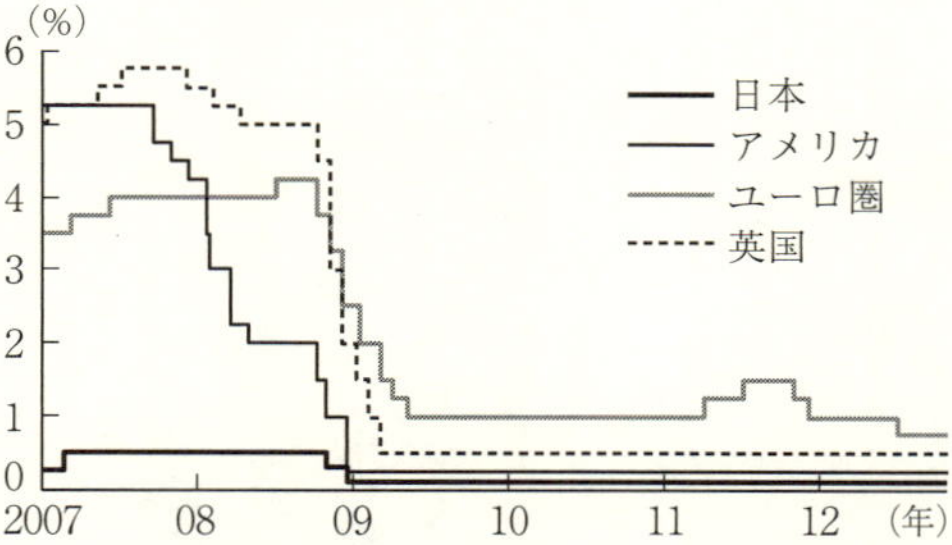

（注）2008 年 12 月 16 日以降の米国の翌日物金利の誘導目標は 0〜0.25%，準備預金の付利金利は 0.25%．2010 年 10 月 5 日以降の日本の翌日物金利の誘導目標は 0〜0.1%程度，補完当座預金制度の適用利率は 0.1%

（出所）日本銀行「経済・物価情勢の展望」(2012 年 10 月)

図表 8-3　政策金利水準の国際比較 ── 大胆な金融政策の実施時，日本の金利は先進国中，最低水準にあった

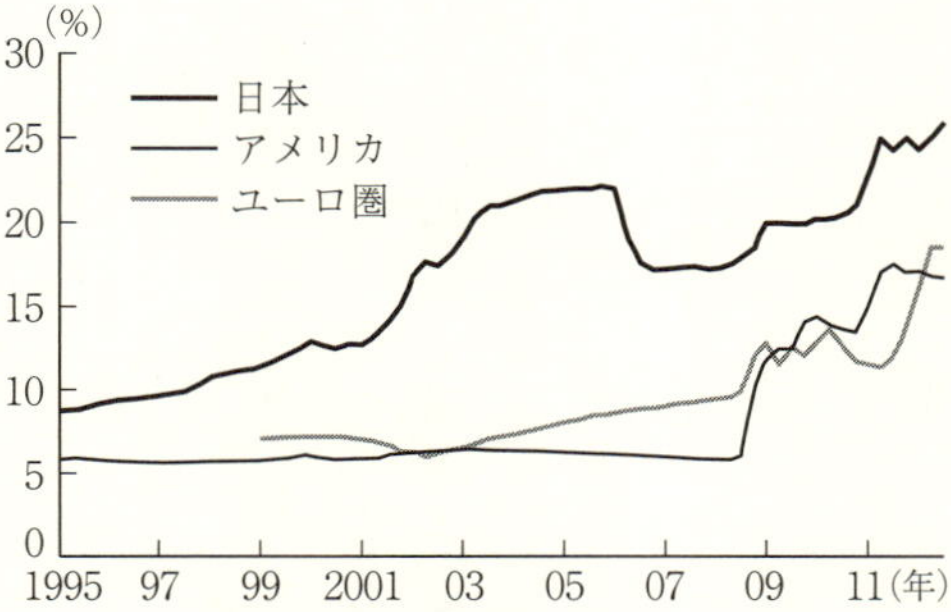

（注）1. マネタリーベースの対 GDP 比
2. マネタリーベースは，銀行券発行高，貨幣流通高および中央銀行当座預金の合計
3. 日本，ユーロ圏の 2012/3Q の名目 GDP は，2012/2Q の値

（出所）図表 8-3 に同じ

図表 8-4　中央銀行の資金供給量の国際比較 ── 量的緩和も先進国中，最大であった

った。

日本銀行はどんどんと市中金融機関に資金を供給したが、その資金は金融機関から民間（企業や個人）へとは出ていかなかった、ということである。

当然である。「大胆な金融政策」が実施された当時、日本はすでに、米国に比べてもユーロ圏に比べても金融が緩和された状態にあり（図表8－3、8－4）、民間には十分な資金が行き渡っていたのである。そのうえに資金を供給されても、民間には借りる必要がほとんどない。金融機関が貸したくても貸せない、という状況にあったのである。

3　アベノミクスの政策②――「機動的な財政政策」「成長戦略」その他

「第二の矢」についてである。

「機動的な財政政策」と言葉を飾っているが、その実態は、「必要に応じての公共投資の拡大」であり、その政策を、安倍内閣は発足とともに矢継ぎ早に実施した。

まず第一に、総額一〇兆円という巨額の公共事業積み増しを柱とする二〇一二年度補正予算を編成した（一三年一月）。この結果、一二年度の補正後予算の規模は一〇〇兆円を超え、東日

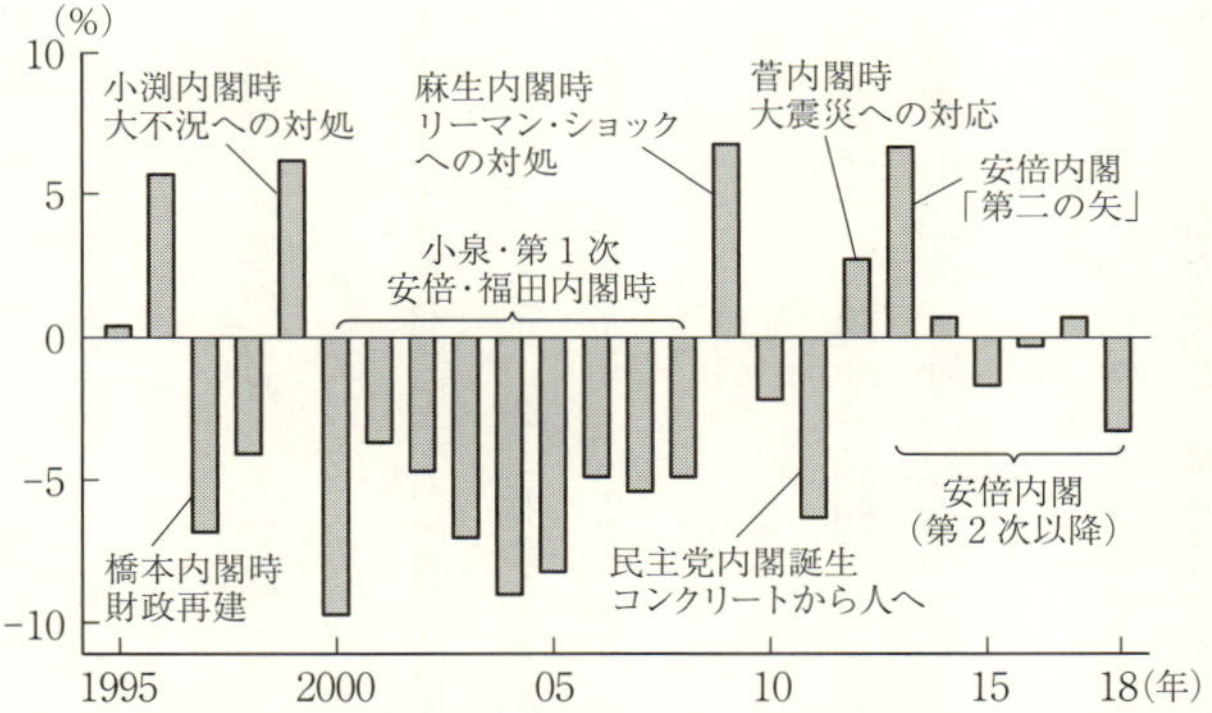

図表 8-5　第2次安倍内閣初期の景気を支えた大規模の公共投資
──公的固定資本投資の前年比伸び率（実質）

本大震災の年（一〇年度）の一〇七兆円、リーマン・ショックの翌年（〇九年度）の一〇二兆円に次ぐ、史上第三位、平時では最大となった。

続いて、一三年度予算を九二・六兆円（前年度当初予算比二・五％増）の大規模予算とした。公共事業関係費については、五・三兆円（前年度比一五・六％増）を計上した。

第三は、一三年度補正予算である。総額五兆五〇〇〇億円という大規模補正予算を編成した。その中心は公共事業である。

これらの結果、GDP統計で見ると、一三年の公的資本形成（政府の固定資本投資）の前年比伸び率（実質）は六・七％ときわめて高いものとなり（図表8－5）、一三年のGDP実質成長率を二・〇％に高めた（政府消費支出と合わせての公的需要の寄与度〇・六％。図表8－12）。

安倍内閣の登場によって、「景気が素晴らしく良くなった」という印象づけに「第二の矢」は大きな役割を果たしたのである。

財源問題等があり、矢が放てなくなった「第二の矢」

しかし、「第二の矢」の役割はそこまでであった。公共事業の拡大によって連鎖反応が起こる（建設労働者の雇用拡大・所得増加によって消費が増える、建設業界の設備投資が増える）などということは起こらず、公共投資がその後も増額し続けられるということもなかった。建設業界には、公共投資の増加は一時的なものと受け止められ、これを機に正規雇用を増やす、建設機械や車輌等を購入してさらなる需要増加に対応するなどの行動を引き起こさせたりはしなかったのである。

加えて、財政面の制約もあった。安倍内閣の方でも、民主党政権下（一二年一二月）に始まった景気の回復を確かなものにしたことで、「第二の矢」の役割は終わった、と認識したようである。一三年は前年比実質六・七％増ときわめて高かった公共投資の伸び率は、一四年は〇・七％に低下、以降マイナスとなるか（一五年、一六年、一八年）、伸びても一％以下（一七年）で（図表8－5）、経済成長に寄与するところは少なくなっている（図表8－12）。

「減税」や「規制緩和」、盛り沢山の「第三の矢」

「民間投資を喚起する成長戦略」という「第三の矢」は、すなわち「世界で一番企業が活動しやすい国にする」という「アベノミクス」の「一番の狙い」を実現するための「矢」だと言っていい。「第一の矢」「第二の矢」が、とりあえずの狙い、日本経済を「再生」の道へと歩ませるための、いわば短期目標実現のための「矢」であったのと違い、こちらはいわば長期（究極）目標実現のための「矢」である。

その「矢」は、第二次安倍内閣の発足と同時に設置された「日本経済再生本部」（本部長　安倍首相、メンバー　国務大臣全員）が策定する「成長戦略」に列挙されている。「成長戦略」は、一三年の「日本再興戦略」に始まり、「日本再興戦略改訂」（一四年、一五年）、「日本再興戦略」（一六年）、「未来投資戦略」（一七年、一八年）、「成長戦略実行計画」（一九年）と、少しずつ名前を変えながら毎年策定されている。

最初の「日本再興戦略」（一三年六月閣議決定）を見ると、①「日本産業再興プラン」の実行により、産業基盤を強化する、②「戦略市場創造プラン」の実行により、社会課題をバネに新たな市場を創造する、③「国際展開戦略」の実行により、拡大する国際市場を獲得するという、「三

①法人税率(大企業向け基本税率)の推移

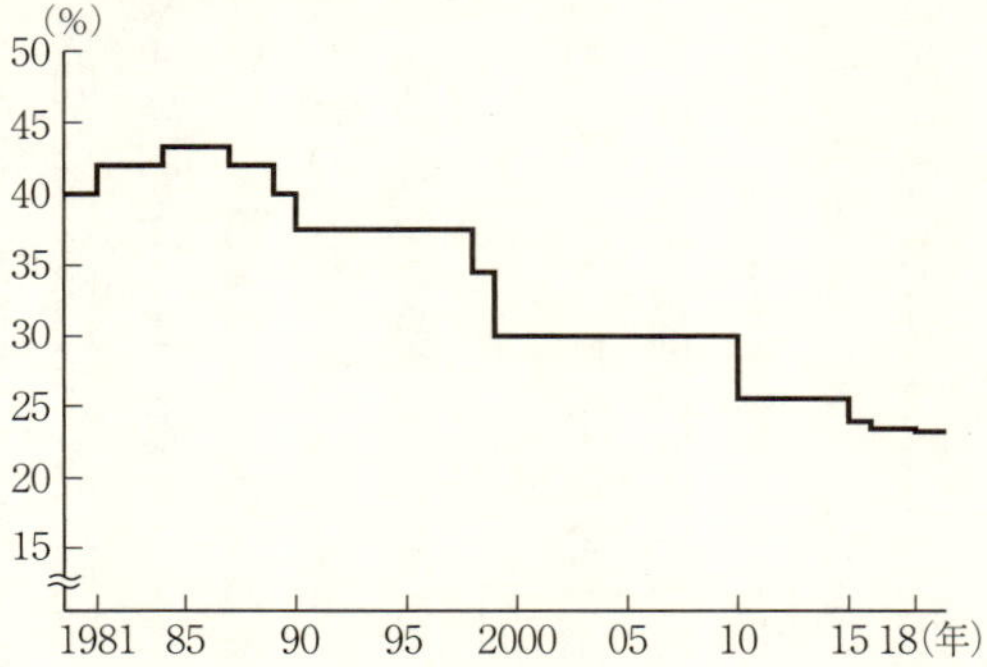

②実効税率の推移

(%)

	2014年度(改革前)	2015年度(2015年度改正)	2016年度(2016年度改正)	2018年度(2016年度改正)
法人税率	25.5	23.9	23.4	23.2
大法人向け法人事業税所得割 *地方法人特別税を含む *年800万円超所得分の標準税率	7.2	6.0	3.6	3.6
国+地方の法人実効税率	34.62	32.11	29.97	29.74

(資料) 財務省ホームページ

図表8-6　引き下げが続く法人税率

つのアクションプラン」が掲げられ、それぞれを実現するための具体的な戦術・戦略等が記されている。この「戦略」が年々、実績を踏まえて練り直され、直近の「成長戦略実行計画」(一九年六月閣議決定)へと進んできているのである。

この間に提示(そして実行)された施策(すなわち「第三の矢」)の数々はとてもここでは

示し切れないし、その必要もないと思われるので、ここでは主要と思われるものだけを取り上げ、簡単な注釈を加えておこう。

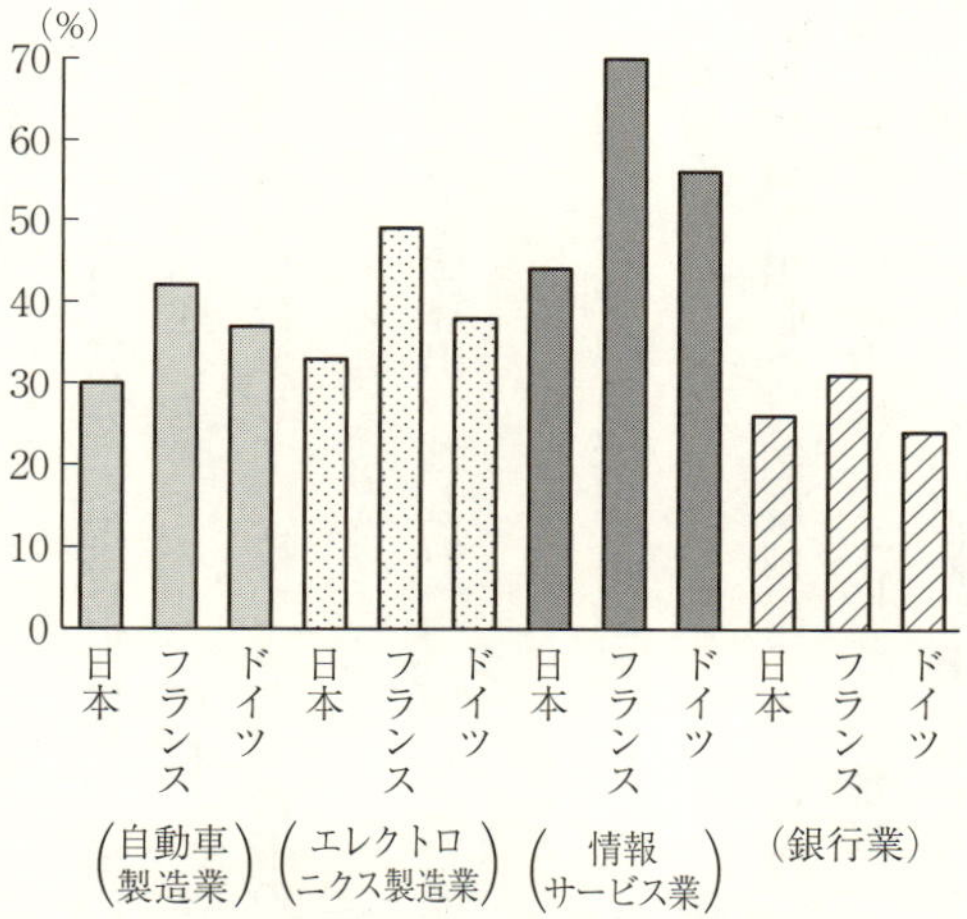

(注) 税と社会保険料の両負担控除前の利益に対する比率
(資料) 財務省「2010年度税制改正大綱・参考資料」

図表8-7　税・社会保険料負担率の国際比較 —— 日本企業の社会的負担はヨーロッパ企業よりも軽い

①法人税減税

日本の法人税(実効税率)は高すぎる、下げてほしい(下げるべきだ)というのは経団連の以前からの主張である。この主張を受けてであろう。第二次以降の安倍内閣は、一四年度から連続して法人税率を引き下げ、一八年度には二三・二%とした。実効税率(地方税である事業税と合わせての税負担率)は二九・七四%となり二〇%台となった(図表8-6)。経団連は、さらに実効税率二五%への引き下げを要望している。

ただし、「日本企業の税負担は重い」というのは表面上の実効税率(図表8－6)を他国と比較しての、経団連の主張であり、税制上の特別措置(投資税額控除などの優遇措置)を考慮に入れ、社会保険料を合算して比較すると、日本の大企業の負担はヨーロッパ企業に比べ軽い、とする調査結果もある(図表8－7)。財務省が大手会計事務所に委託した調査で、業種別に、主要企業の負担率を算出したもので、少し古い調査だが、傾向は現状と変わらないと思われる。

②国家戦略特別区域制度の創設

安倍内閣は、発足早々の二〇一三年、「国家戦略特別区域法」を制定し、「国家戦略特区」の創設に乗り出した。制度創設のねらいは、「アベノミクス成長戦略の実現に必要な、大胆な規制・制度改革を実現し、『世界で一番ビジネスがしやすい環境』を創出すること」にあると首相官邸ホームページに記載がある。「従来の特区は、自治体・団体から計画を国に提案するという、いわばボトムアップ型の規制改革の取組です。一方で、国家戦略特区は、対象区域の選定に国が主体的に関わり、スピード感を持って岩盤規制を突破する仕組になっている」ともある。

図表 8-8　国家戦略特区の一覧とそこでの認可事業例

①国家戦略特区の指定区域

秋田県仙北市，仙台市，新潟市，東京圏(東京都，神奈川県，千葉市，成田市)，愛知県，関西圏(大阪府，京都府，兵庫県)，兵庫県養父市，広島県・愛媛県今治市，福岡市・北九州市，沖縄県

(2019 年 3 月現在)

②広島県・今治市「特区」の認可事業

広島県・今治市 事項数：8 事業数：14(広島県：7／今治市：6／広島県・今治市：1)	
創業人材の受入れに係る出入国管理及び難民認定法の特例	広島県，今治市
創業者の人材確保の支援に係る国家公務員退職手当法の特例	㈱OTTA ㈱ビー・エス うずの鼻コミュニケーションズ㈱
特定実験試験局制度に関する特例	㈱エネルギア・コミュニケーションズ ルーチェサーチ㈱
雇用労働相談センターの設置	内閣府，厚生労働省，広島県
人材流動化支援施設の設置	内閣府，広島県
特定非営利活動促進法の特例	愛媛県 広島県，広島市
「道の駅」の設置者の民間拡大	民間事業者(今治市吉海町) 民間事業者(今治市伯方町) 民間事業者(今治市上浦町)
獣医学部の新設に係る認可の基準の特例	学校法人加計学園

(出所) 首相官邸ホームページ

一九年三月時点で全国一〇地域（東京圏、関西圏、沖縄県など）が「特区」に指定されており（図表8-8。加計問題の広島県・今治市もその一つ）、都市開発、医療、教育、介護、保育、農林水産業、その他さまざまな分野で規制緩和が行われている。

岩盤規制を、いわば虫食い状態にし、最終的には規制廃止に持ち込むのがねらい、と言えようか。

③労働規制の緩和（「働かせ方改革」法の制定）

安倍内閣は、二〇一八年六月、「働き方改革関連法」を成立させた。①残業時間の上限を規制する、②比較的高収入の一部専門職を労働時間の規制対象から外す（「高度プロフェッショナル制度」の導入）、③正規社員と非正規社員との不合理な待遇差を解消する（「同一労働同一賃金」）などを主な内容とする法律である。安倍内閣が、当初盛り込もうとしていた「裁量労働制の拡大」は、政府が提出した統計資料に大きな誤りがあったことで外されたものの、今後の労働者の生活に厳しい影響を及ぼしかねない一方で、使用者側にとってはありがたい、むしろ「働かせ方改革」と呼んだ方がふさわしい法改正である。

すなわち、①残業時間については、これまで労使の交渉にまかせる形で、法律上の規制はなかった。規制を設けたことはひとつの前進と見ることができるが、ただし、その上限があまりに長時間すぎる。労働者は「過労死」寸前まで働かせられかねない、というおそれがある。あるいは、たとえ過労死しても、残業時間は法の枠内だった、ということで使用者側が免責されかねない、ということもある。ちなみに、労働基準法は、その第一条で、「労働条件は、労働者が人たるに値する生活を営むための必要を充たすべきものでなければならない」「この法律で定める労働条件の基準は最低のものであるから、労働関係の当事者は……その向上を図るように努めなければならない」と定めている。今回の、長時間の残業を認める法改正は、明らかにこの規定に違反している。

あわせて、日単位、週単位、月単位等で残業時間の上限を定めている多くのヨーロッパ諸国と比べても、比べようもないほど労働者に苛酷な改正であった。

次に、②「高度プロフェッショナル制度」において、この制度を適用できるのは、年収一〇七五万円以上と定められた。しかし、法の制定後その時定めた基準が、(企業側に都合のいい方向へと)緩められていくのが常である(近年では、派遣労働にその例がある)。順次、収入の低い労働者にもと、適用対象が広げられるおそれがある。

③「同一労働同一賃金」はいいとして、正社員の処遇を厳しくすることによってそれが実現

される懸念がある。労働組合の頑張りが必要であることはもちろんだが、「非正社員を正社員化する」という運動にも、これまで以上に取り組む必要があろう。

④外国人労働者の受け入れ枠新設

安倍内閣は、これまで外国人労働者は専門的・技術的分野（研究者、エンジニア等）以外は受け入れないとしてきた政府の方針を変え、「特定技能一号」及び「特定技能二号」の枠を設けて、専門職以外でも労働者を受け入れるとして「出入国管理及び難民認定法」を改定した（一八年一二月公布、一九年四月施行）。「特定技能一号」とは「不足する人材の確保を図るべき産業上の分野に属する相当程度の知識又は経験を要する技能」の持ち主、「同二号」は「熟練した技能」の持ち主である。前者は在留期限が通算五年、家族の帯同は認めない、後者は在留期間の更新と家族帯同が可能、とされている。受け入れ業種は、介護、外食業、建設業など一四業種、受け入れ枠は五年間で約三

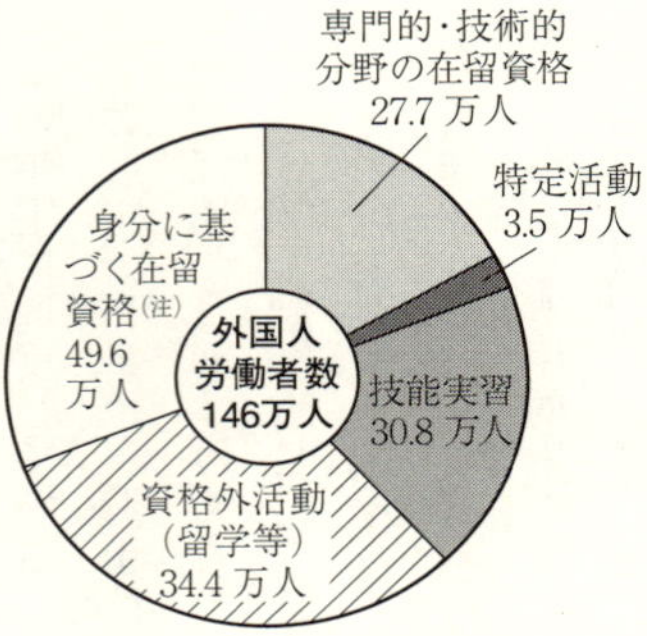

（注）「身分に基づく在留資格」とは，永住者，日本人の配偶者等，永住者の配偶者等の定住者
（資料）厚生労働省「外国人雇用状況の届出状況について」

図表 8-9　在留資格別外国人労働者数

四万五〇〇〇人である。

厚生労働省の調査（「外国人雇用状況の届出状況について」一八年一〇月）によると、調査時点で約一四六万人が日本で働いている（図表８−９）。このうち「技能実習」は、そもそもは、「日本で研修を受けた後、帰国して習得した技術を役立てる」という、開発途上国への技術移転を目的としたものであったのだが、現実には「低賃金で外国人を働かせる制度となっている」との批判の強いものである。「最低賃金以下の賃金で長時間働かされている」「人権侵害である」などという調査報告等も多数あり、日本弁護士連合会の「改善を求める勧告書」、労働組合による「抜本見直しを求める意見書」が政府に提出されたりもしている。

新しい受け入れ枠の拡大とともに、こうした人権無視の雇用が拡大再生産されるのではないか、結果として、労働者全般の労働条件の悪化につながるのではないかと——その防止策が十分に整備されないままに泥縄式に制度改革が行われただけに、気がかりなところである。技能実習生の労働条件についてはきちんとした実態調査の実施と、その改善策の検討ぐらいは、最低限、早急に行うべきであろう。

⑤「ソサエティ(Society)5・0」への取り組み

「成長戦略」は一七年に「未来投資戦略」と名を変えた。それ以降、目につくのは「ソサエティ(Society)5・0」という言葉の頻出であり、「ソサエティ5・0」の実現に向けた提言、対策の数々である。

まず、「ソサエティ5・0」という言葉だが、政府は、近未来を「『サイバー空間(仮想空間)』と『フィジカル空間(現実空間)』を高度に融合させたシステムにより、経済発展と社会的課題の解決を両立する、人間中心の社会(Society)」とイメージし、その社会を「ソサエティ5・0」と名づけている(内閣府ホームページ)。

ここで5・0としたのは、狩猟社会(ソサエティ1・0)、農耕社会(同2・0)、工業社会(同3・0)、情報社会(同4・0)に続く「新たな社会(同5・0)」ということのようである。こうした社会の変化に、政府も、企業も、個人も対応していかなければならない、そのためにも「構造改革」が必要である、というのが政府の説くところである。コメントは控えておこう。

⑥アベノミクス「第二ステージ」

アベノミクスには「三本の矢」を中心とする「第一ステージ」に続けての「第二ステージ」

なるものもある。

一五年九月、引き続き自民党総裁に選ばれた安倍首相は記者会見し、アベノミクスは「第二ステージ」に入ると語ったのである。

「目指すは『一億総活躍』社会であります。……そのために、新しい『三本の矢』を放ちます。第一の矢、『希望を生み出す強い経済』。第二の矢『夢をつむぐ子育て支援』。第三の矢。……『安心につながる社会保障』であります。……(第一の矢の)ターゲットは『戦後最大の経済』……GDP六〇〇兆円の達成を目標として掲げたいと思います。……第二の矢は、……希望出生率一・八の実現です。……第三の矢は……『介護離職ゼロ』という……仕事と介護が両立できる社会づくりを、本格的にスタートさせたいと思います」

これを聞いて、アベノミクス「第二ステージ」とは何なのか、すっきりと理解できる人はまずいないのではないか。三本の矢というが、いずれも的(目標)と思われるものばかりではないか、矢はどこにあるのか。

そもそも、なぜ「第二ステージ」なのか、「第一ステージ」はどうなったのか、どうするのか。

このような疑問がたちどころに湧いてくる記者会見であったが、あまり論理的に詰めても意味はなかろう。

翌年夏にも、と予定されていた総選挙を前にして、目玉となる目標(GDP六〇〇兆円、出生率一・八、介護離職ゼロなどという華々しい目標)を掲げ、「第一ステージ」の成果がほとんど挙がっていないアベノミクスから選挙民の目をそらせるのが目標の発言だったのかもしれない。

そして……、などと思っていたら、矢が出てきた。

記者会見後に急拠設置した「一億総活躍国民会議」(閣僚一三人と経団連会長、日本商工会議所会頭など「有識者一五人」で構成)がまとめた「一億総活躍社会の実現に向けて緊急に実施すべき対策」(一五年一一月)がそれである。三つの目標を達成するために何をしたらいいか、大小あわせて一〇〇本ほどの矢が列挙された。

それでどうなったか?

「第二ステージ」の目標は、一八年までのところ全く達成されていない。

- GDP六〇〇兆円↓一八年のGDPはおよそ五五〇兆円であった。六〇〇兆円となるにはあと少なくとも六年はかかろう。
- 出生率一・八↓一八年の出生率は一・四二で、記者会見のあった一五年の一・四五と同じく低いままであった。

・介護離職ゼロ↓一七年は九万九〇〇〇人(総務省「就業構造基本調査」)で目標にほど遠い。

ＧＤＰはともかくとして(そもそも、大きいからいいというものではない)、出生率の引き上げには、若い人たちの賃金の大幅引き上げ、長時間労働の短縮(つまり、子どもを産み、育てることができる生活環境を整えること)が必要だが、それを全くしなかった、また、介護離職ゼロの実現には、介護保険制度の大幅改善が必要であったのに、むしろ逆の政策(介護保険制度の改悪)を行ったのだから、当然と言えば当然である。

アベノミクス「第二ステージ」はとんだ茶番であった。

⑦消費税増税と社会保障制度「改革」

消費税増税と社会保障制度「改革」については、すでに民主党政権時代に法律が作られレールが敷かれていた。安倍内閣はそれに従い、実施すればよかったのである。

とはいえ、消費税増税は難航した。一回目は、一四年四月、予定通りに五％から八％へと引き上げたものの、続いて一五年一〇月と法が予定していた二回目の一〇％への引き上げは、①一四年一一月、引き上げ時期を一七年四月へと一年半延期。続いて、②一六年六月、引き上げ時期を一九年一〇月にと二年半延期。ともに、間近に迫っていた国会議員選挙への影響を懸念

図表 8-10　一般会計税収の推移

（単位：兆円）

年度	税収合計	消費税	所得税	法人税
1988	50.8	＊2.2	18.0	18.4
1989	54.9	3.3	21.4	19.0
1990	60.1	4.6	26.0	18.4
⋮				
1996	52.1	6.1	19.0	14.5
1997	53.9	9.3	19.2	13.5
1998	49.4	10.1	17.0	11.4
⋮				
2013	47.0	10.8	15.5	10.5
2014	54.0	16.0	14.0	11.0
2015	56.3	17.4	17.8	10.8
2016	55.5	17.2	17.6	10.3
2017	58.8	17.5	18.9	12.0
2018	59.9	17.8	19.5	12.3
2019	62.5	19.4	19.9	12.9

（注）1. 2018 年度までは決算，2019 年度は当初予算
2. 1988 年度の＊印は物品税
（資料）財務省ホームページ

してのものと思われる。

こうした経緯があって、法が予定している二回目の引き上げ（一〇%へ、食料品については八%に据え置き）時期は一九年一〇月となった。景気の状況は極めて厳しいが、当面大きな選挙がないこともあってか、今回は実施された。

これで八九年四月に三%で導入された消費税率は、導入三〇年後の一九年一〇月には一〇%となった。この間の消費税収は、一年分の消費税収がすべて入った年、九〇年度の四・六兆円から一九年度（予算ベース、一九年一〇月から二〇年三月までの六カ月分の税収を織り込んでいる）の一九・四兆円へと一五兆円ほど増える計算である（図表8-10）。増税後の一年分の税収が見込める二一年度には、消費税収は二〇兆円を大きく超え、まちがいなく国の一般会計の一番大きな税収となる。「負担能力に応じた負担」という近代国家の税の基本原則に

大きく反する「不公平税制」である消費税の税収が最も大きな税収になる、ということであり、来るところまで来てしまった、と言うべきか、資本主義国家の税制としても頽廃《たいはい》の極み、と言うべきか。消費税収は大きく増えた、その反面で法人税収は大きく減っている（図表8－10）という現実を見るにつけ、その感は一段と深くなる。

一方、社会保障制度改革は、民主党政権下で、民主・自民・公明の「三党合意」によって制定された「社会保障制度改革推進法」に基づいて着々と進められている（図表8－11）。すなわち、一方で種々の社会保障サービスを削減する、他方で利用者の自己負担を増やす、これらをあわせて、「持続可能な社会保障制度の確立を図る」という方向での「改革」である。

また、安倍内閣は「骨太の方針（二〇一五）」（一五年六月閣議決定）で、社会保障制度「改革」の今後の具体的方策を決めているが、そこには、①医療・介護提供体制の適正化（＝競争システムの強化による提供コストの引き下げ）、②社会保障の産業化（＝営利企業の医療・介護事業への進出）を促進させる、③公的保険制度（医療保険、介護保険）のさらなる「改革」が書き込まれている。①では「〔メリハリのある資金配分等で〕改革に取り組む都道府県を重点的に支援する」、つまり、医療費・介護費を削減した都道府県をモデルとし、他の都道府県をそのモデルに近づけるような仕組みを検討する、②では「企業等が医療機関・介護事業者、保険者、保育事業者等と連携

図表 8-11　実施された社会保障制度の「改革」(主なもの)

医療	70〜74 歳の医療費窓口負担の 2 割化	2014 年から段階的実施
	一般病床の食費の患者負担増	2015 年実施
	紹介状なし大病院受診の際の定額負担徴収	2016 年実施
	一般病床の水光熱費の患者負担増	2017 年から段階的実施
	高額療養費(70 歳以上)の負担限度額の引き上げ	2017 年から段階的実施
	後期高齢者(75 歳以上)の保険料軽減特例の廃止	2017 年から段階的実施
介護	要支援 1, 2 の訪問介護・通所介護の総合事業への移行	2017 年度末までに全面実施
	特養入所者を原則要介護 3 以上に限定	2015 年実施
	年間所得 160 万円以上の場合, 利用料負担を 2 割に引き上げ	2015 年実施
	補足給付の要件厳格化(資産, 配偶者要件の新設)	2015 年実施
	特養多床室での室料徴収	2015 年実施
	補足給付の収入認定の対象に遺族年金, 障害年金を追加	2016 年実施
	第 2 号保険料(40〜64 歳)への総報酬割の導入	2017 年 8 月から開始
	高額介護サービス費の負担上限額(現役並み所得)の引き上げ	2017 年 8 月から開始
年金	物価・賃金スライド,「特例水準」の解消, マクロ経済スライドによる年金削減	2012, 13, 15, 17 年
生活保護	生活扶助費, 冬季加算, 住宅扶助などの削減	2013〜15 年

(出所) 全日本民医連事務局作成「学習会資料」

して新たなサービスの提供を拡大することを促進する」、③では「公的医療保険」「公的介護保険について適用範囲を適正化する（＝狭める）ことを検討する」などとしているのである。利用者にとってはますます厳しい状況が生まれていきそうである。

⑧TPP、対米交渉など

TPP（環太平洋パートナーシップ協定）については、第七章で見たように、民主党政権が参加の方向で動き出したものである。自民党（安倍総裁）は、一二年一二月の総選挙では、参加反対の姿勢を示していたが、政権獲得後の一三年三月、安倍首相は交渉参加を正式に表明し、態度を変えた。

その一方で、一六年一一月の米国大統領選で当選し、一七年一月に就任したトランプ大統領が米国の離脱を表明、米国はTPP協定から脱退した。

すでに見たように、それまでTPP交渉を主導してきたのは米国（オバマ大統領）であった。日本は（民主党政権は、そしてたぶん当初の安倍内閣も）、米国の誘いを受けて、いわば米国に義理立てして交渉に参加していたものと思われる。米国、オーストラリアなど大農畜産国が参加し、しかも、原則として関税ゼロを掲げるTPPへの参加は、日本の農畜産業の受ける打撃があまりにも大きい（大きすぎる）と見られたからである。

それが、米国の離脱でどうなるか、安倍内閣の対応が注目されたが、日本（安倍内閣）は、むしろ積極的に残り一〇カ国に働きかけ、一一カ国でのTPP発足へと動き始めたのである。

思うに、TPP参加に積極的か消極的かの区別は、国単位で考えるとまちがってしまう、ということだったのである。積極派は輸出産業とか輸出商社、消極派は国内向け産業、それに労働組合、消費者と大雑把に区別できようか。要は、輸出産業などは相手国の関税がゼロになることによって大いに利益を受ける、国内産業は逆に打撃を受ける、労働組合は内外競争の激化によって労働条件の悪化が懸念される、消費者は、食品の安全性等の面で不安が生じる（TPPが目的としているのは関税ゼロだけではない、食品の安全性その他のルールも加盟国間で同一にしようなどという諸規制、諸制度の一体化も大きなねらいとしている）、というわけで、利害の対立は諸国家間で、ではなく、各国内であった、ということである。

そう解釈すれば、日本政府（安倍内閣）がTPP加盟消極派から積極派に変わった理由も見当がつく。農畜産業や国民生活を重視する立場から輸出産業（たとえば、自動車製造業）を重視する立場へと、立ち位置を変えた、ということである。

そのTPPは、一八年一二月に発効した。発効してから半年、早くも、牛肉や豚肉、チーズ、果物等の輸入が目立って増えている、という新聞報道がある。影響が出てくるのはこれからである。

なお、ＴＰＰから離脱した米国だが、トランプ政権は日本との二国間交渉を求め、安倍首相が応じて交渉が始まり、安倍首相がトランプ政権の主張を全面的に受け入れる形で合意に至った。

国会審議はこれからだが、日本の農畜産業にとって、また、人々の暮らしの安全性の確保その他の面で、試練の時がやってくる。

4　日本経済はどう変化してきたか

アベノミクスなる政策が発動されてすでに六年以上が経過した。その下で日本経済はどう変化してきたか。まずは景気の動きを見よう。

景気は下降局面入り寸前の状況

景気動向指数でこの間の景気の推移を見ると（図表１‐１）、第二次安倍内閣の発足当初（一三年一月）から翌一四年三月までは、勢いよく拡大した。①まだ民主党政権下にあった一二年一一月に景気の下降局面が終わり、景気が回復、上昇局面へと転じたこと、②同時に、景気下降により中断していたリーマン・ショックからの回復の動きが引き続き始まったこと、③安倍政権の公共事業拡大政策により需要が膨らんだこと（アベノミクス「第二の矢」の効果）、④金融大緩和政策の効果への期待から株高・円安が進んだこと、などがその背景にある。加えて、一三年末から一四年初めにかけては、一四年四月からと予定されていた消費税率の引き上げを前にしての駆け込み需要が発生した、ということもある。

ただし、その勢いは一四年三月までであった。一四年四月に景気動向指数は大きく落ち込み、以降、落ち込んだまま（むしろ、やや下降気味に）一六年秋頃まで推移する。その後、やや持ち直し傾向を見せた期間もあったが（一六年秋から一七年にかけて）、一八年からは再び下降気味に推移して今日（一九年夏）に至っている。

以上、やや詳しく見たが、大づかみに見ると、要するに、一四年四月の消費税率引き上げ以降、景気は落ち込んで、今日までほとんど横ばい状態で推移している、ということである。

この間、政府の景気判断（「月例経済報告」にみる景気判断）は、一貫して「景気は穏やかに回復している」であった。正しくは「景気は横ばい傾向で推移している」とすべきであったろう。

なお、気になるのは、一八年夏以降、ジグザグの動きながら、趨勢としては指数が低下気味に動いていることである。トランプ米大統領の対中強硬姿勢により米中関係が悪化しており、中国経済にかげりが見られるようになっていることが背景にある。今後の両国関係の推移いかんということであるが、日本には消費税率再引き上げ(一〇%へ)という問題もある。

一九年秋の時点では、日本の景気は下降局面入り寸前の状況にある、と見ておくべきであろう。

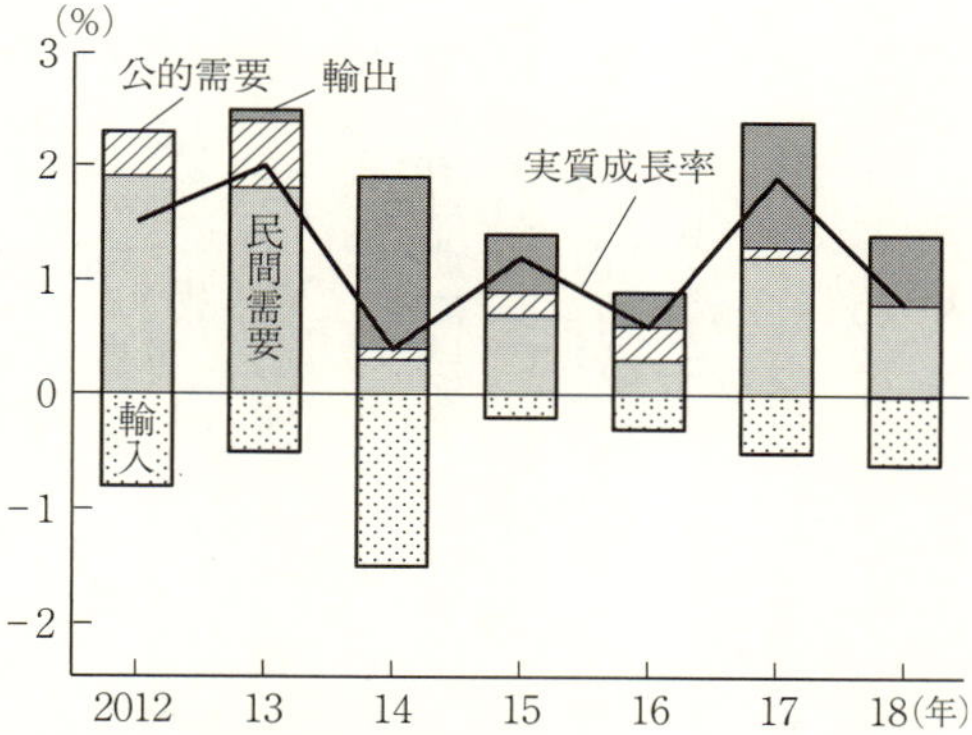

(資料) 内閣府「国民経済計算」

図表8-12　GDP実質成長率と寄与度の推移⑥

GDP実質成長率は六年間の年平均一・〇%

GDP統計で、年ごとの実質成長率の推移を見てみよう(図表8―12)。成長率が一番高かったのは、第二次安倍内閣が発足した一三年の二・〇%であり、あとは〇%台の年と一%台の年が交互に並んでいるが、総じて低成長である。第二次安倍内閣発足以降六年間(対一二年比一八年)の平均実質成長率は一・〇

%である。

発足して間もない一三年の「骨太の方針」の冒頭に安倍内閣は次のように記している。「一九九〇年代初頭におけるバブル崩壊を大きな節目として、日本経済は現在に至る約二〇年間、総じて低い経済成長に甘んじてきた。この間の日本の実質国内総生産(実質GDP)成長率は〇・八%」と。安倍内閣の六年間もほとんど変わらなかった、ということである。

需要項目別に見ると、目につくことが二つある。民間消費支出の伸び率の低さと、輸出の伸び率の高さ、とである。

まず、民間消費支出について見ると、一二年の二九二兆円(実質値。一一年価格換算。以下同じ)が一八年には三〇〇兆円。六年間で八兆円しか増えていない。年平均の増加率は〇・五%。帰属家賃(自宅保有者が、家賃を支払ったとしてGDPの消費支出に加算したもの)という仮定計算分を除いた実際の消費額を見ると(「帰属家賃を除く家計消費支出」)、一二年の二三五兆円が一八年の二三八兆円へ、六年間で三兆円しか増えていない。年平均増加率は〇・三%である。

一方、輸出について見ると、一二年の七三兆円が一八年の九三兆円に、六年間で二〇兆円増えている。この間の実質GDPの増加額は三六兆円であったが、その五五%は輸出の増加によるもの、ということである。ここでも、輸出を除くGDPの実質成長率を計算してみると、六年間平均で〇・六％となる。第五章でみた小泉内閣下の五年間（〇二～〇六年、図表５－18）とほぼ変わらない数値である。相変わらずの輸出依存の経済、相変わらずの消費不振の経済が続いている、ということである。

図表 8-13　アベノミクス下での人件費等の変化

（単位：兆円）

	2012 年度	2017 年度	12 年度比
経常利益	48.4	83.5	73% 増
支払配当金	14.0	23.3	66% 増
支払人件費	197.0	206.5	5% 増

（資料）財務省「法人企業統計年報」

企業利益は一・七倍に、支払人件費は一・〇五倍にとどまる

消費不振の背景には所得の伸び悩みがある。所得を見るためには、本来、同じＧＤＰ統計で雇用者報酬を見ればいいのだが、その元としている「毎月勤労統計」の数字が統計不正の問題があって信頼性に欠けるので、ここでは、別の統計を当たって推測してみることにする。

まず、「法人企業統計年報」（財務省）で、企業が支払った人件費の総額を見る。最新の統計が一七年度までしかないので、対一二年度比一七年度の数字（図表８－13）を示す。法人企業（金融・保険業を除く）の人件費支払総額は二〇六・五兆円で、一二年度比五％増、この間、消費者物価が四・三％上昇しているので、実質で見るとほとんど横ばい、消費民間消費支出がきわめて低い伸びにとどまっているのも、さもありな

ん、ということになる。

国税庁「民間給与実態統計調査」（こちらの統計も一七年までしか発表されていないが）で、「一年間働いた人の平均給与」を見ると、一七年のそれは四三二万円で、一二年の四〇八万円に比べ五・九％増、物価上昇を考慮に入れると実質で一・四％増、年平均にして〇・三％増となり、先に見た消費支出（帰属家賃を除く）の年平均〇・三％増と、およその整合性はとれる。

要は、（不思議なことでも何でもないが）消費不振の背景には賃金（企業から見ると人件費）の低い伸びがある、ということである。

あわせて、法人企業統計を見たついでに、企業の経常利益と、支払配当金の数字も拾っておこう（図表8－13）。一七年度のそれは、経常利益七三％増、支払配当金六六％増である。アベノミクスの「世界で一番企業が活動しやすい国に」という目標は、着々と実現されつつあるようである。

5　アベノミクスは失敗した、それでもまだまだ続きそう

第二次安倍内閣が発足してから間もなく七年になる。統計では六年間の結果が出そろったと

ころで、アベノミクスをどう評価するか。
失敗したと言わざるをえない。
失敗と見る根拠は二つある。一つは、自ら掲げた政策目標をいまだ実現できていないことである。

成長率目標も、物価上昇率目標も達成できないでいる

「長期にわたるデフレと景気低迷からの脱却」すなわち「日本経済の再生」を経済政策の課題として捉えた安倍内閣は、アベノミクスによってその課題を達成するとした。掲げた目標は、名目成長率三％、実質成長率二％である。すなわち、「骨太の方針(二〇一三)」に次のように記している。

「今後一〇年間(二〇一三年度から二〇二二年度)の平均で、名目GDP成長率三％程度、実質GDP成長率二％程度の成長を実現する。二〇一〇年代後半には、より高い成長の実現を目指す」と。

結果はどうか(図表8－14)。年ごとの数字で見ると、①名目成長率が三％を超えた年は一度だけ――消費税率の引き上げの影響で名目GDPが膨らんだ一五年だけ――である。あとの五

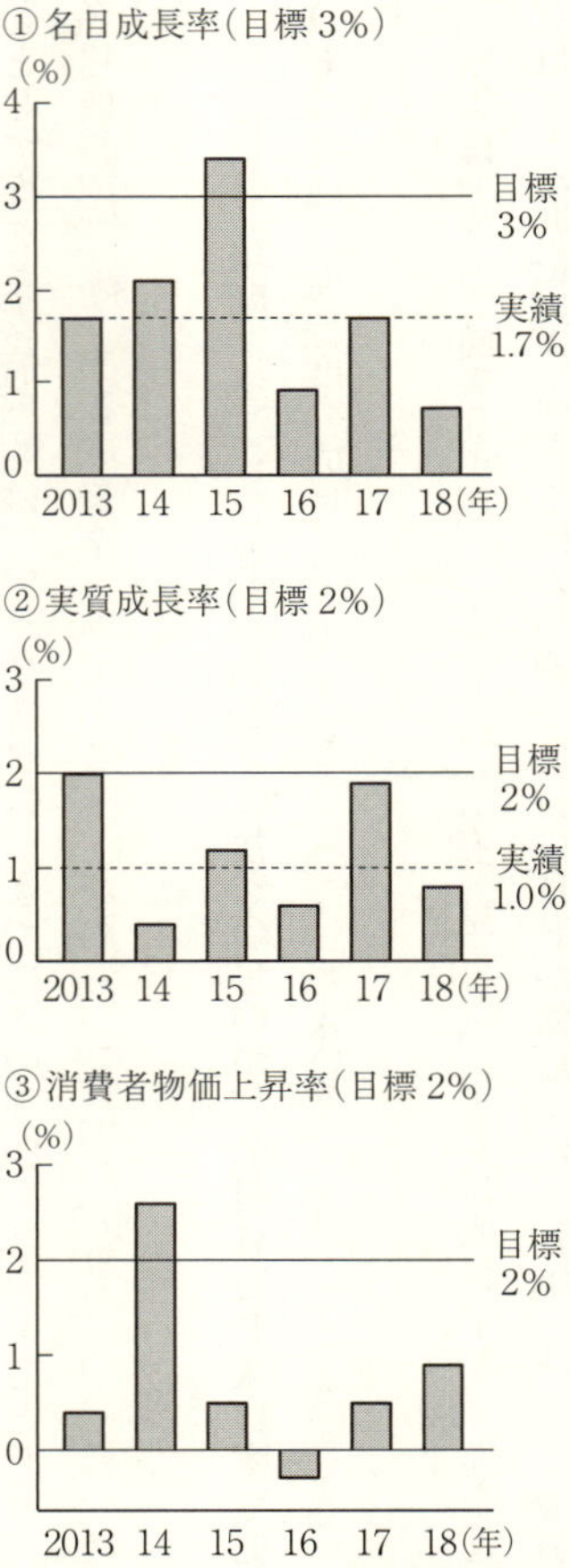

(資料) 内閣府「国民経済計算」, 総理府「消費者物価指数」

図表8-14　自ら掲げた目標を達成できないでいるアベノミクス

年は三%に遠く及んでいない。一三年から一八年までの六年間の年平均成長率は一・七%である。②実質成長率は、二%に達した年が一度だけ、あとは一%台かそれ以下にとどまっている。六年間の年平均成長率は一%である。

ともに、目標を大きく下回る実績で「二〇一〇年代後半には、より高い成長の実現を目指す」もないものである。

あと一つ、③デフレの克服については、日本銀行が、消費者物価(生鮮食品を除く総合指数)の上昇率二%という目標を掲げている。「異次元の金融緩和政策発動時」(一三年四月)に、「二年程度の期間を念頭に置いて、できるだけ早期に」達成としていたものが、いまだに実現できないでいることは周知のところである(図表8-14)。

このように、自ら掲げた目標を、アベノミクスは達成できないでいる。失敗と評価せざるをえないゆえんである。

人々の暮らしを厳しくした

あと一つ、アベノミクスは失敗したと見る根拠がある。人々の暮らしを厳しくした、ということである。およそ、あらゆる経済政策は人々の暮らしを良くすることを目標としているはずである。その政策で人々の暮らしが良くなればその政策は成功、悪くなれば失敗と見るべき、ということである。その評価は短期間ではむずかしいが、アベノミクスはすでに政策発動から六年以上が経っている。

この六年余りの間に人々の暮らしはどうなったか、ということである。

さまざまな指標があるが、総理府「家計調査」で、勤労者家計(二人以上世帯)を対象に、一八年の数字を一二年のそれと比べてみると以下の通りである。

①世帯平均の可処分所得は月換算(以下、同じ)で一八年は四五万五〇〇〇円であり、一二年の四二万五〇〇〇円に比べ、六年間で三万円増。増加率七%。この六年で消費者物価が、消費税増税の影響もあり五・三%上がっている。差し引き実質所得は六年間で一・六%の増加にとどまる。

②消費支出は一八年が三一万五〇〇〇円で、一二年の三一万三〇〇〇円に比べ二〇〇〇円(〇・六%)しか増えていない。物価上昇を考慮に入れると実質消費は四%減。すなわち、サラリーマン世帯の暮らしは、アベノミクスの下、六年間で実質消費が四%落ちた、暮らしはそれだけ貧しくなった、ということである。

③可処分所得の伸び率よりも消費者支出の伸び率が低くなっている。すなわち、消費性向(消費支出÷可処分所得)が下がっている(一二年七三・六%→一八年六九・二%)、ということは、所得が伸びない中でも、各世帯は消費を抑えて貯蓄に回そうとしている、ということであり、人々の将来不安が高まっている、ということである。安倍内閣の社会保障制度改悪の影響が消費の伸び悩みをもたらしている、景気にも悪影響を及ぼしている、ということである。

④とはいえ、食料品への支出は抑えるにも限度があるから、結果として、エンゲル係数(食料品支出÷消費支出)が著しく上がっている(一二年二二・一%→一八年二四・一%)。

⑤とくに所得の低い層(「家計調査」で低い方から二〇％——第1分位——の世帯)では、医療費、教育費の一八年の支出を、ともに一二年比で一〇％抑え込んでいる。

もう十分であろう。アベノミクスはこれだけの打撃をサラリーマン世帯に与え、多くの人々が生活に苦しんでいる、ということである。

アベノミクスは失敗した、と言わざるをえない。

なぜ、アベノミクスは失敗したのか

なぜ、アベノミクスは失敗したのか。はっきりした理由が二つある。

一つは、「三本の矢」がことごとく的外れの矢で、日本経済の長期停滞やデフレの真因に届かなかった、ということである。見てきたように、日本経済の長期停滞の真因は消費の伸び悩みにあり、その背景には、賃金の下落、そして伸び悩みがある。いくら金融を緩和したところで(「第一の矢」)、また、さまざまな形で企業が儲かるよう取り計らったところで(「第三の矢」)、賃金が上がらないかぎり、日本経済の「再生」はなくデフレからの脱却はできない。また、公共投資の拡大(「第二の矢」)は、消費不振による需要不足を補うという点では、「三本の矢」のうち、比較的、的近くに飛ぶ矢ではあったが、いかんせん、財源問題もあって矢数に限りがあり、

効果は一時的なものにとどまらざるをえなかった。

二つは、アベノミクスが人々の暮らしの行方に全く無頓着で、賃金を上げるなどして暮らしを良くする政策が必要であったにもかかわらず、逆に、暮らしを傷つける政策（消費税増税、社会保障制度改悪など）を取り続けたことにある。

うまくいかなくて当然、これでうまくいき成果が収められたらその方が不思議、というのがアベノミクスなのであった。

ただし、それにもかかわらず、安倍内閣は、アベノミクスの明らかな失敗を失敗と認めず、手を替え品を替え（「働かせ方改革」「ソサエティ5・0」など新しい目くらましを用意して）、なおもアベノミクスを継続していくつもりのようである。究極の目標はただ一つ、「世界で一番企業が活動しやすい国」にすることであり、それが実現するまでは、ということか。

6　これからの経済と暮らし、どうなる？　どうしたらいいか？

安倍内閣が、さらにいましばらく続く、経済政策の面ではアベノミクスが取り続けられると仮定すれば、日本経済にも、人々の暮らしにも明るい展望はほとんど持てない、ということになる。

消費税増税で景気はさらに悪くなる

景気が徐々に下降していることはすでに見た（図表1－1）。これに消費税率引き上げ（一〇％へ、一九年一〇月）の悪影響が加わり、米中経済摩擦による中国経済の減速（さらには米国経済の減速）の影響が加わるとすると、下降局面入りするのは必至となる。楽観的シナリオを描いているとみられる「政府見通し」（一九年七月閣議了解）でも、一九年度（一九年四月～二〇年三月）のGDP実質成長率の見通しは〇・九％で、一八年度の実績（〇・七％）並みである、としている。より客観的と見られるOECDの見通し（一九年五月）によれば日本の一九年の成長率は〇・七％、二〇年は〇・六％である。

「構造改革」の下で、「景気が良くなっても賃金が上がらない」という構造に変わってしまった日本経済だが、「景気が悪くなったら賃金も下がる」という構造はそのままである。これからの人々の暮らしは一段と厳しくなろう。

加えて、さまざまなアベノミクスの暮らしへの悪影響がある。「働き方改革」ならぬ「働かせ方改革」のもとで、労働現場は一段と厳しくなるおそれがある（長時間労働の常態化、正規社員の処遇引き下げ、など）。社会保障制度「改革」のさらなる進展のもとでの、福祉サービスの劣化、自己負担の増加、など。

さらには、やがてはくるアベノミクスの終焉の時に、必ず生じるであろう諸問題にどう対処するか、という問題がある。

アベノミクス終焉の時に起きる問題にどう対処するか

アベノミクスは、いわば矛盾先送り型の政策である。その代表格の例の第一は「異次元の金融緩和政策」で、効果を出せないままひたすら積み上がった日本銀行の供給資金量（マネタリーベース）は一九年三月末ですでに五〇〇兆円を超え、GDP比一〇〇に迫ろうとしている（政策の発動前の一二年末は一四〇兆円、GDP比三〇%ほどであった）。これをどう収束させ、正常化させるか。正常化の過程で金利の上昇は必至である。消費者物価の上昇率が一%ほどという現状から考えると、〇%台の長期国債の利回りが一%程度に向かって上昇していくことは必至である。その結果としての、既発国債の価格の大幅下落、つれての、国債を大量保有する金融機関（日本銀行を含む）における巨額損失の発生。加えて、金利上昇による株価の下落（実体経済の裏付けのない株価だけに暴落の懸念すらある）。

あるいは、新規発行国債（その年の歳出をまかなうために発行する国債）の金利上昇による財政負担の増加、等々。懸念の種は尽きない。

アベノミクスは、財政赤字への対処も先送りしてきた。代表格の例の第二である。

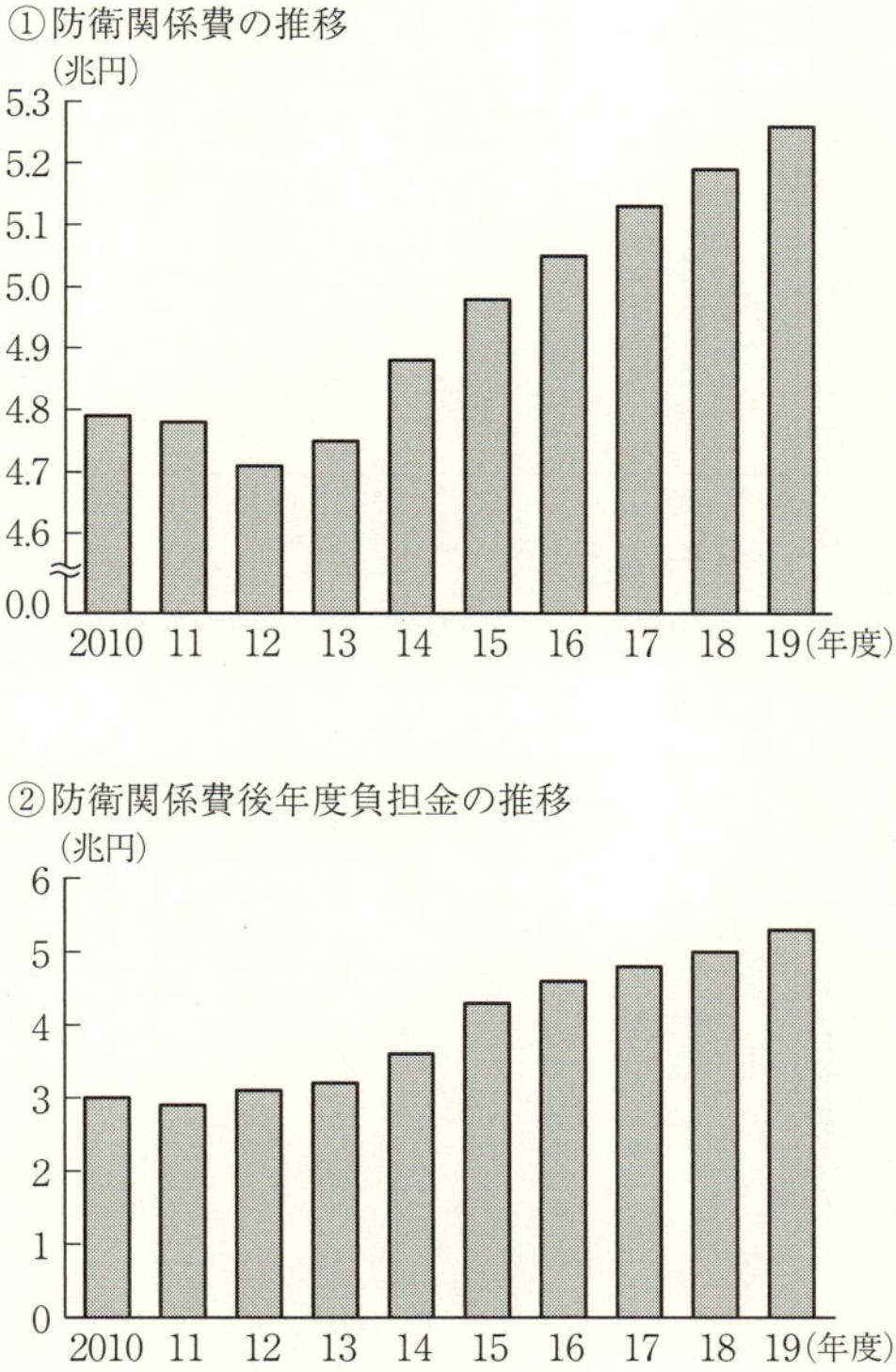

(資料) 財務省ホームページ

図表 8-15　安倍内閣の下，膨れ上がる軍事費

その見えやすい例は、防衛関係費である。年々（第二次安倍内閣になっての一三年度から、最近年一九年度まで七年連続）増加させてきた（図表8－15①）。加えて、代金を賦払いとし、先送りしたツケが膨らんでいる。「後年度負担金」を、年々膨らませてきているのである（図表8－15②）。一九年度の後年度負担額は五兆三〇〇〇億円を超し、すでに年度予算の額（五兆二六〇〇億円）を超過するに至っている。今後の防衛関係費がさらに膨れ上がること必至である。

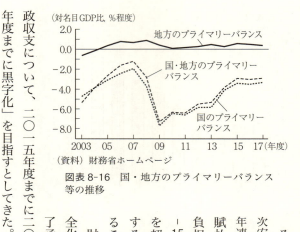

財政再建に関して、安倍内閣は、当初「当面の財政健全化に向けた取組等について――中期財政計画」を閣議了承し（二〇一三年八月）、「国・地方を合わせた基礎的財政収支について、二〇一五年度までに二〇一〇年度に比べ赤字の対GDP比を半減、二〇二〇年度までに黒字化」を目指すとしてきた。

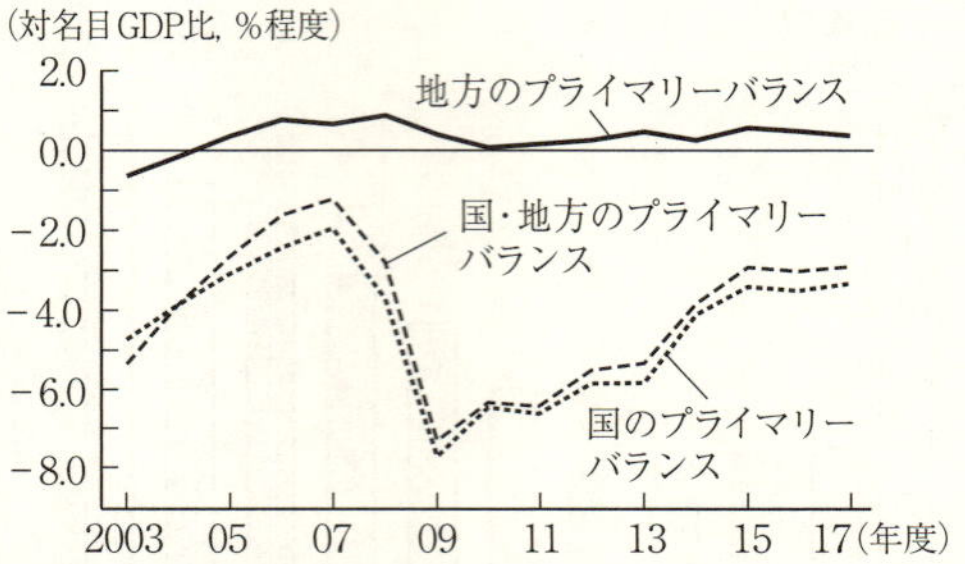

（資料）財務省ホームページ

図表8-16　国・地方のプライマリーバランス等の推移

一九年度までの実績は図表8－16に見る通りであり、「二〇二〇年度までに黒字化する」という目標は到底実現できそうにない（安倍首相がこの間、目標実現に向けて努力したとも見えないが）。

そこで、ということであろう。安倍内閣は「骨太の方針（二〇一八）」において、新たに「経済再生と財政健全化に着実に取り組み、二〇二五年度の国・地方を合わせたＰＢ（プライマリーバランス）黒字化を目指す」と目標達成年次を五年、先送りした（目標達成は、多分、安倍内閣退陣後のことである）。

ただし、この目標年次での達成もまた、きわめて困難と見るほかない。内閣府が経済財政諮問会議に提出した「中長期の経済財政に関する試算」（一九年七月）によると、経済成長率がこれまでの安倍内閣の実績（実質成長率一～一・三％、名目成長率一％台半ば）とした場合、二五年度の基礎的財政収支の赤字は国と地方を合わせて対ＧＤＰ比一％台（国のみだと二％近く）としているのである。

成長率が名目三％、実質二％という政府目標を上回るとすれば、「二〇二六年度に概ね収支均衡する」というのが、いま一つの試算結果である。

財政再建もさらに先送りされる可能性が高い。

「これからどうなる？」という問いに関しては、「安倍内閣が続く限り、良くなるという展望はない」と答えざるをえない。できることは、「悪くなることをできるだけ止めること」ということであろう。個々の政策の発動に対して、それぞれ関係する市民や労働組合等の努力に期待する以外にない。

経済を、暮らしを良くするには？

一方、経済を、暮らしを良くするにはどうしたらいいか、という問いに対する答えは、前向きなものをいくつか提出できる。

第一に必要なことは、賃金を大幅に引き上げるほか、労働条件を抜本的に改善することである。

第二は、社会保障制度を良くすることである。

このことに成功すれば、人々の暮らしは確実に良くなる。肝心なことは、そうして人々の暮らしが良くなれば、日本経済もまた良くなる、ということである。

第一について見ると、賃金の低下が（民間消費支出の伸び悩みを通じて）日本経済の成長率を引き下げてきたことはすでに見た（第六章、図表6－5①②）。日本の賃金の伸び率の低さは、今も続いている（図表8－17）。一九九七年から二〇一五年にかけて、欧米主要国の賃金が五〇～八〇％上がる中で、ひとり日本のみが一〇％ほど賃金を下げていた。一五年から一八年にかけて、日本も賃金は上昇に向かっているが、その上昇率は三％弱と、他の主要先進国の上昇率五〜八％に比べ低い。この賃金上昇率の低さが改善されれば、米国、ＥＵに比べ相対的に低い日本の成長率（図表８－18）も高まろうというものである。

すなわち、日本は人々の暮らしが良くなれば経済も良くなる、という恵まれた状況にある（逆は必ずしも真ではない）。

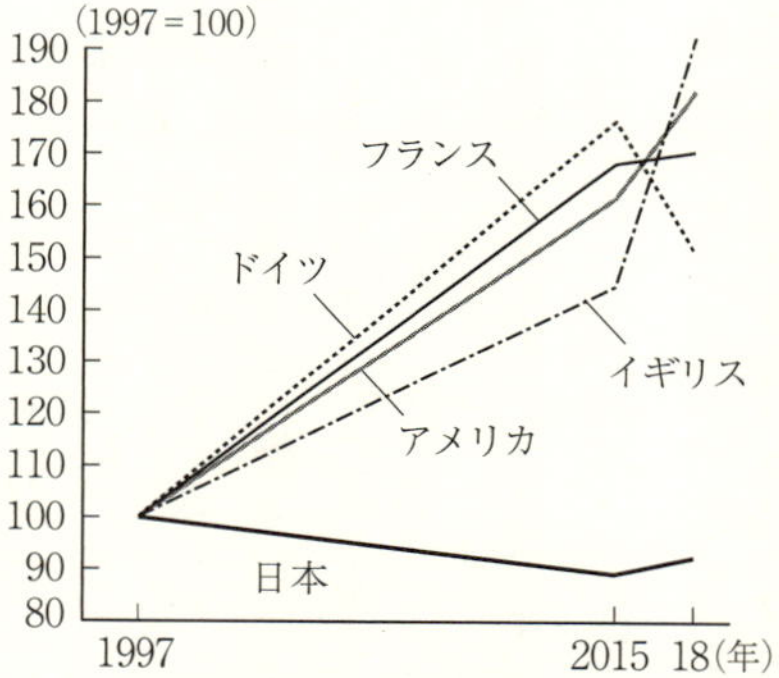

（注）残業代を含めた民間部門の総収入を働き手１人当たり金額に換算したもの
（資料）"OECD" "Hourly Earnings Private Sector index, SA"

図表8-17　相変わらず低い日本の賃金上昇率

図表8-18　日本，米国，EU の経済見通し

（実質成長率（実績と見通し）：％）

年	2018	2019	2020
日本	0.8	0.7	0.6
米国	2.9	2.8	2.3
E U	1.8	1.2	1.4

（出所）OECD Economic Outlook（2019. 5）

第二について、社会保障制度の「改革」が、とくに、近年の安倍内閣の下で、人々の将来不安を高め、消費性向を低めて消費の伸びを抑え、日本経済の停滞につながっていることを先に見た。社会保障制度の改善が、近年のこの傾向に歯止めをかけ、さらにはこの流れを逆転させうることは十分に可能といえよう。

ここでも、暮らしを良くすることが日本経済を良くなることにつながるわけである。

暮らしを良くすることは可能である

問題は、賃金の引き上げその他労働条件の改善が、そして社会保障制度の改善が可能か、ということである。

十分可能である、というのがここでの答えである。

第一の、労働条件の改善は企業の支払い能力と強くかかわる。近年における収益水準の高さ、内部留保の多さからすれば、企業全体としてはその能力が十分にあることは立証するまでもないであろう。いかにして、その収益を、あるいは内部留保を、働く人の暮らしの改善のために吐き出させていくか、それは政治の問題であり、最低賃金の大幅引き上げ、低賃金である非正規雇用者の正規雇用化を図ること(非正規での雇用、派遣労働の規制強化など)、方法はいろいろとあろう（あわせて言えば、中小・零細企業など支払い能力に欠ける企業については、当面は政府が支援する、中長期的には取引先大企業との取引関係を改善させることなども必要になろう）。ただしここでは、企業全体としての支払い能力は十分にある、と指摘するにとどめておく。

第二の、社会保障制度の改善については、財源が問題となる。財政問題については、橋本内閣、小泉内閣といった「構造改革」内閣が強い意欲をもって（まちがった方向で）取り組んできたところである。安倍内閣も、正面から財政問題に取り組んでいるとは見えないが、社会保障制度の「改革」を進めている背景には、やはり財政問題を意識しているところがある。

本書では、これまでの各章で、そうした「構造改革」派各内閣の「財政問題」への取り組みがいかに日本経済に、そして人々の暮らしに厳しい影響を与えたかについて見てきたが、さて、日本の財政問題をどう捉えるかについては論じてこなかった。

そこで最後にⅢ「第九章」を独立した章として設け、日本の財政問題を取り上げ、論じることをもって本書の結びとしたい。

Ⅲ　日本財政をどう捉えるか

第九章　日本は世界一の金余り国——ギリシアにはならない
(第三章〜第八章への補論)

日本政府は巨額の借金を抱えているが……

日本政府は巨額の借金を抱えている。国債だけについてみても、二〇一九年度末には八九七兆円になるという(財務省推計)。その他の形での国の借金、そして、地方債など地方自治体の借金もあわせた政府部門全体の借金残高はすでに一三〇〇兆円を超えている。対GDP比で二・四倍近くとなっており、他の先進主要国が、イタリアの一・三倍を別とすると一・一倍(米国)かそれ以下である。それらの国と比べると日本政府の借金は際立って多い(図表9-1)。年金積立金や外貨準備など日本政府は金融資産を他の国に比べ多く持っているが、保有する金融資産を除いた純債務残高の対GDP比で見ても、やはり日本は多い(図表9-2)。この現状を評して、財務省は「主要先進国の中で最悪の水準」と記している(財務省ホームページ)。「最悪」

かどうかはともかくとして、「最大」であることは確かである。

ただし、注意すべき点が三つある。

一つは、政府の借金残高の対ＧＤＰ比は政府の借金残高の多さを測る一つの目安ではあるが、

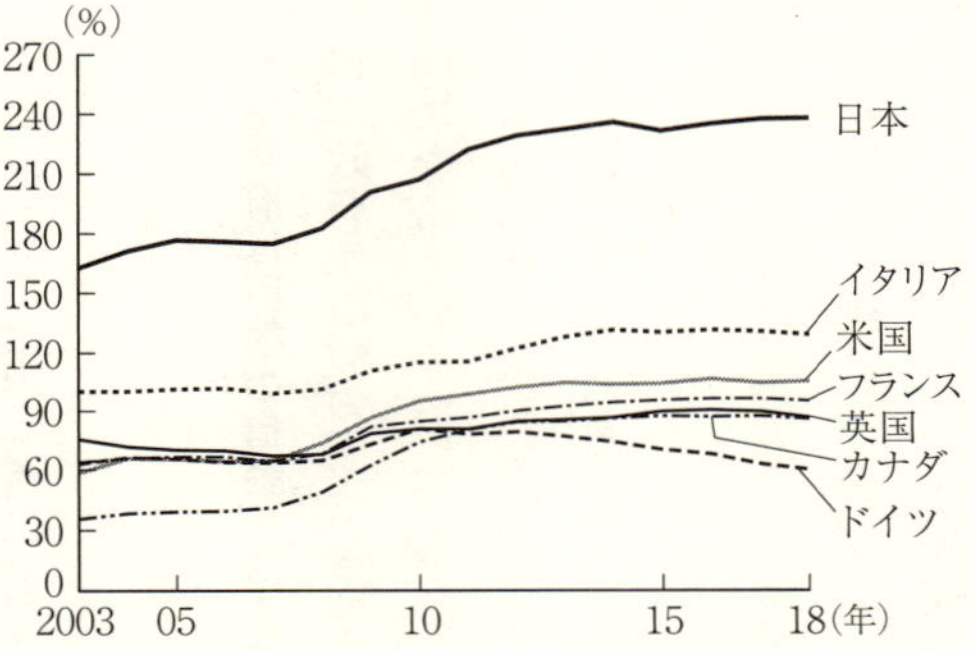

（資料）財務省ホームページ

図表 9-1　債務残高の国際比較（対 GDP 比）

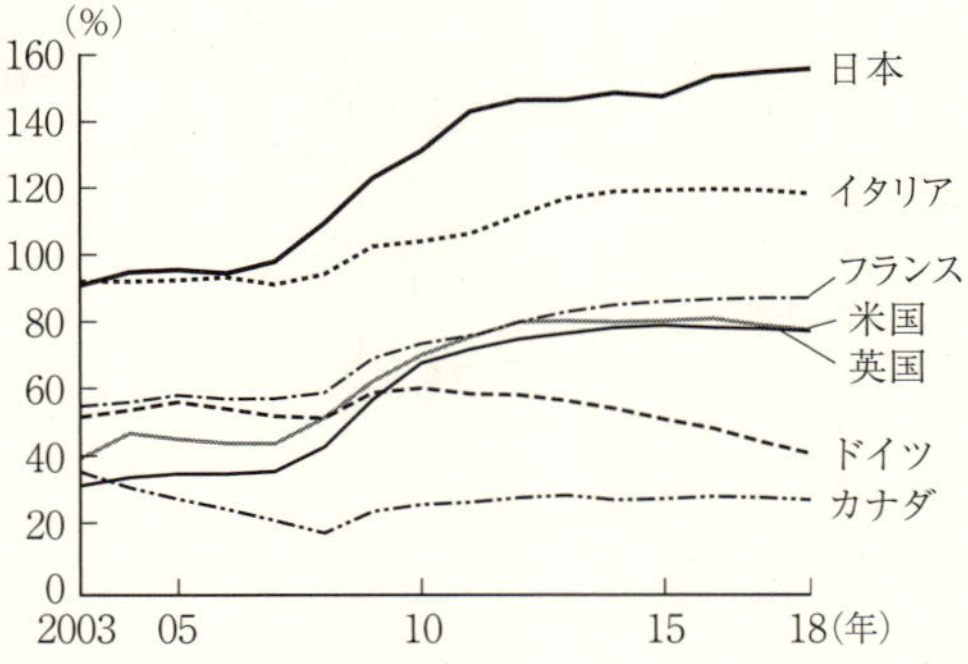

（資料）財務省ホームページ

図表 9-2　純債務残高の国際比較（対 GDP 比）

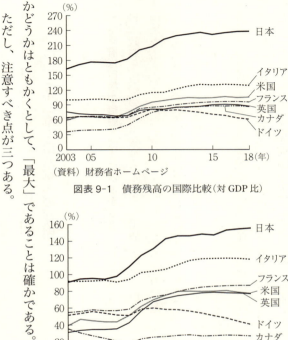

目安にしかすぎない、ということである。その数字が1を超えたから、あるいは2を超えたからどうこうという数字ではないということである。

二つは、国債残高およそ九〇〇兆円、あるいは、政府部門の総借金残高一三〇〇兆円という数字を見て「とても返せない」と悲観する必要はない、ということである。短期間ではもちろんのこと、相当長期間かけても返せないのは事実であるが、だからといってどうということはない。

借り手は政府である。返済期限がきて返せと言われて返す資金が必要になったら、その分、資金を調達できればそれでよろしい、期限前であってもまとめて全部返せなどということはまずないし、返す必要もない、ということである。現在、国は、新規発行国債を三〇兆円超、借り換えのための国債(借換債)を一〇〇兆円超、あわせて一四〇兆円ほどを毎年発行しているが、その国債はきちんと消化されている。

その三は――これが最も大切なことであるが――日本政府はお金が足りなくて苦労しているが、日本国内にはお金が余っている、日本は世界一の金余り国である、ということである。

図表 9-3　経済部門別に見た資金過不足（2018 年末）

（単位：兆円）

	金融資産残高	負債残高	過不足（△印は不足）
政　府	565	1,304	△739
法人企業	1,142	1,632	△490
家　計	1,830	321	1,509
その他（非営利団体等）	（省略）		61
国内部門計			341

（資料）日本銀行「資金循環」

日本は世界一の金余り国

国内で経済活動を行っている主体を、大きく三つの部門――政府部門、法人企業部門（金融機関を除く）、家計部門――に分けて、それぞれの部門ごとの金融資産残高・負債残高を見てみる（図表9－3）。

一八年末の統計で見ると、まず、政府部門は、金融資産残高（年金積立金その他）五六五兆円に対して負債残高（国債・地方債その他）が一三〇四兆円と、見てきた通りの巨額（約七四〇兆円）の負債超過である。次に、法人企業部門は金融資産残高一一四二兆円に対して負債残高（株式、社債、借入れ等）が一六三二兆円、差し引き四九〇兆円の負債超過となっている（借入れ等の資金は、大半が工場や設備、本社や事務所、営業所のビルなどの固定資産となっているのであろう。図表9－3には、金融資産・負債しか記入されていないので、念のため）。第三に、家計部門であるが、全家計あわせて、およそ一八三〇兆円の金融資産（現金、預金、証券、保険など）を保有している。住宅ローン等の借入れ三二一兆円を差し引くと一五〇九兆円の資産超過である。この三者と残り（財団等の非営利団体、金融機関の自己資金等）を加えると日本全体で三四一兆円ばかりの金融資産超過となる。

この超過資金はどうなっているか。国内で使いきれない余剰資金だから、さまざまな形で海外に流出している（証券投資、出資金、外貨預金、その他）。厳密に言うと、海外からもさまざまな形で日本に資金が流入してきているから、日本から海外に流出している資金の総量と、海外から日本に流入している資金の総量との差として統計は作られているが、その額三四一兆円に見られる通り（図表9－4）、日本は世界一の金余りの国なのである（すでに数十年間、そうであり続けている）。

図表9-4　主要国の国内余剰資金（2018年末）

日　本	341兆円
ドイツ	260
中　国	236
香　港	143
スイス	99
カナダ	42
ロシア	41
イタリア	△8
英　国	△20
フランス	△33
米　国	△1076

（注）△は不足資金
（資料）財務省「本邦対外資産負債残高」

政府がお金が足りなくて借金する。借金しても借金してもまだできる、それでもなお、国内では使いきれないお金が残っている、というのが現実なのである。

日本はギリシアには決してならない

こうした状況からみて、はっきり言えること

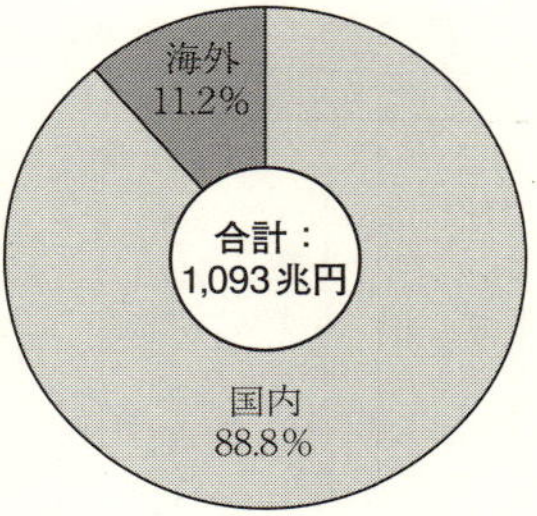

諸外国の国債等所有者の海外比率

アメリカ	38%
イギリス	27
ドイツ	50
フランス	55
イタリア	36

（資料）財務省ホームページ

図表 9-5　国内・海外別に見た国債の所有内訳（2017 年 12 月）

がある。日本はギリシアのようには決してならない、ということである。

ギリシア政府も日本政府と同様、お金がなかった。借金して（主として国債を発行して）お金を調達していた。ただし、借金残高の対ＧＤＰ比は一・三倍程度、今の日本よりは相当に少なかった、と思われる。それでも、ギリシア危機が発生した。なぜか。

ギリシアと日本の大きな違いは、日本は国内にお金が余っているが、ギリシアは、国内にお金が十分にはなかったことである。ギリシア国債はそのかなりの部分が海外の金融機関や投資家に保有されていた、その国債が、ギリシア政府の発表している数字に偽りがある、ギリシアの財政は言われているよりももっと厳しいという噂が出るなかで売りに出され、買い手がつかず値崩れし、ギリシア政府が新しく国債を発行しようとしてもそれもできず、ギリシアは危機に陥った、ということである。

日本とは大きく事情が異なる。日本は国内に潤沢な資金がある。日本国債の九〇%近くは国内で保有されている(図表9－5)。海外の保有者も含めて日本国債の保有者が日本財政の先行きに不安を感じて売りに出しても、多分すぐに買い手がつくであろう。

あと一つ、ギリシア国債と日本国債には大きな違いがある。ギリシア国債は、基本、ユーロ建てである。ギリシア国債に不安を感じた投資家は、国債を売ってユーロを手にする。そのユーロで、ただちにドイツ国債やフランス国債等を買うことができる。乗り換えに不安もなく、手間もかからない。一方、日本国債を売って手に入るのは、基本は円である。そのままでは他国の国債を買うわけにはいかない。ドルかユーロか、いずれにしろ為替リスクを負わなければならない(ドル安とかユーロ安、すなわち円高となり、損失を被るおそれが出てくる)。円建ての社債等への乗り換えはできるが、日本国債が値崩れするおそれがある場合、おそらく日本の社債等も値崩れしていくであろう。日本国債を売っても、入手したお金の使い方に困る、という現実がある。

考えられるのは、全般的な円安の進行が始まり、それが止まりそうにない時だが(その可能性はなしとしないが)、それはもはや、日本財政の問題というよりは日本経済全般の問題とみるべきであろう。

ギリシア危機の発生を目の当たりにして、民主党政権時の菅内閣や野田内閣が、「日本もそうなっては困る」と消費税増税路線へと舵取りを変えたのだとすれば、無知な、愚かな選択であったと言うほかない。

財政再建、あわせて社会保障の拡充などは必要

当分の間、日本がギリシアになるおそれはないであろうが、それはそれとして、日本財政の現状――巨額の借金を抱え、その上さらに毎年、借金を増やしているという現状――はいかにも不健全である。

加えて、こうした厳しい財政状況を理由に社会保障制度が改悪され、人々の暮らしをおびやかしている、ということもある。健全化に向けて、加えて、人々の暮らしを守るそのための財源を捻出するという視点からも財政再建は必要である。

いくらの資金が必要か。

現在の政府は、とりあえずの目標として、基礎的財政収支の均衡を掲げている。国債費以外の支出を、税金（とその他若干の経常収入）でまかなう姿に持っていこう、というのである。一九年度予算でみると、国債費以外の支出は七八兆円である。これに対して、税収その他の経常収入（国債発行以外の収入）は六九兆円で、基礎的財政収支を均衡させるためには、およそ九兆円の

である。

資金の捻出が必要、ということになっている。それだけの増税か支出削減が必要、ということ

もっと大きな視点、均衡財政の回復を目指すとすれば、一九年度の公債発行額三三兆円(うち、特例国債二六兆円、建設国債七兆円)をゼロにする、あるいは、財政法が認めている建設国債はいいとして、特例法を作って発行している特例国債の発行をゼロにすることが必要となってくる。二六兆～三三兆円の資金捻出が必要、ということである。

当面は九兆円、さらにその先は一七兆～二四兆円、理想から言えば、最終的には三三兆円の資金の捻出が財政再建のために必要、ということで、いずれにしろ巨額だが、問題はそれだけではない。日本の社会保障制度がいまだ貧しいことを考えると制度の拡充のためにも資金が必要ということがある。

貧しい日本の社会保障制度の拡充が必要

「日本の社会保障制度は……先進諸国に比べ遜色のない制度となっている」というのが政府の公式見解のようだが(「社会保障・税一体改革大綱」一二年二月閣議決定)、そんなことはない。大きな問題をいくつか抱えている。

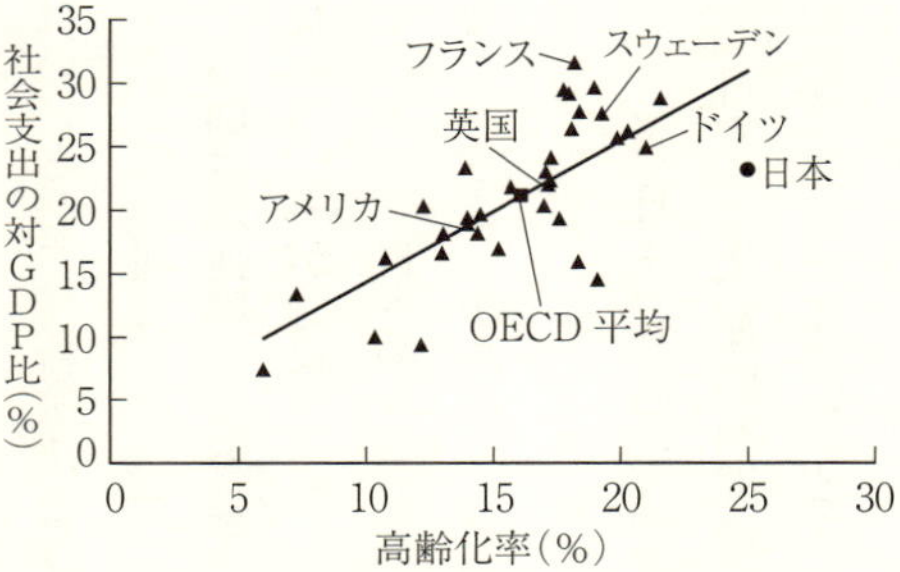

（注）高齢化率とは，全人口に占める 65 歳以上人口割合
（出所）厚生労働省「厚生労働白書（2017 年版）」

図表 9-6　高齢化率と社会支出の国際比較（2013 年）

第一は、制度はあっても、その内容が貧弱なことである。老後の生活を保障できない年金制度、など。

第二は、制度を利用できないでいる人が多数存在することである。カバー率三割程度と推測される生活保護制度、その他。

第三は、制度利用者の負担が重く、貧しい人には利用しづらい制度が多いことである。原則三割は自己負担という医療保険制度、その他。

第四は、制度の現場で働く人の処遇が劣悪（賃金が低い、労働が苛酷である等）で、制度がそうした現場の人たちの犠牲の上に成り立っている。介護、看護、保育など。

こうした点は早急な改善が必要であるが、そのためには、政府は社会保障にもっと資金をつけなければならない。

政府は、社会保障制度の拡充にどれほどの資金を注ぎ込む必要があるか。国際比較してみよう。

図表9‐6は、横軸に高齢化率（六五歳以上人口÷総人口）、縦軸に政府の社会保障支出の対GDP比をとって先進各国（OECD加盟国）の位置を表示したものである。図中に一本の斜線があるが、これは、社会の高齢化が進むとともに、GDPに対する社会保障支出の比率も高くなる、という傾向を示したものである。

日本の位置は？と見ると、図の右上、傾向線からかなり下にある。日本はOECD諸国の中で最も高齢化の進んだ国である、ただし、高齢化が進んでいるにしては、GDPに対する社会保障支出の割合は低い、ということをこの図は示している。縦軸で二三％の位置にある日本を上方に（縦軸に平行に）移動させて傾向線（斜線）と交わる位置に置くとどうなるか、およそ三一％である。すなわち、対GDP比であと八％社会保障支出を増加させると、日本の社会保障制度はOECDの国々とほぼ等しい制度になる、ということである。

日本のGDPはおよそ五五〇兆円である。五五〇×〇・〇八＝四四、すなわち、あと四四兆円、社会保障支出を増加させれば、日本の社会保障制度は多くの先進諸国並みの制度とすることができる。先にみた、現状抱えている諸問題も解決できるだろう（年金制度を安心して老後の生活を送れる制度とすることができる、必要とするすべての人に生活保護費を支給できるようになる、

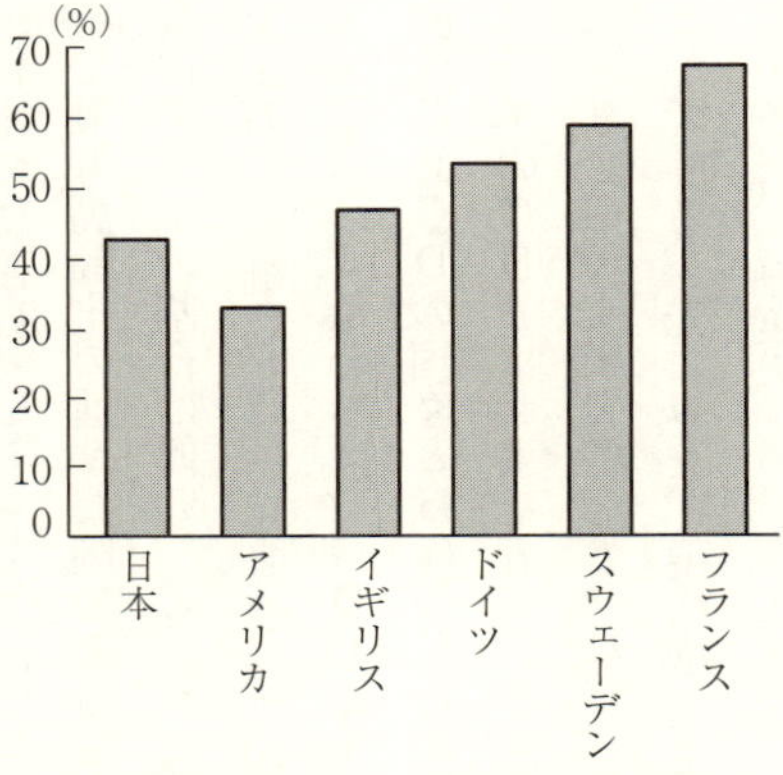

（注）2016年（日本は2016年度）の数字
（資料）財務省ホームページ

図表9-7 日本の国民負担率は低い（主要国との比較）

医療費等をタダにし、誰でもお金のことを考えずに治療を受けられるようになる、介護や医療等の現場で働く人の処遇を良くし、誰もが気持ちよく働ける職場とすることができる、等々）。

財政健全化は可能である、社会保障制度の拡充も可能である

財政健全化のために、最大限の目標（均衡財政の確立）を達成するためには三三兆円の資金が必要、ということであった。加えて、社会保障制度の拡充のために、四四兆円が必要。あわせて七七兆円。まだまだある、日本の貧弱な文教予算（対GDP比でみてOECD加盟国中最低）の増額、国、地方ともに多数存在する非正規職員の正規化、等々。

しかし、話を膨らませるのはやめにして、ここでは七七兆円（大雑把な試算だから、八〇兆円とみて）、その資金の捻出が可能かについて考えてみよう。

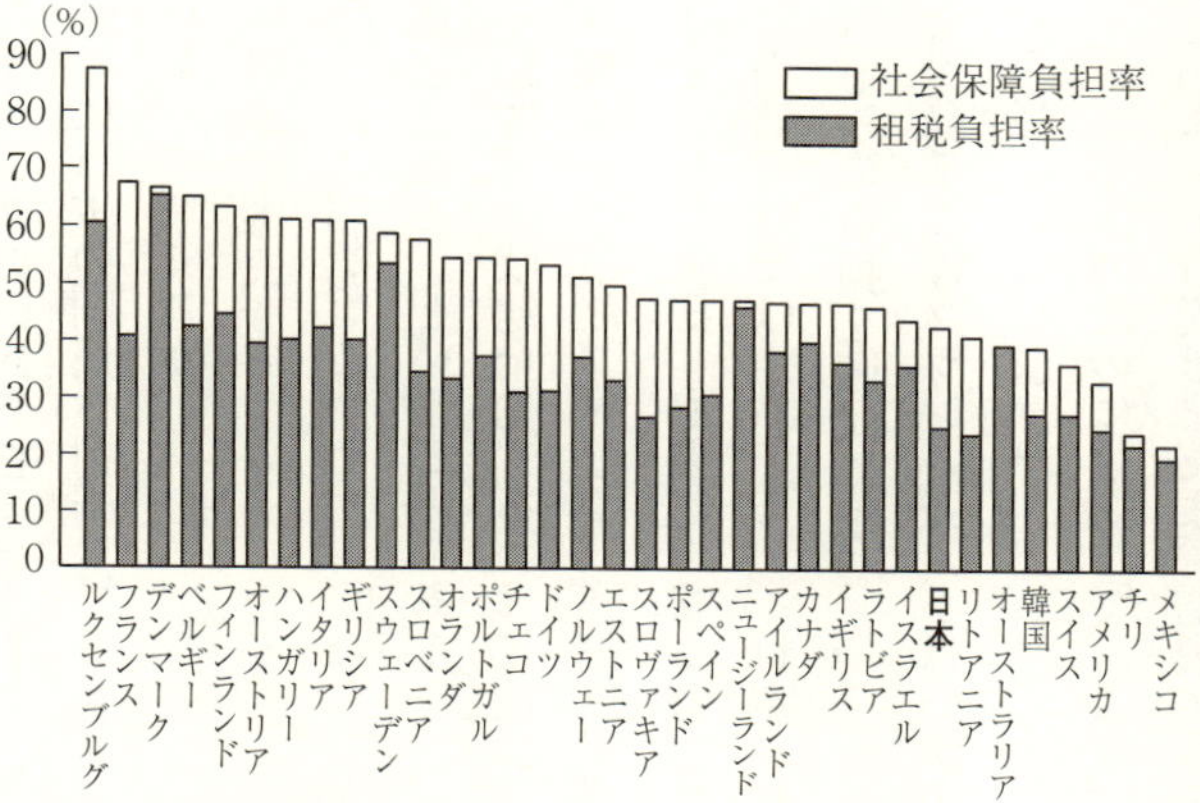

（出所）財務省ホームページ

図表 9-8　国民負担率（対国民所得比）の OECD 諸国との比較

可能である、というのがここでの答えである。

救いは日本の国民負担率（（税＋社会保険料）÷国民所得）の低さである。

日本の国民負担率は、一九年度で四二・八％と米国以外の主要先進国と比べて、きわめて低い（図表9－7。図は一六年についての比較だが、日本の一六年度は、一九年度と同じ四二・八％）。

ＯＥＣＤ加盟国と比較しても、低い方から八番目と、低い（図表9－8）。

負担率の高い方で、代表的な国は、フランスであり、スウェーデンである。この両国は社会保障支出の対ＧＤＰ比で見ても高く、高い国民負担のもと、高水準の社会保障を実現している、とみることができる。

フランスを例にとろう。

フランスの国民負担率は六七・二%である。日本の四二・八%に比べ二四・四ポイント高い。かりに日本の国民負担率をフランス並みに引き上げるとすれば、日本の税・社会保険料の収入はいくら増えるか。

日本の国民所得(人のみではない、企業の所得も含む)は、現状およそ四〇〇兆円である。四〇〇×〇・二四四＝九七・六。すなわち九七兆円、およそ一〇〇兆円の税・社会保険料の収入増が見込まれる、ということである。

先に、財政健全化、あわせて社会保障制度拡充のためにおよそ八〇兆円が必要であろう、との数字を示した。対して、国民負担率をフランス並みに引き上げれば、得られる政府収入はおよそ一〇〇兆円、必要額をまかなって十分の数字である。

当然と言えば当然である。日本にはフランス並みの国力がある、ということである。フランス並みの負担を国民に求めれば、財政赤字は出ない(フランスは日本並みの財政赤字国だが)、社会保障制度はフランス並みとはいかずとも、他のヨーロッパ先進国並みにはできる(フランスの社会保障支出は、図表9－6に見るように傾向線のかなり上にあり、制度の良さが突出している)。

ここで念のために付記しておこう。日本全体としておよそ一〇〇兆円の負担能力がある――だから、消費税はまだまだ増税できる、ということではない。本書で見てきたことであるが、貧しい人にはもう負担能力がない。消費税増税は無理である。負担は負担能力（余力）のあるところに求めるべきである。毎年巨額の利益を上げている大企業、株式投資や配当金で巨額の収入を得ている資産家、年収数千万円を超える会社役員、実業家等々。そうしたところには相当の負担余力があるはずで、負担増は、その負担能力に応じて求めるべきである。

また、付記するまでもないことだが、ここで示した数字は、あくまで、日本にも十分可能性があるということを示したにとどまる。その可能性を実現できるかどうか、あるいは可能性に向けて歩み始めるかどうかは、政治の問題である。

しかし、少しは希望がもててくる話ではなかろうか。

参考文献

新自由主義経済政策批判の書

内橋克人編『経済学は誰のためにあるのか――市場原理至上主義批判』(岩波書店、一九九七)
ブルデュー、ピエール『市場独裁主義批判』(加藤晴久訳、藤原書店、二〇〇〇)
内橋克人『悪夢のサイクル　ネオリベラリズム循環』(文藝春秋、二〇〇六)
エセル、ステファン『怒れ!　憤れ!』(村井章子訳、日経ＢＰ社、二〇一一)

「構造改革」政策批判の書

内橋克人編『誰のための改革か』(対談集、岩波書店、二〇〇二)
関岡英之『拒否できない日本――アメリカの日本改造が進んでいる』(文春新書、二〇〇四)
中野麻美『労働ダンピング――雇用の多様化の果てに』(岩波新書、二〇〇六)

アベノミクス批判の書

湯浅　誠『反貧困――「すべり台社会」からの脱出』(岩波新書、二〇〇八)
高橋伸彰・水野和夫『アベノミクスは何をもたらすか』(岩波書店、二〇一三)
伊東光晴『アベノミクス批判――四本の矢を折る』(岩波書店、二〇一四)

服部茂幸『アベノミクスの終焉』(岩波新書、二〇一四)
中野晃一編『徹底検証 安倍政治』(岩波書店、二〇一六)
浜 矩子『窒息死に向かう日本経済』(角川新書、二〇一八)
垣内 亮『「安倍増税」は日本を壊す――消費税に頼らない道はここに』(新日本出版社、二〇一九)
竹信三恵子『企業ファースト化する日本――虚妄の「働き方改革」を問う』(岩波書店、二〇一九)

バブル、金融政策、金融行政に関する本

山口義行『誰のための金融再生か――不良債権処理の非常識』(ちくま新書、二〇〇二)
建部正義『なぜ異次元金融緩和は失策なのか』(新日本出版社、二〇一六)
白川方明『中央銀行――セントラルバンカーの経験した39年』(東洋経済新報社、二〇一八)

ルポ、ドキュメントなど(海外関係)

フレイザー、ジル・A『窒息するオフィス――仕事に強迫されるアメリカ人』(森岡孝二監訳、岩波書店、二〇〇三)
トインビー、ポリー『ハードワーク――低賃金で働くということ』(椋田直子訳、東洋経済新報社、二〇〇五)
エーレンライク、バーバラ『ニッケル・アンド・ダイムド――アメリカ下流社会の現実』(曽田和子訳、東洋経済新報社、二〇〇六)
シプラー、デイヴィッド・K『ワーキング・プア――アメリカの下層社会』(森岡孝二ほか訳、岩波書店、

二〇〇七)
堤 未果『ルポ 貧困大国アメリカ』(岩波新書、二〇〇八)

ルポ、ドキュメントなど(日本関係)

藤田和恵『民営化という名の労働破壊――現場で何が起きているか』(大月書店、二〇〇六)
布施哲也『官製ワーキングプア――自治体の非正規雇用と民間委託』(七つ森書館、二〇〇八)
竹信三恵子『ルポ 雇用劣化不況』(岩波新書、二〇〇九)
軽部謙介『官僚たちのアベノミクス――異形の経済政策はいかに作られたか』(岩波新書、二〇一八)

政府関係の、もしくは政府関係者等の書

内閣府「経済白書」(二〇〇一年からは「経済財政白書」)各年版
国際協調のための経済構造調整研究会「同報告書(前川レポート)」(一九八六)
経済企画庁「生活大国五か年計画」(一九九二)
内閣府「構造改革のための経済社会計画」(一九九五)
財政制度審議会「財政構造改革を考える――明るい未来を子どもたちに」(一九九六)
経済戦略会議(答申)「日本経済再生への戦略」(一九九九)
竹中平蔵『あしたの経済学――改革は必ず日本を再生させる』(幻冬舎、二〇〇三)
浜田宏一『アメリカは日本経済の復活を知っている』(講談社、二〇一三)

自 著

山家悠紀夫『偽りの危機 本物の危機』(東洋経済新報社、一九九七)
『日本経済 気掛かりな未来』(東洋経済新報社、一九九八)
『「構造改革」という幻想――経済危機からどう脱出するか』(岩波書店、二〇〇一)
『景気とは何だろうか』(岩波新書、二〇〇五)
『「小さな政府」を考える――『経済財政白書・第二章』の批判を中心に』(公務公共サービス労働組合協議会、二〇〇六)
『「痛み」はもうたくさんだ!――脱「構造改革」宣言』(かもがわ出版、二〇〇七)
『日本経済 見捨てられる私たち』(青灯社、二〇〇八)
『暮らしに思いを馳せる経済学――景気と暮らしの両立を考える』(新日本出版社、二〇〇八)
『暮らし視点の経済学――経済、財政、生活の再建のために』(新日本出版社、二〇一一)
『アベノミクスと暮らしのゆくえ』(岩波ブックレット、二〇一四)

その他

ヴォーゲル、エズラ・F『ジャパンアズナンバーワン――アメリカへの教訓』(広中和歌子・木本彰子訳、TBSブリタニカ、一九七九)
歴史学研究会編『日本史年表 第五版』(岩波書店、二〇一七)

おわりに

『30年史』を書き終えて、正直なところ、一仕事終えたという満足感よりも、日本はどうしてこうなってしまったのだろうという不満足感の方が強い。加えて、これからますます悪いことになるのではないかという、不安感も強い。

三〇年前。一九九〇年代の初め、バブルが破裂して景気が落ち込んでいた時でも、こんな気持ちにはならなかった。「バブルに浮かれる」という異常な時代は終わった、これから、日本経済は、もう少しまともな時代に向けて歩き出すであろう、その過程として当面の不景気はやむをえないと、少しばかりのゆとりをもって、時代を眺めていた。

それがどうだろう。

日本経済全般のことはさておくとして、多くの人々の暮らしは、この三〇年間に確実に悪くなってしまった。しかも、目下、さらに悪くなりつつある。このままでは、二年後、三年後にはもっと悪くなっているであろう。

出口は見えない。

◇　◇　◇

慨嘆していてはいけないのだろう。本当はここまで書いてきた現実に、もっと怒り、憤らなければいけないのだろう、と思う。

もと、対ナチス・レジスタンス運動の活動家、のちのフランスの外交官、「世界人権宣言」の起草者の一人でもあった、ステファン・エセルさんのことを思う。

ナチスとの闘いのさなか、エセルさんは、レジスタンスの仲間たちと、「解放後」の社会のあるべき姿を思い描き、実現すべきプログラムを作った、という。「経済、社会における真の民主主義を実現」すること、「すべての子供が一切の差別なく最良の教育を受けられるようにすること」、「年老いた労働者が尊厳を持って余生を送れるようにするための年金」など日常の暮らしから「出版・報道の自由と尊重、および国家、金権力、外圧からの独立」など精神の自由の領域まで。

そのプログラムの多くは、「解放後」のフランスで実現された。

それが今や（今というのは二一世紀に入って一〇年ばかり経ってのフランスのことである）、「移民が不法入国扱いされ、強制退去させられ、排斥されるような社会、年金や社会保障が縮小されるような社会、メディアが金持ちの手に握られるような社会、レジスタンスの真の後継者なら……けっして容認しなかったはず」の社会になろうとしていると、エセルさんは書いている。九三歳の時の著書にである（ステファン・エセル『怒れ！　憤れ！』）。

「国にはもう市民を助けるために使うお金がないのだ、と厚顔にも言う人がいる。だがヨーロッパが破壊しつくされフランスが解放されたあの頃と比べたら途方もない富が生み出されているというのに、社会の基盤を維持するお金がなぜ今日になって足りなくなるのだろうか」とも書いている。

まるで、今の日本のようでもある。

◇　◇　◇

このような現実を前にして、しかし、九三歳のエセルさんは慨嘆したりしてはいない。愚痴ったりもしていない。エセルさんは、ただただ、怒り、憤っている。そして、世の人々に向かって、とりわけ、若者に向かって、「怒れ、憤れ」と奨めているのである。

再び、エセルさんの言を引く。

「怒りは貴重だ。かつてナチズムに怒りを覚えた私のように、怒りの対象を持つ人は力強く前進する戦士となり、歴史の流れに加わる。歴史の脈々たる流れは、一人ひとりの力で続いていくものである。この流れが向かう先は、より多くの正義、より多くの自由だ。……正義と自由を求める権利は誰にでもある。この権利を享受していない人々を見つけたら、その人たちのために立ち上がり、権利を勝ち取るのに力を貸さなければならない」と。

さらに、続けて書いている。

「いちばんよくないのは、無関心だ。『どうせ自分には何もできない。自分の手には負えない』という態度だ。そのような姿勢でいたら、人間を人間たらしめている大切なものを失う。その一つが怒りであり、怒りの対象に自ら挑む意志である」と。

そうなのだ。本書を書き終えた私に(そして、読み終えていただいたあなたに)必要なのは「怒り」なのであろう。

◇　◇　◇

経済の話に戻って、日本の現実を見ると、日本に住むすべての人々が、それぞれ、それなりの生活を営んでいける社会——そうした社会を実現できるだけの経済基盤は、今の日本にはすでに十分にあると思う。第九章の終わりに——不十分ながらも——書いた通りである。かつて、マルクスは、生産力が格段に発達した未来においてはその実現が可能であるとして、一つのユートピアを描いてみせてくれた。私たちは、すでにその実現が可能な社会に生きている、ということである。

それでも問題はある。今の政治権力に、そうした実現可能な社会を実現させていこうという意思が全くもってない、ということである。

望ましい社会は、実現可能な社会として目の前にある。必要とあらば、その社会実現のためのプログラムを書いて示すこともできる。書いて示している野党もある。ところが、今の政治権力には、そうした社会を実現させようという気持ちが全くない。むしろ、逆である。その社会とは真逆の社会に向けて——今の社会を一段と生き苦しい社会にすることに向けて——さらに「改革」を進めようとしている。

私が、そして私たちが、怒り、憤らなければならないのは、そうした現実に対してなのであろう。

◇　◇　◇

「おわりに」らしからぬ「おわりに」になってしまった。

本書は、岩波書店新書編集部の伊藤耕太郎さんのお勧めにより執筆したものである。お話があったのは昨年のことで、当初は今年の五月の連休明け頃には書き上げる予定であった。しかし、資料調べ等に時間を取られ、一月遅れ、二月遅れと、脱稿時期を何度か先延ばしして、伊藤さんには随分ご迷惑をおかけしてしまった。この間、辛抱強く原稿の完成をお待ちいただいた伊藤さんに深く感謝申し上げる。

なお、若干気になるのは、本書の叙述、図表などに、過去に出版した私の著書と重なるところが一部あることである。お気づきになられた読者の方には、何せ、同じ時代について同じ著者が書いたものである、やむをえないことであるとして、お許しいただきたい。

二〇一九年九月

山家悠紀夫

山家悠紀夫

1940年，愛媛県生まれ．神戸大学経済学部卒業．

1964年，第一銀行に入行．1991年，第一勧業銀行調査部長，1994年，第一勧銀総合研究所専務理事，2001年，神戸大学大学院経済学研究科教授などを歴任．現在，「暮らしと経済研究室」主宰．

著書に，『偽りの危機 本物の危機』(東洋経済新報社)，『「構造改革」という幻想 ― 経済危機からどう脱出するか』(岩波書店)，『景気とは何だろうか』(岩波新書)，『アベノミクスと暮らしのゆくえ』(岩波ブックレット)ほか多数．

日本経済30年史
バブルからアベノミクスまで　　岩波新書(新赤版)1799

2019年10月30日　第1刷発行
2024年 1月15日　第6刷発行

著　者　山家悠紀夫《やんべゆきお》

発行者　坂本政謙

発行所　株式会社 岩波書店
〒101-8002 東京都千代田区一ツ橋2-5-5
案内 03-5210-4000　営業部 03-5210-4111
https://www.iwanami.co.jp/

新書編集部 03-5210-4054
https://www.iwanami.co.jp/sin/

印刷・精興社　カバー・半七印刷　製本・中永製本

© Yukio Yanbe 2019
ISBN 978-4-00-431799-9　　Printed in Japan

岩波新書新赤版一〇〇〇点に際して

ひとつの時代が終わったと言われて久しい。だが、その先にいかなる時代を展望するのか、私たちはその輪郭すら描きえていない。二〇世紀から持ち越した課題の多くは、未だ解決の緒を見つけることのできないままであり、二一世紀が新たに招きよせた問題も少なくない。グローバル資本主義の浸透、憎悪の連鎖、暴力の応酬――世界は混沌として深い不安の只中にある。

現代社会においては変化が常態となり、速さと新しさに絶対的な価値が与えられた。消費社会の深化と情報技術の革命は、種々の境界を無くし、人々の生活やコミュニケーションの様式を根底から変容させてきた。ライフスタイルは多様化し、一面では個人の生き方をそれぞれが選びとる時代が始まっている。同時に、新たな格差が生まれ、様々な次元での亀裂や分断が深まっている。社会や歴史に対する意識が揺らぎ、普遍的な理念に対する根本的な懐疑や、現実を変えることへの無力感がひそかに根を張りつつある。そして生きることに誰もが困難を覚える時代が到来している。

しかし、日常生活のそれぞれの場で、自由と民主主義を獲得し実践することを通じて、私たち自身がそうした閉塞を乗り超え、希望の時代の幕開けを告げてゆくことは不可能ではあるまい。そのために、いま求められていること――それは、個と個の間で開かれた対話を積み重ねながら、人間らしく生きることの条件について一人ひとりが粘り強く思考することではないか。その営みの糧となるものが、教養に外ならないと私たちは考える。歴史とは何か、よく生きるとはいかなることか、世界そして人間はどこへ向かうべきなのか――こうした根源的な問いとの格闘が、文化と知の厚みを作り出し、個人と社会を支える基盤としての教養となった。まさにそのような教養への道案内こそ、岩波新書が創刊以来、追求してきたことである。

岩波新書は、日中戦争下の一九三八年一一月に赤版として創刊された。創刊の辞は、道義の精神に則らない日本の行動を憂慮し、批判的精神と良心的行動の欠如を戒めつつ、現代人の現代的教養を刊行の目的とする、と謳っている。以後、青版、黄版、新赤版と装いを改めながら、合計二五〇〇点余りを世に問うてきた。そして、いままた新赤版が一〇〇〇点を迎えたのを機に、人間の理性と良心への信頼を再確認し、それに裏打ちされた文化を培っていく決意を込めて、新しい装丁のもとに再出発したいと思う。一冊一冊から吹き出す新風が一人でも多くの読者の許に届くこと、そして希望ある時代への想像力を豊かにかき立てることを切に願う。

（二〇〇六年四月）